자녀를 위한

부모재교육

이현지 저

교육과학사

머리말

최근 부모교육의 개념이 지식과 경험이 부족한 부모를 지도·교육하는 것이 아니라, 부모와 자녀, 나아가 가족, 정부라는 동반자적 관계에서 접근하고 있다. 그러므로 좋은 부모가 되기 위해서는 자녀, 부모뿐만 아니라, 정부의 지원과 노력이 더 요구될 것으로 보인다. 가정은 강한 애정을 중심으로 결속된 집단이기 때문에 애정의 습득과 생성 원리를 학습하는 장이 된다. 강한 애정과 신뢰는 부성과 모성을 중심으로 가족 구성원들의 상보적 관계에 의해 이루어진다. 그러므로 가족이라는 울타리는 부성애와 모성애, 형제애 그리고 가족애로 응집된 집단이므로 인간적인 삶의 원천이자 애정을 키우는 곳이다. 그러나 현대에 와서 경제적 기능 변화에 따른 맞벌이 부부와 핵가족 현상의 심화로 가정의 여러 기능을 제대로 수행하기가 어렵게 되었다. 이것은 사회적 전반적인 도덕적 타락과 청소년 범죄와 학교폭력과 같은 사회적 문제를 직·간접으로 일으키는 요인이 되기도 한다. 그러므로 가정교육, 나아가 부모재교육을 통해 가정의 중요성과 가정의 교육적 기능을 향상시키고 구체적인 방안을 마련하기 위한 논의가 제기되어야 할 것으로 본다.

또한 사회가 급변하고 일상적인 생활과 직업적 업무 수행에서 새로운 지식과 기술이 끊임없이 요구되는 시대에 학교에서의 배움만으로 사회생활과 직장생활을 가능했던 시절은 지났다. 시간이 지날수록 더 많은 지식과 기술은 넘쳐날 것이며, 그에 따라 인간의 인생은 끊임없이 배워야 하는 과정의 길을 걷게 되었다. 이제 미래사회는 평생 동안 진지하게 학습해야만 제대로 살아갈 수 있는 학습사회(learning society)로 변모했다.

특히 부모는 자녀들이 배우는 것을 포기하거나, 하기 싫어하는 경우를 가장 경계해야 한다. 다시 말해 어떠한 상황에서도 배우기를 포기하지 않도록 관심과 정성을 쏟아야 한다. 오늘날의 세상은 지속적인 배움을 요구한다. 만약 교육이 삶의 과정으로 이해되지 않고 대학 진학을 목표로만 한다면 정작 중요한 시점에서는 의미와 재미도 잃어버리게 된다. 듀이의 교육 신조처럼 교육은 '경험의 계속적 성장'이며, 삶의 과정 그 자체이다. 부모는 교육이라는 것은 삶의 과정임을 인식하고, '학부모'가 아닌 자녀의 미래를 내다보는 '부모'가 되어야 한다. 가정에서는 부모의 사랑과 보호 아래 긍정적 사고를 하며, 부모 · 형제간의 우애로 심리적 · 정서적 · 사회적 특성을 습득하고 형성하도록 해야 한다. 자식의 교육을 사회적 지위나 취업에 초점을 맞출 것이 아니라, 인간이 인간성을 유지하고 인간다운 삶을 영위할 수 있는 삶을 선택하도록 해야 한다.

이 책은 무엇보다 우리의 아이들이 부모의 사랑과 신뢰 속에서 자신의 타고난 재능을 바탕으로 인류발전에 기여할 수 있는 사람으로 성장하길 바라는 마음이 크다. 그러기 위해서 최근에 가정·학교·사회에서 일어나는 문제를 신문 사례를 통해 자녀와 부모의 양육방법을 재조명해 보았다. 신문 사례를 선택한 이유는 가장 근접하게 우리의 눈으로 직접 보고, 듣고 다룰 수 있으며, 가장 핵심의 문제를 단시간에 한눈에 파악할 수 있을 것으로 보았다. 또한 지금까지는 '부모교육'이라는 연구는 있었으나, '부모재교육'이라는 의미는 익숙하지 않다. '부모재교육'이라는 것은 여러 사례를 통해 자녀와 부모의 갈등 관계, 문제점을 재조명해 봄으로써 자녀와 부모의 상호 우호적인 관계를 위해 부모의 새로운 교육적 영역의 확대를 권유하는 것이다. 나아가 부모를 재교육한다는 것은 부모만을 교육하는 것이 아니라, 사례를 통해 가정과 사회의 교육적 문제점을 지적하고, 그에 따라 자녀와 교사, 부모의 역할 및 정부의 대안점을 찾고자 하는데 그 의의를 둔다. 끝으로 이 책의 출간에 도움을 주신 교육과학사 김동규 사장님과 임직원 분들께 감사드린다.

2014. 6

教琳 연구실에서 저자씀.

Contents

Chapter 01 부모교육

Chapter 02 부모교육의 시대적 변화

Chapter 03 현대 가족 유형별 부모교육

Chapter 04 부모의 착각

Chapter 05 자녀를 위한 부모 자신의 객관적 보기와 인식의 전환

Contents

Chapter 06 올바른 자녀교육 방법

Chapter 07 시대에 맞는 부모재교육 실제 적용

Chapter 08 좋은 부모 되기 10가지

Contents

Chapter 09 삶의 과정으로서의 교육

Chapter 1

부모교육

오늘날 한국사회에서 남의 집 자식이 어느 대학에 갔는지를 물으면 무기 징역감이고, 취업은 어디 했는지를 물으면 사형이라는 말이 있다. 그만큼 한국사회는 입시와 취업이 전부인 현실이 되었다. 이것은 교육이 곧 취업이라는 굴레를 벗어나지 못함을 야기하고, 학교를 취업하기 위한 곳으로 전락시킨다. 내 자식이 좋은 대학만 간다면, 취업만 잘 된다면, 그것이 곧 부모인 나에 대한 효도요, 보상이라고 생각한다. 대학 입시와 취업에만 관심을 보이다 보니, 자녀의 인성을 소홀히 해 사회적 각종 범죄의 원인이 되고 있다. 이것의 해답으로 자녀를 근본적 인성을 밑거름이 될 수 있는 부모의 의식 변화를 위한 부모교육이 우선시되어야 할 필요가 있다.

이제 현대사회는 적극적이고, 능동적인 부모교육을 통해 자녀의 양육태도, 부모로서 역할 수행을 경험해야 한다. 오늘날은 전통사회의 교육방식인 한 세대에서 다음 세대로 자연스레 전달되는 교육에 비해, 급격한 사회 변화와 핵가족화로 부모의 역할 및 자녀의 역할의 수행이 한층 어렵게 되었다. 하지만 이러한 급변한 상황일수록 부모로서 역할에 책임감을 가지고 역할 수행을 해야 한다.

모든 교육의 문제는 부모가 열쇠를 지니고 있다. 부모의 삶에 대한 가치관과 생활양식은 자녀에게 중대한 영향력을 끼치며, 한편 부모로서의 역할 수행에 변화를 일으키는 인생에서의 제2의 전성기가 될 수 있다. 완벽한 부모는 이상적 바람에 불과하지만, 바람직하고 제대로 교육을 실천하는 부모는 현실적이고 현명하다.

자녀를 잘 교육시키기 위한 부모교육은 교육기관, 교육학회, 상담기관, 사회단체, 신문과 여성잡지, TV 등에서 다양한 형태로 실시되고 있는 상황이다. 이제 우리는 부모교육을 통해 우리의 자녀가 더 성숙해지고, 지식·능력·태도 등에서 한층 더 발돋움 할 수 있다면 부모의 입장에서나 사회적 입장에서는 삶의 보람이자 사회적 성숙을 가져오는 일이다. 부모는 자녀의 성장과 발달에 보호자 및 삶의 교육자로서의 역할을 올바르게 수행해야 한다.

1. 부모교육의 개념

부모교육은 "부모가 부모로서 정체성을 확립하고 부모역할과 책임을 수행함에 도움을 주기 위해 부모를 대상으로 하는 모든 교육적인 활동"으로 정의된다. 부모교육이라는 용어는 "부모를 어떻게 가르치느냐?"와 연관지어 생각되었는데, 1960년대 이전의 부모교육은 교사나 전문가들이 부모를 교육시키는 즉, 부모의 입장에서 보면 '교육 받는다'는 의미였으나, 미국의 헤드스타트 운동이나 유아교육에 대한 관심의 확대로 1960년대 이후부터 부모교육은 교사나 전문가와 가정의 부모가 동등한 입장에서 상호작용하는 것으로 이해되기 시작했다.

부모교육의 궁극적 목적은 자녀를 이해하고 지도하는 데 필요한 지식과 능력, 태도를 익히는 데 있다. 자녀의 양육과 훈육의 방식에 자녀를 잘 알고 있는 부모의 입장에서 현실적인 사실보다 더욱 객관화된 틀로써 자녀교육을 할 수 있는 방법들을 제시하는 것까지 포함된다. 부모교육의 기대 효과는 자녀에 대한 이해와 지식을 증진시키고, 사고와 감정·행동에 있어 습관적인 방법을 돌이켜 검토해 보도록 하며, 자녀를 양육하는 바람직한 방법을 습득하도록 도와주는 교육적 경험이라고 할 수 있다.

현대는 시대적·사회적 요구에 따라 부모교육이 강화되는 시기이다. 특히 여성의 사회참여가 증가함에 따라 집에 혼자 있는 자녀들이 실질적이고 지나치게 극단적으로 묘사되는 대중매체에 노출되는 경우가 많아 더욱 절실한 실정이다. 문헌을 살펴보면, 부모교육은 가정과 교육기관, 환경과의 상호작용 및 연결을 의미하는 것으로 부모참여를 통한 부모교육, 부모훈련, 부모참여, 부모개입 등의 용어를 사용한다.

다음은 부모교육을 통해 부모가 자녀를 위해 상호작용할 수 있는 활동이다.

(1) 부모 간 정보 나누기

학부모 회의나 지역 부모교육 강좌, 강연이나 집단토의, 관련 서적 읽기, 부모의 집단모임을 통한 교육프로그램으로 부모들은 자녀의 발달심리, 학교생활과 문화활동, 양육의 방법 등을 배울 수 있다.

(2) 훈련하고 실행하기

강연을 통해 정보를 얻는다고 해서 부모의 역할을 잘 수행할 수는 없다. 실행하기 위해서는 그에 앞서 훈련이 필요하다. 부모 자녀 간 역할 놀이, 시범 보이기, 행동연습 등을 통해 피드백을 이루고 관련 도서 및 교양서적, 토론을 통해 실행에 옮긴다.

(3) 상호보완적 가치관의 변화

부모로 자녀를 통해 자녀의 가치관을 이해하고 더불어 자신의 가치체계의 변화를 경험한다. 부모는 자신의 부모가 해온 독단적 방식과 틀을 벗어나 자녀에게 어떠한 영향을 미치는지에 대한 인식을 해야 한다. 이를 위해서는 자녀와 대화하고 일기쓰기, 자기분석, 반성하기 등을 통해 가치관을 시대의 변화에 맞게 자녀에 맞게 변화시켜나가야 한다.

(4) 자녀와 부모의 문제 해결 및 상호 보완하기

부모의 문제점은 자녀의 잘못된 부분만을 보며, 그것을 당장 고치려고 하는 성향과 태도가 있다. 그러한 모습을 다르게 살펴보면, 자녀의 그러한 행동은 부모에게 물려받았거나, 본받았을 가능성이 높다. 한편 부모 입장에서는 과거 자신이 이루지 못한 부분들을 자녀를 통해 이루며 만들고자 하는 욕망을 투사시킬 수 있다. 부모는 내 자녀와 다른 집 자녀를 비교, 경쟁시켜 더 나은 사람으로 성장하기를 바란다. 이러한 문제를 해결하기는 부모와 자녀 간의 실질적 문제를 파악하여 문제 해결의 근원적 틀과 방법을 변화시킨다. 이를 통해 서로에 대한 용서와 화해, 피드백, 토론, 토의 등의 방법으로 문제를 해결한다.

2. 부모재교육의 필요성

부모의 양육 태도 및 양육 방법에 의해 자녀는 사회적 · 정서적 발달과 인지발달, 신체발달의 영향을 크게 받는다. 그렇기 때문에 부모들은 자녀의 양육에 관심을 갖는 것은 당연하며, 이를 위해 자녀와의 의사소통과 도덕성 발달, 자기통제, 배려와 나눔을 실천하려 한다.

요즈음 사회에서는 부도덕적인 사건이 많이 발생함으로 인해 사회에서는 업무능력이나 인간적 자질을 검증하는 회사가 늘어나는 추세이다. 자녀의 도덕성 발달을 위해서는 첫째, 아이에게 선택의 기회를 줌으로써 정직을 우선으로 선택을 하게 하며, 도덕적 갈등 해결 능력을 길러주어야 한다. 둘째, 말(言)만이 아닌 행동으로 본보기가 될 수 있는 부모가 되어야 한다. 셋째, 무조건적인 칭찬보다는 과정을 살펴가며 잘한 점을 칭찬해야 한다. 결과만 칭찬하게 되면 아이가 목표에 도달하였을 때 좌절하기 쉽고, 칭찬을 받기 위해 부정한 방법을 쓸 수 있기 때문이다. 넷째, 잘못은 묵인하지 말고 반복되지 않도록 지적하여 고치도록 지도해야 한다.

다섯째, 자녀에게 자기 통제 능력을 기르게 하는 것 또한 중요하다. 자기 조절 능력에 문제가 생긴 아이는 이유 없이 화를 내기 쉽다. 이는 과잉보호를 받으며 자라며 성장기에 좌절을 견디는 힘을 기르지 못했기 때문에 남을 배려할 줄 모르고, 이유 없이 화를 내는 것이다. 이러한 아이들은 우울감이나 감정기복이 심한 경우에 충동조절이 잘 되지 않으며, 지속적으로 주의력이 부족하여 산만하고 과다활동, 충동성을 보이는 상태주의력 결핍 과잉행동장애(ADHD)를 나타내기도 한다.

자녀의 도덕성 문제에 대한 해결책으로 부모는 자녀와의 원만한 의사소통을 통해 분노 발생 원인을 찾는 방법을 터득하고, 긍정적인 조절 경험을 통해 자녀의 자존감을 높여 주어야 한다. 자녀를 교육하면서 때때로 좌절감과 실망을 느끼며, 특히 자녀교육에 대한 무능력함을 느끼기도 한다. 부모들은 자녀가 사회의 변화에 대처하도록 유연한 판단을 하며 끊임없이 노력해야 한다.

사실, 부모들은 좋은 부모가 되고 싶어도 바쁜 일상으로 재교육의 기회가 부족한 현실이다. 기껏 직장에서 주워들은 정보나, 신문 방송의 다큐멘터리에서 듣는 게 전부다. 국가에서는 성인교육에 대한 관심이 부족한 편이다. 이에 반해, 자녀들은 SNS(Social Networking Service)를 비롯한 스마트폰으로 첨단 정보와 지식으로 중무장하고 있기 때문에 자녀와 쉽게 대화가 될 리 없다. 자연스럽게 자식에게 부모는 필요한 등록금이나 용돈을 대주는 사람으로 전락한다. 그러나 부모와 자식과의 관계는 생각보다 훨씬 중요하다. 사람이 사람다워지기 위해서는 사회화 과정을 거치는데, 인간이 출생하는 가정에서부터 시작된다. 다른 공공기관(학교, 회사)에서 습득해가는 사회화에는 한계가 있으며, 그런 사회화조차 부모교육을 통한 가정에서 이루어진 사회화가 밑바탕이 되어있어야 가능하다.

1등 지상주의, 학벌 만능주의, 물질 만능주의로 물들어진 무너져버린 사회 관념으로부터 가족 간의 대화조차 없는 황량한 삶 앞에서 삶의 질을 따질 수 있을까? 그런 가족이 그 모습 그대로 다음 세대로 이어지는 사회는 건강한 사회가 될 수 없다. 그래서 우리는 자녀를 잘 교육시키기 위한 방안으로 부모재교육을 통해 건강한 가정을 이루고 곧 건강한 사회를 만들어야 한다.

1) 부모재교육의 인식 변화

인간은 과연 어떤 존재인가? 무엇이 인간의 본성인가? 인간은 선한가, 악한가의 문제는 역사를 통해 끊임없이 제시된 질문이다. 모든 학문과 예술, 그리고 사회 체계는 이러한 인간의 본성에 대한 물음을 전제로 시작되었다고 해도 과언이 아닐 것이다.

동양의 경우 맹자와 순자는 각자 성선설과 성악설을 제시하였다. 후일 성선설은 덕에 의한 덕치, 그리고 인간의 선한 본성을 되살리기 위한 교육을 강조하는 유가적 덕치주의로, 성악설은 힘에 의한 통치, 그리고 인간의 악한 본성을 통제하기 위해 법의 역할을 강조하는 법가사상으로 발전하게 된다. 인간의 본성에 관한 가정의 차이는 그 사회의 정치체제, 행정체계, 교육체계 모두에 적용되어 전혀 다른 형태의 사회를 만들어 낸 것이다.

여기서 말하고자 하는 것은 인간의 본성에 대한 성악설과 성선설을 말하기에 앞서, 만물의 근원이 되는 생명체가 태어나고 삶의 풍성하게 하는 기초적인 단계인 가정을 강조하기 위함이다. 가정은 가족을 중심으로 한 인간생활의 기본적인 단위로 인간이 안주하는 공간적 장소만이 아니라, 의 · 식 · 주를 공동으로 영위하는 혈연으로 정서적 유대감으로 연대의식을 가진 공동체이다. 부모는 생명을 탄생시켜 사회 구성원으로 키우기 위해 자녀에 대한 이해 및 문제 해결을 위한 시발점은 항상 자녀의 마음의 이해로부터 시작해야 한다.

부모교육이란, 부모로 하여금 자녀교육의 책임을 인지하고, 주어진 책임을 수행하는 데 필요한 지식과 기능을 습득하여, 부모로서 요구되는 기본적인 태도를 지니도록 하기 위해 의도적으로 주어지는 교육의 과정을 의미한다. 자녀의 성공적인 성장을 위하여 부모

역할을 효과적으로 수행할 수 있도록 체계적인 교육을 실시하여 부모교육에 도움을 주며, 학부모[1)]에게 효율적으로 자녀를 양육하는데 필요한 기술을 가르치고 알게 하여 가정교육에 연계되게 하는 것이다. 대부분의 부모-자녀 간의 문제는 의사소통 문제와 부모 자신의 문제인 경우가 많다. 따라서 이러한 문제들은 부모의 가치관의 변화와 자아 존중감의 증진에 초점을 맞추어 부모 자신의 심신을 안정시킨 다음에 아이들의 자아실현을 도와야 한다.

따라서 부모재교육의 필요성의 첫 번째는 부모 자세의 변화에 대한 이해가 필요하다. 과거에는 결혼하는 것이 곧 부모가 되는 것이었는데, 오늘날에는 자신이 성취하고자 하는 것을 달성하고 부모가 될 준비를 통해서 부모가 되는 경우가 많다. 부모의 역할 또한 그저 희생적이고 의무적인 관계가 아닌 부모-자녀 간의 상호적 역할이 중요시되는 사회이다. 이제 부모 역할이 과거와는 달라졌다는 것을 인식해야 한다.

둘째는 가족에 대한 전문적 지식의 습득이다. 부모가 가정에 미치는 영향은 상당히 크지만, 부모의 전문적인 역할에 대한 인식이 없다. 급변하는 현대사회와 더불어 가족환경의 변화에 대해 생각해봐야 한다. 전문적 역할에 대한 인식을 가지고 다양한 가족문제의 해결과 예방법을 찾아야 한다. 부모의 역할을 원활히 수행할 수 있도록 부모와 자녀는 꾸준한 교육을 통해 필요한 지식이나 정보를 제공하고 기술을 전달하도록 해야 한다.

이렇듯 부모교육은 부모들이 부모의 역할을 인식하도록 돕고, 자녀의 성장 발달을 촉진하는 환경 조성에 관한 지식을 갖도록 하

---

1) 학부모와 부모의 차이점을 서술하자면, 학부모는 앞만 보라 하고, 부모는 멀리 보라 한다. 학부모는 혼자 빨리 가라 하고, 부모는 함께 멀리 가라 한다.

며, 자녀양육 시 직면하는 문제의 해결을 위해 필요한 정보와 기법을 습득하도록 하는 데 목적이 있다. 예를 들어, 장애 아동을 둔 부모에게는 장애 아동에 대한 지식과 정보를 제공함으로써 가정교육과 학교교육의 일관성을 유지하여 특수교육의 효과를 높여야 한다. 이는 자녀의 2차적 장애 예방에 도움을 주며 현재의 장애가 아동의 발달과 학습에 미치는 부정적 영향을 완화시키는 데 도움이 될 수 있다. 오늘날의 부모교육은 부모가 교육기관에 나와 단순히 수동적으로 교육을 받는 차원을 넘어 학교, 사회운영에 직접 참여하는 것까지 포함된다.

2) 가정교육 기능의 약화

현대 사회에서는 가족의 형태의 다양화와 가족 내 경제적 생산 기능의 상실 혹은 약화되고 있는 실정이다. 그러나 가정과 부모의 역할은 시대나 사회가 변하더라도 지속적으로 강조되어야 한다. 부모교육은 첫째, 가정의 교육 기능 약화와 대중매체 기능 증대의 변화에 대처하기 위한 바른 교육관으로서 필요하다. 특히 유아교육 측면에서 유아의 일차적 사회와 가정집단의 시초로 부모의 가치관, 태도, 행동양식이 유아의 직접적인 교육요인으로 작용하며 부모의 잘못된 견해가 자녀에게 무조건적으로 수용될 가능성이 높다. 그러므로 부모의 올바른 지식과 다양한 분야에서의 식견, 개인의 위치와 역할 수행을 자녀에게 가르칠 의무가 있다. 즉, 자녀의 입장에서 부모 자신을 바라보며, 자녀를 보다 더 인격적인 존재로 대하기 위해 자녀의 성장과 발전을 도울 수 있도록 해야 한다.

둘째, 부모교육은 부모의 역할을 원활히 수행할 수 있도록 부모들에게 특수교육 요구 학생의 교육에 필요한 지식이나 정보를 제공하고 기술을 가르치는 것이다. 부모들은 자녀를 인격적 완성으로 성장하도록 하기 위한 역할을 인식하고, 자녀의 성장 발달을 촉진하는 환경 조성에 관한 지식을 갖도록 하며, 자녀양육 시 직면하는 문제의 해결을 위해 필요한 정보와 기법을 습득하도록 해야 한다.

한 TV 프로그램에서는 자녀에게 폭력을 휘두르는 부모를 인터뷰하는 장면이 나왔었는데, 그 속에서 부모는 '왜 자녀에게 폭력을 행사하시나요?' 하는 PD의 질문에 자신은 자녀에게 폭력을 행사한 적이 없으며, 자녀에게 주어지는 것은 체벌로써 자녀를 올바르게 양육하기 위한 방법일 뿐이라고 말하였다. 이것은 우리에게 놀라운 충격과 안타까움을 주었으며, 이런 생각을 하고 있는 부모를 향한 분노를 일으킨다. 실제로 우리 주변에는 이런 생각을 지닌 부모와 어른들이 많다는 것을 신문이나 뉴스를 통해 접하게 된다.

자녀에게 감정이 실린 폭력을 하고 있으면서도 이를 체벌이라고 생각하고 있는 부모의 체벌에는 자녀를 위한 '진정성'이 담겨 있는지 의문이다. 물건을 깨트린 자녀의 등을 때리는 부모의 행동에는 진정 자녀의 잘못에 대한 교육적 지도의 의미와 애정이 담겨 있는 것일까? 자녀에게 이루어지는 체벌의 대부분이 자녀에 대한 긍정적 발달을 위한 목적의 행동이 아닌 그저 부모 자신이 순간의 화를 주체하지 못해서 자녀에게 이루어지는 '폭력'이라 볼 수 있다. 물론 자녀를 위한 애정과 교육적 지도를 위한 체벌이 있을 수 있겠지만, 그런 자녀의 사회화를 위한 부모의 계획적인 체벌은 극소수일 것이다.

자녀의 잘못된 행동에 화를 내고 인상을 쓰는 것이 아니라, 자녀가 자신의 잘못을 깨닫고 뉘우치도록 반성하게 하는 것이 진정한 자녀와의 친밀감을 위한 소통이다. 대화를 통해 그러한 행동의 원인을 알게 됨으로써 후에 일어날 잘못된 행동을 감소시킬 수 있다. 부모는 자신의 말과 행동이 진정으로 자녀를 위한 것인지, 자녀를 위한다는 명목으로 쉽게 체벌을 가하는 것은 아닌지를 생각해보아야 한다.

3) 사회적 변화에 따른 부모역할

현대 사회에서 부모가 된다는 것은 그 어느 시대보다 많은 부담과 책임이 있는 일이 되었다. 부모로서 자녀를 남보다 뒤지지 않게 훌륭하게 키워야 한다는 의무감과 의욕은 넘치지만, 좋은 부모가 되기 위한 교육이나 역할 모델링은 그리 흔치 않다. 부모나 사회의 기대수준만 높을 뿐, 이로 인해 오히려 부모의 현실과 이상과의 괴리, 상대적 박탈감, 불안감을 느끼게 한다.

모든 것이 확연히 보이지 않게 변화하는 세상 속에서 우리 자녀 또한 그 세상 속에서 적응해 나가기 위해서 변화해 가고 있다. 하지만 많은 부모들은 아이들을 자신들만의 색깔과 안경을 끼고 부모의 입맛에 맞게 바꾸려고 한다. '너는 내 자식이니까 내 입맛에 맞아야 돼!'라고 주장하는 이기적인 태도는 자녀들과 부모를 멀게 느껴지게 하는 원인이 된다.

(1) 부모역할의 기대가 명확하지 않다.

자녀를 낳아 양육하고 보듬는 일에 대한 역할이 명확하게 정의되어야 하는데 그렇지 않다. 부모가 된다는 것은 부모의 존재가 자녀에게 어떠한 영향을 미치게 되는지에 대한 교육이 이루어지지 않았다는 사실을 알 수 있다. 예를 들면, 어떤 경우에 자녀에게 벌을 주어야 되는가? 체벌, 훈육을 사용해도 괜찮은가? 하는 문제 등에 대한 갈등으로 쉽게 좌절하는 경우가 많다.

(2) 부모의 권위는 없고 의무만 있다.

- 부모의 권위가 몇 년 사이 급속도로 떨어졌다.
- 학교, 교회나 복지기관 같은 여러 기관들이 자녀에게 영향을 주고자 하고 있지만, 최종적인 책임은 부모에게 맡겨진다.

(3) 부모들이 따를 현대적인 자녀 양육 롤모델이 없다.

- 핵가족화 되면서 본보기를 찾을 수 없다.
- 부모는 자녀를 부모 자신보다 더 나은 존재로 기대한다.
- 변화 발전하는 사회에 적응해 나갈 수 있도록 더 나은 존재로 자녀를 키워야 한다.
- 현대의 부모들은 다음 세대를 재생산해 내는 것만으로 충분하지 않다.

(4) 부모는 자녀에 대한 총 책임을 진다.

- 사회에서 대부분의 역할은 사람의 어떤 한 측면만을 책임진다.
- 아이에게 무슨 일이 생기면 부모가 책임을 진다.
- 부모의 개인적 인생의 행복에 영향을 미친다.

(5) 부모 두 사람이 한 팀이 되어 자녀를 양육한다.

- 어머니와 아버지가 협동하여 양육한다.

- 부부사이가 원만하지 못하다면 협동에 문제가 생긴다.
- 어머니와 아버지가 일관성 있는 교육철학으로 접근해야 한다.

(6) 자녀마다 개성과 타고난 재능이 독특하다.

- 아동은 저마다 다르기 때문에 자녀 대하기가 어렵다.
- 한 자녀를 양육하면서 터득한 점이 다른 한 자녀에게는 적용되지 않는 경우가 있다.
- 기존에 배워 알고 있는 것이 때론 다른 아이를 이해하는 데 장애가 되기도 한다.

(7) 부모역할은 점진적으로 시작하는 것이 아니다.

- 어제까지만 해도 부모가 아니었는데 오늘은 갑자기 부모가 된다.
- 부모의 역할을 잘 수행할 것으로 보이지 않는 사람에게도 사회는 부모가 감당할 만한 자녀의 수보다 많은 수의 자녀를 갖도록 사회가 압박을 한다.
- 계획에 없는 임신을 하는 경우도 있다.
- 나는 부모되기를 원하는가에 대한 물음에 망설여지기도 한다.
- 부모의 역할이 일단 시작되면 도중에 취소할 수 없게 된다.
- 사회에서 부모의 역할에 대한 지침이 부족하다.

(8) 부모역할이 끝나는 시기는 없다.

- 부모의 역할은 철저하게 시행되나, 어느 정도가 적당하고 바람직한지 한계는 없다.

- 부모 노릇이 어렵다고 해서 도중에 그만둘 수는 없다.
- 부모로서 부적절하다고 느껴도 일단 시작했으면 끝까지 계속 할 수밖에 없다.
- 성공적인 부모역할 지침이 충분치 못해 혼란과 두려움을 느낀다.

부모와 눈높이를 맞추기 위해서 아이들이 뛰어오르는 시대는 지났다. 이제는 부모가 스스로 아이들의 눈높이를 맞추기 위해서 허리를 숙여야 할 때라고 볼 수 있다.

3. 부모역할의 변화

사회에 따른 부모의 역할의 변화는 3가지 측면에서 고찰할 수 있다.

1) 아동의 측면

- 부모는 자녀의 성장과 발달에 결정적인 영향을 주기 때문에 교육이 필요하다.
- 아동의 사회적 · 정서적 · 인지발달 등 모든 영역이 부모의 양육태도 및 양육방법에 크게 영향을 받는다.
- 부모의 양육태도와 방법은 아동의 신체발달을 조장하거나 저해한다.

유아기의 환경과 교육경험은 유아의 성장과 발달에 큰 영향을 미친다. 가정환경은 유아가 출생 후 처음 접하게 되는 것으로 인간의 초기 경험을 이루는 생활환경이다. 인간의 두뇌발달은 유전적인 요인뿐만 아니라, 후천적인 요인, 즉 영양과 환경적 자극에 의해 크게 영향을 받을 뿐만 아니라, 부모가 자녀를 어떻게 대하는가에 따라 아동의 학업태도가 다르게 나타날 수 있을 것이다. 그러므로 아동들이 앞으로 살게 될 미래 사회를 준비시키기 위해서 부모가 교육을 해야 한다.

2) 부모의 측면

- 미성숙한 인간으로서 부모교육이 필요하다.
- 핵가족 속에서 젊은 세대들은 자녀양육이나 교육에 있어 어른들의 도움, 조언들을 즉각적으로 받을 수 없다.
- 도시화, 문명화, 산업화로 인하여 개인이나 가정단위의 사회이동 횟수는 증가하고 있고, 국내에서 도시 간 이동은 물론 국제적인 이동도 증가하고 있다. 따라서 젊은 부모들을 정신적으로 후원하고 자신감을 가지고, 자녀를 양육하도록 도와줄 프로그램이 필요하다.
- 성역할 개념의 변화에 따라 그에 적응하고, 대처하기 위해 부모교육이 필요하다.

부모의 바람직한 양육방식, 효과적인 상호작용 방법들을 부모가 되기 전부터 교육을 받는다면, 부모와 자녀 모두에게 긍정적인 효과를 가져올 것이다. 현대 사회에서는 과거에 비하여 점점 교육기관에서 교육을 받는 비중이 높아져 가정교육과의 밀접한 연관 하에 일관성 있는 교육을 하여야만 효과를 극대화 할 수 있다(이은화, 1999; 한국교육개발원, 1984; Coleman, 1991).

3) 사회적 측면

국가 개발을 위한 인재양성의 측면에서 부모교육이 필요하다. 인재의 지적 · 인성적 기반은 유아기에 결정되기 때문에 사회와 정부의 입장에서도 대책이 필요하다.

사회적 측면에서 첫째, 부모역할 책임이 증가되었다. 핵가족하에서 새로운 부모역할에 학습이 요구된다. 둘째, 부모는 아동의 발달과정에서 가장 중요한 영향을 미친다. 부모의 효과적인 개입은 자녀의 성장 발달에 매우 중요한 변인이 되므로 효율적인 부모역할을 수행하기 위해 여러 다양한 기술이나 정보습득이 필요하다. 셋째, 자녀양육에 대한 지식이 없을 뿐 아니라, 부모로서의 교육철학도 없으며 자녀양육이 적절한 모델링이 적다. 부모로서의 가치관 부재로 자녀양육에 대해 자신감이 부족하여 남들이 하는 대로 따라하다 보니 아이의 개성이나 개인차가 무시되고 있다.

넷째, 부모-자녀 관계에 대한 인식의 변화이다. 대부분의 부모교육이론이나 프로그램들이 부모 자녀 관계에서 평등성을 전제로 하고 있으나, 전통적인 문화규범인 상하 관계와 평등이념의 조화가 어렵기 때문에 부모교육의 필요성이 더욱 커진다. 다섯째, 여성의 사회 참여로 인한 양육자 부재 현상의 심화이다. 대부분의 아버지들은 자녀양육은 어머니 역할이라고 인식하고 있으며, 아버지의 참여가 필요하다고 인식해도 참여율은 낮다.

여섯째, 부모 자신이 인간으로서 자아성취를 이루고, 가족과 친지, 사회로부터 효율적인 지지를 받기 위해서 부모교육이 필요하다. 일곱째, 유아교육기관 및 학교교육 현장과 가정과의 교육 연계성이 강조되고 있다. 아동의 전인적, 균형적 발달을 도모하기 위해 교육

현장과 가정교육 간에 일관성을 유지해야 한다. 교육 현장에서 부모를 대상으로 하는 부모교육은 아동에 대한 교육 효율성을 최대화 시킬 수 있으므로, 아동을 대상으로 하는 교육활동만큼 중요하다.

여덟째, 효율적인 부모역할로 미래 사회에 적극적인 훌륭한 인적자원을 길러내기 위해 정부나 국가 차원의 부모교육이 필요하다. 부모에게 전적으로 자녀양육비의 책임을 지게 한다면 그 부담감이 클 수밖에 없으므로, 부모와 국가의 지원으로 부모역할을 책임 있게 할 수 있게 하여 자녀를 훌륭한 사회구성원으로 키울 수 있게 한다.

부모의 열등감이 자녀에게 직·간접적으로 영향을 줌으로써 대물림 될 수 있다. 최원호 박사는 "내 아이의 행복한 삶을 진정으로 원한다면 무엇보다 먼저 부모의 열등감의 원인을 파악하고 드러내야 한다"며 "열등감을 긍정적인 요인으로 극복하고 온전히 치유한다면 상처없이 부모와 아이의 자존감을 세울 수 있다"고 강조했다.

전통적으로 자녀에 대한 어머니의 역할과 아버지의 역할을 큰 범주에서 구분해 본다면, 어머니는 자녀의 생명(생존)과 관련된 역할인 임신, 태아 보존, 수유, 기저귀 갈기, 늘 눈 맞추고, 늘 안아주고, 모(母)의 존재는 자녀의 생존과 직결된다. 자녀에게 모유를 먹이고, 재우고 늘 곁에서 아이 혼자서 할 수 없는 일을 어머니는 제공한다. 이에 반해, 아버지는 가족의 생계와 자녀에게 직접적인 영향을 미치는 행위들로, 가족규범, 사회규율, 높은 가치수준, 지식, 생존법칙 등 성공된 삶을 살아가기 위한 사회적 가치와 기술들을 아버지로부터 전수 받는다. 이렇듯 자녀의 성장에는 아버지와 어머니의 사랑과 노력이 수반될 뿐만 아니라, 누구에게도 배울 수 없는 것을 아버지와 어머니를 통해 배울 수 있게 된다.

사회가 점차 다원화되고 지식과 정보가 폭발적으로 증가하면서 부모의 역할은 일반적으로 생각하는 것처럼 쉬운 것이 아니며, 부모를 위한 체계적인 교육이 필요하다는 사실을 점차 인식하게 되었다. 자녀 양육의 중요성을 인식하고, 자녀를 양육하는 부모를 교육시키는 것은 인간 발달의 잠재력을 키우기 위해 가장 우선되는 과제이며, 현대사회에서는 더욱 절실하게 요구되는 문제이다.

4) 부모재교육의 교육학적 관점

현대사회에서는 자녀 양육을 이야기 할 때, '부모'라는 용어보다 '가족'이라는 용어를 많이 사용한다. 이제는 '가족'을 벗어나 '사회적 책임'이라는 인식의 전환이 필요한 때이다. 사회는 하루가 다르게 변화하고 있고, 세계화의 흐름에 앞장서기 위해서는 자녀의 양육 및 교육의 문제는 동일한 시대를 살아가는 우리 모두의 책임임을 인식해야 될 것이다.

이제 부모뿐만 아니라, 우리는 교육이라는 정의를 새로운 시각으로 볼 필요가 있다. 지금까지의 교육은 단지 결과를 바라보며 목적을 달성하기 위한 교육이었다면, 부모가 자녀교육을 거시적 관점에서 조명해 볼 필요가 있다.

교육의 목적을 논의하는 관점은 외재적 목적과 내재적 목적으로 구분해 볼 수 있다. 전자는 문자상의 의미 그대로 어떤 활동의 목적을 그 활동 밖에서 찾는 것을 말한다. 후자는 활동의 목적을 그 활동 내에서 찾는 것을 말한다. 가령 낚시를 예를 들면, 낚시를 하는 어떤 사람은 고기를 잡아 돈을 벌기 위해, 어떤 사람은 낚시모임의 회장이 되기 위해, 어떤 사람은 단체장 선거의 표를 얻기 위해 낚시를 하러 갈 수 있다. 이 경우 낚시를 하러 간 사람들의 목적은 낚시가 아닌 다른 일을 하기 위한 사람이며, 낚시 이외에 외재적 목적을 두는 사람이다. 명목상으로는 낚시이지만, 실질적으로 다른 활동으로 변질되게 된다.

여기에서 내재적 목적은 고기를 낚아올릴 때 손끝을 따라 전달되는 짜릿한 손맛을 보는 일이다. 그 활동은 낚시 그 자체의 목적으로서 낚시의 참맛인 손맛을 느끼며, 그 활동이 낚시라는 내재적 목적과 분리될 수 없다. 낚시할 때의 손맛은 소매치기의 남의 지갑을 슬쩍할 때 짜릿한 손맛과 다르며, 낚시의 손맛은 오로지 낚시를 통해서만 맛볼 수 있는 것이다. 이런 점에서 내재적 목적은 그 활동에만 있는 고유한 가치라고 할 수 있다.

교육의 목적을 외재적으로 규정하는 것은 교육이 아닌 다른 것의 목적을 달성하기 위하여 교육을 끌어들이는 모든 경우에 해당된다. 교육을 개인적 차원에서 출세와 부귀나 좋은 직장을 얻기 위한 수단으로 보거나 또는 고등학교 이전의 교육을 대학입학을 위한 수단으로 보는 것이 사회적 차원에서 사회 발전과 같은 사회적 목적을 위한 수단으로 보는 것, 국가적 차원에서 국가발전의 수단으로 보는 것 등이 교육의 목적을 외재적으로 적용하는 대표적인 예이다. 즉 외재적 목적을 위한 수단이 되면 될수록 관심은 교육이 아닌 다른 것에 두게 된다. 이때 교육활동은 심하게 왜곡되거나 명목상으로만 교육일 뿐 실제적으로는 교육이 아닌 다른 활동으로 변질되고 만다(윤정일 외, 2008).

그런데 대학생이나 일반인, 적지 않은 교육학자들, 특히 학부모들은 교육의 목적을 이야기할 때 주로 외재적 목적만을 언급하는 것을 보게 된다. 교육한다는 것은 학습자의 입장에서 보면 공부하는 것이다. 공부한다는 것은 탐구하는 것과 동일한 것으로 볼 수 있다. 그리고 탐구한다는 것은 무엇인가를 이해하는 것이며, 이해를 통하여 지식을 획득하는 것이다. 이때 배운 내용은 사람의 내면으로 들어와 내면의 눈, 즉 세상을 볼 수 있는 '안목'이 되는 것이다.

물론 실제의 삶의 사태에서 외재적 목적을 완전히 무시할 수 없다. 그러므로 시대적 사회적 조건을 참조하면서 내재적 목적과 외재적 목적이 어떤 관련을 맺고 있어야 하는가 하는 문제, 내재적 목적을 훼손하지 않으면서 외재적 목적을 고려하는 길은 없는가를 생각해보아야 할 것이다. 그러기 위해서는 교육의 내재적 목적, 내재적 가치에 대한 의미를 보다 명료하게 각각의 입장을 제시하고 발전시키는 논의가 필요하다.

현대는 정치 · 경제 · 사회 · 문화의 모든 측면에서 빠른 속도로 변하고 있고, 이에 따라 사회구성원들의 가치관 또한 새롭게 변하고 있기 때문에 과거 부모들이 양육하는 방식으로는 자녀에게 할 수 없으며, 과거 부모들이 중요시했던 가치관 및 관습도 더 이상 현대 부모의 양육 및 가치관이 될 수 없다. 그러므로 현대사회에 맞는 부모의 역할과 가정에 맞는 자녀양육 방법을 모색해야 할 것이다.

Chapter 2

부모교육의 시대적 변화

사람이 태어나서 최초의 교육을 받는 곳은 가정이며, 여기에서 인간으로서의 성장과 발달을 위한 가장 기초적인 양육이 시작된다. 아동은 가정에서의 양육을 통하여 사회화를 이루고 이것의 영향은 성인이 되었을 때에도 지속된다. 또한 가정에서의 양육은 학교교육보다도 더 큰 영향을 미친다. 예로부터 '최고의 스승은 부모'라는 말이 있다. 그만큼 가정 내의 부모의 가르침이 중요하다는 뜻이다. 동서고금(東西古今)을 막론하고, 부모의 마음은 자식을 누구보다 훌륭하게 가르치고 싶다. 부모 입장에서는 자식을 가르치는 것보다 더 어려운 일은 없다. 오죽했으면 남의 자식은 가르쳐도 내 자식은 못 가르친다고 했겠는가? 전통사회에서는 유교적 관점을 바탕으로 효(孝)와 예(禮)를 모든 행실의 근본으로 삼아 사회질서를 확립해 나갔다. 과거에는 부모역할이 출산과 양육에서 유교적 가르침으로 특징되던 인식이 사회가 변화하면서 사회·문화적으로 다양하게 요구하고 있다.

1. 어머니의 역할과 아버지의 역할 변화

코메니우스는 교회의 주교로 봉사하며 학생들을 가르치고, 교육적인 교과서를 쓰면서 일생을 보냈다. 그는 중세의 부모들이 아동에 대해 갖는 신념, 즉 인간의 본질적인 성품은 악하다는 것에 반대되는 인간의 본성은 선하다는 입장을 갖고 있었다. 그는 아동의 능력과 개성을 중시하였고, 교육은 감각교육과 자연의 질서와 섭리에 따라 이루어져야 한다는 점을 역설하였다. 특히 그는 '어머니 학교(Mother's school)'라는 개념을 제시하면서 모든 아동은 출생해서 6세까지는 가정에서 어머니로부터 교육을 받아야 한다고 주장하였다. 그는 교육은 조기에 시작해야 하는데, 바로 어머니의 무릎이 가장 중요한 최초의 학교라고 주장하였다. 어머니의 무릎학교에서 어머니라는 교사에 의해 초보적인 지적·도덕적·종교적인 교육이 이루어져야 한다고 하였다. 따라서 아동에게 있어서 어머니역할의 중요성과 어머니를 위한 부모교육을 역설하였다(정계숙 외, 2013).

※ 어머니의 역할

- 자녀에게 표현적, 정서적 역할을 담당한다.
- 전통사회와 현대사회에서의 어머니의 역할 변화
  - 아내의 역할이 전통적인 가사 중심의 아내상에서 남편과의 동반자로서의 아내로 변환되었다.
  - 사회화와 관련된 활동 등이 증대되고 있다.
  - 가정관리자의 역할도 확장되어 가계관리나 가정관리의 측면에서 확충되었다. 예컨대 아버지의 가정 내의 역할과 어머니의 역할 구분이 불분명해져 집안 수선, 남편의 일 보조까지도 하게 되었다. 이와 함께 가족 부양자로서의 역할

도 증대하여 직업을 갖고, 아울러 가사일도 동시에 해야 하는 등의 변화가 있다.

- 지역사회 역할의 확장으로 종교활동과 지역사회 관련활동이 증대하였다.
- 가사결정권의 신장 – 맞벌이를 하고 가정의 한 수입원이 되는 경향이 커짐에 따라 부부간의 의사 결정권이 대폭 신장되었다. 단순히 자녀나 남편과의 관계로만 제한되는 것이 아니라, 가정관리, 가정예산 관리, 생계부양 등의 다양한 역할 증대로 가정 내에서나 가정 외에서 아내의 의사 결정권이 신장되었다.

아버지 역할에 대한 기대는 가족의 생계를 책임지고, 자녀를 바르게 지도·감독하는 역할이다. 자녀의 양육에 적극적으로 참여하고 자녀와 친근하게 상호작용하는 모습으로의 변화를 보이면서 육아에 지친 어머니를 위로하며 지지해주어야 한다. 아이를 돌보는 어머니와는 달리 아이와 함께 놀아 주고, 지지해 줌으로써 보다 유익한 경험, 질적으로 다른 경험을 주어야 한다(박성연·유은희·한상미, 2002). 실제적으로 자녀양육에 성별에 따라 아버지의 역할이 제한되는 것은 단지 임신과 모유수유뿐이며, 그 밖의 모든 역할은 동등하게 부모가 공유할 수 있다. 아버지는 어머니에 비해 자녀 양육에 참여하는 실제적인 시간은 비록 적지만 부족한 양적 부분을 어느 정도 질적으로 보충할 수 있어 어머니와 비슷한 정도로 기여한다고 할 수 있다(박성연 외, 2012).

※ 아버지의 역할

- 어머니의 역할과는 질적으로 다르다.
- 자녀의 인지, 인성, 도덕성, 성역할 발달 등에 영향을 미친다.
  - 전통사회와 현대사회에서의 아버지의 역할 변화
  - 사회 · 경제적 구조가 어머니에게도 경제적 공급자의 역할이 강조되고 있기 때문에 아버지의 자녀의 발달과 성장에 역할이 증가하고 있다.
  - 아동발달의 측면-아버지의 양육행동과 어머니의 양육행동 간에는 질적으로 다른데 자녀는 어머니뿐만 아니라, 아버지에게도 강한 애착행동을 보이기 때문에 아버지의 영향과 역할이 증대하고 있다. 자녀의 긍정적 발달을 위해서 아버지가 참여하는 공동 양육환경을 활성화해야 한다.

부모는 아동이 태어나서 만 20세에 이르기까지 잘 성장할 수 있도록 양육하고, 보호하고, 발전할 수 있도록 돕는 데 있다. 부모는 자녀에게 그 사회의 규범이나 가치를 이해시키고, 성인기에 성공적인 삶을 살 수 있는 데 필요한 자원과 기술을 개발할 수 있도록 도와야 한다.

2. 가족의 형태와 부모교육 방법

1) 과거 → 대가족

식구 수가 많은 가족, 4대가 모여 사는 가족을 대가족이라 한다. 가장권에 의하여 통제되며, 전근대 사회에서 일반적으로 볼 수 있는 가족 형태이다. 가족의 정의를 살펴보면, 부부와 결혼하지 않은 자녀가 함께 사는 핵가족과는 달리 대가족은 자녀들이 결혼해도 따로 나가 살지 않고, 부모님을 모시고 사는 가족을 말한다. 즉 가족의 수가 크다고 볼 수 있다.

대가족으로 유명한 고대 중국에서도 보통의 가족은 5명 전후였으며, 송(宋)나라 때 한 집에 700여 명이 함께 살았다는 기록이 있기는 하지만, 이는 《사서(史書)》에 기록될 만큼 특수한 존재였다. 고대 및 중세의 자급자족 체제에서는 생산을 위한 노동력을 가족 안에서 유지해야 할 필요가 있었다. 대가족의 성립에는 이러한 사회적 · 경제적 요인이 작용하였으며, 대가족 내부에서의 지배와 종속은 가족 노동력의 규율을 중심으로 이루어진다. 우리나라도 농경사회의 농사일로 생계를 꾸려나갈 때, 즉 자급자족 체제에서는 생산을 위한 노동력을 가족 안에서 유지해야 할 필요가 있어 대가족이 많이 있었지만, 현대에 와서는 자급자족 체제가 아니기 때문에 핵가족화되어 가고 있는 실정이다.

우리나라의 전통적 가치관은 시대적으로 조선왕조 후기에서 일제 초기까지 이른바 근대화가 이루어지기 이전의 시대에 이루어진 가족규범으로써 이는 농경사회를 거쳐 지난 500여 년 동안 우리 사회를 지배해 내려온 유교사상의 배경 위에서 그 전통의 맥락을 형성한 채 현재에 이르고 있다. 그러므로 이 시기 사람들의 가족생활은 일차적으로는 가족 규범에 의해 지배된다. 이 시대의 가족윤리의 특징을 집약해 보면, 첫째, 부자(父子)중심 가족으로서 남편이나 아내보다는 부모를 더 존중하려는 윤리로서 곧 부자(父子)의 축이 가정의 주맥을 이루게 된다. 그러므로 혼인한 며느리는 아들을 생산치 못할 경우 칠거지악(七去之惡)의 수모를 겪게 될 수 있다.

둘째, 여자 지위의 저열이다. 전통 가정에서는 남(男)과 여(女)는 종속의 관계로서 여성은 남성에게 예속된다. 곧 전통 개념의 남녀 관계는 남존여비로서 이는 부자(父子)관계를 축으로 하여 전 가족 구성원을 지배하는 가정의 도덕률인 효도와 짝을 짓는 또 하나의 전통적 가치관이다.

셋째, 자식 또한 어버이와 종적(縱的) 관계에 놓인다. 자녀는 독립된 인격체라기보다는 부모의 종속적 존재로서 부모에게 예속된다. 따라서 효(孝)를 중심으로 하는 자녀의 도리는 어려서부터 부모 말씀을 잘 따르고, 아버지의 명령에 따라 행동하도록 교육된다.

넷째, 가정행사 중 비중이 매우 큰 조상숭배는 효도의 연장으로서 효도가 산자에 대한 예(禮)라면 조상숭배는 죽은 자에 대한 예식이다. 그러므로 제사를 매개로 해서 행해지는 조상숭배 의식은 가족을 단위로 하는 친족조직 또는 혈연집단의 결속을 추진해주는 역할을 한다.

다섯째, 결혼에 있어서 가장 중요한 가치관은 친족 또는 동족내혼의 금지이다. 이 때 동족의 개념은 동성동본에까지 넓게 적용된다. 동족내혼의 금지는 친족 또는 동족 간의 성행위의 철저한 규제로 부계 혈연의 순수성을 보장하기 위한 것이었으며, 여성의 혼전 혼외 성행위에 대한 규제와 바로 연결되는 것으로 보인다.

이상에서 밝힌 바를 정리 하면, 우리나라의 전통적 가족 가치관은 가장을 정점으로 하는 부(父)-자(子), 형(兄)-제(弟), 남(男)-녀(女), 연장자-연하자의 엄격한 계층적 신분체계를 이루고, 윗사람은 아랫사람을 지배하고, 아랫사람은 윗사람에게 복종하는 수직적 상하관계로 형성돼 있음을 알 수 있다.

2) 현대 → 핵가족

오늘날 우리 사회에서 가장 일반적으로 간주되고 있는 가족 형태는 가정에 한두 자녀 위주로 되어 있고, 부부와 자녀 중심의 핵가족이 보편화되고 있는 실정이다. 그러다 보니 자연스레 대가족 문화와 핵가족 문화 사이의 교육적 의미와 기능의 차이에 대해서 제대로 인지하지 못하고 있는 것이 사실이다.

물론 매체(TV, 신문, 잡지, 인터넷)를 통해 접해보긴 했겠지만, 매체 속에 등장하는 사례는 지극히 한정적일 수밖에 없어 실제와는 큰 차이가 있다. 특히, 핵가족 단위의 형태적 특성상 아이들의 교육문제를 전적으로 경험이 부족한 젊은 부모들이 감당해야 하기 때문에 이들은 자녀교육에 있어 부담감과 강박관념을 가지게 된다. 이러한 심리적 요인은 결과적으로 사교육 의존도를 높여 일찍이 어린 자녀들을 평가와 경쟁이 난무하는 세상으로 내몰고 있는 것이 아닌가 한다. 요즈음 각종 범죄를 비롯한 여러 가지 사회적 문제들이 대두되고 있는데, 그 사회적 문제들의 근본적 원인으로 생각할 수 있는 것이 핵가족화라 할 수 있다.

핵가족화의 사회문제에 대한 논의

(1) 출생 가족에 대한 의무나 책임 의식의 약화
(2) 가족들 간의 소외 현상
(3) 자녀양육의 문제
(4) 이혼문제
(5) 결손가정의 증가
(6) 노인 소외 현상

핵가족은 친족 집단의 다른 성원들로부터 고립되어 있기 때문에, 부부 중 한 사람만 결손되어도 가정은 심한 타격을 받는다. 또한 상호 의존과 애정에 대한 기대치가 높기 때문에 그것이 제대로 충족되지 않을 시에는 가출이나 이혼 등의 극단적인 해결 방법을 택하는 경향이 우세해서 가족 해체에 이를 가능성도 매우 많아졌다. 취업주부와 역할 갈등이라든지 부모 세대와 자녀 세대 간의 갈등이 첨예화할 소지가 매우 높은 점, 노인 인구의 소외 문제 등도 오늘날 핵가족이 안고 있는 심각한 문제이다(전남련 · 김혜금, 2006).

우리가 핵가족화가 나타난 원인, 핵가족화의 장 · 단점, 핵가족화의 문제점에 대한 해결책 등에 관하여 아는 것만으로도 사회적 병폐 현상을 어느 정도는 예방하고 줄일 수 있다. 세계화와 정보화로 신세대들의 사고방식이 지나치게 자유분방해진 것에도 그 이유가 있다. 물론 합리적이고 미래지향적인 사고는 우리 기성세대가 본받아야 하나, 그 사고가 이기적이라는 게 문제다. 그리고 물질적 풍요 속에서 사회의 가치 평가가 부를 기준으로 삼는 물질만능주의로 흐르게 되어 전통문화가 사라지고, 인간 소외의 사회를 만들었다. 물질만능주의와 지나친 이기주의도 톡톡히 한몫 한 것이다.

그러므로 현대사회는 과거의 자연스레 교육이 이루어진 전통사회에서 보다 다양한 형태의 가족이 존재하고, 각 가족 형태에서 요구하는 부모의 역할이 다르기 때문에 다양한 부모교육프로그램이 필요하다. 다양한 형태의 가정에서 부모의 역할을 하는 사람들이 가지고 있는 문제도 다양하고, 그들이 중점적으로 수행해야 할 역할도 다르기 때문에 부모교육프로그램이 필요하다.

3) 전통사회의 교육방법

전통사회에서는 특히 가계를 이을 아들을 출산하는 것을 여성의 도리로 삼았으므로, 태교를 상당히 중요시하여 여성들을 대상으로 하는 모든 서적이 태교에 관한 내용을 포함하고 있다. 태교란 뱃속에 있을 때부터 아기가 갖고 있는 풍부한 가능성을 이끌어 내는 태중교육(胎中敎育)의 준말을 말한다(김진영 · 김정원 · 전선옥, 2013). 오늘날 태교란 어머니가 태아에게 좋은 영향을 주기 위해 마음가짐과 감정, 언행을 정화시키는 일, 또는 어머니가 아기를 인간으로 형성 발달시키기 위한 교육적 노력이라고 할 수 있으며, 임신 중에 건강을 위해 힘쓰고 마음가짐과 몸가짐을 잘 닦으며, 뱃속에서 자라는 태아를 건강하고 충실하게 자라게 하는 가르침을 말한다(김미옥, 2003).

다음의 내용은 안씨 가훈의 태교의 중요성과 자녀교육을 위해 집을 세 번이나 옮긴 맹자의 어머니에 관한 일화이다.

(1) 안씨 가훈(顔氏家訓)-태교의 중요성

중국 남북조 시대 말기의 구족 안지추(顔之推)가 자손을 위하여 저술한 교훈서로써 가족 간의 도덕이나 대인관계 등은 물론 경제생활, 풍속, 학문, 안씨 가훈의 종교 등 다양한 내용을 구체적인 체험과 풍부한 사례를 바탕으로 논하였다.

교자(交子)에서 자녀의 교육에 대하여 언급하고 있다. 이 부분에서는 자녀교육의 중요성과 교육의 시작으로써의 태교에 대한 내용 그리고 자녀교육을 조기에 시작하여 할 필요성에 대해 언급하고 있다. 태교에 관해서는,

> "옛날 성인 왕이었던 시대에는 태교라는 제도가 있어서 "왕비가 임신한지 석 달이 지나면 별궁으로 옮겨 사는 곳을 달리 하고 바르지 않고 사악한 것은 보지도 듣지도 말게 한다. 음악이나 음식도 모두 예법에 맞춰서 해야 한다"고 하였다(안지추, 1999)."

라고 하여 고대로 전래되어 온 태교를 소개하고 있다.

(2) 맹모삼천지교(孟母三遷之敎)

맹모삼천지교(孟母三遷之敎)는 자녀교육에 있어서 환경이 미치는 영향이 얼마나 큰 것인가를 말해주는 일화이다. 또한 아이들 교육에 부모의 영향과 환경이 얼마나 좌우되는지를 알 수 있다. 맹자(孟子)는 전국시대 노나라의 유명한 사상가이다. 어려서 아버지를 여의고 어머니 손에서 교육을 받고 자랐다. 그의 어머니는 현명한 사람으로 아들 교육에 남달리 관심이 많았다. 맹자의 어머니와 관련한 유명한 일화가 있다.

맹자가 어머니와 처음 살았던 곳은 공동묘지 근처였다. 놀 만한 벗이 없던 맹자는 늘 보던 것을 따라 곡을 하는 등 장사지내는 놀이를 하며 놀았다. 이 광경을 목격한 맹자의 어머니는 안 되겠다 싶어

서 이사를 했는데, 하필 시장 근처였다. 그랬더니 이번에는 맹자가 시장에서 물건을 사고파는 장사꾼들의 흉내를 내면서 노는 것이었다. 맹자의 어머니는 이 곳도 아이와 살 곳이 아니구나 하여 이번에는 글방 근처로 이사를 하였다. 그랬더니 맹자가 제사를 쓰는 기구를 늘어놓고 절하는 법이며 나아가고 물러나는 법 등 예법에 관한 놀이를 하는 것이었다. 맹자 어머니는 이곳이야말로 아들과 함께 살 만한 곳이구나 하고 마침내 그곳에 머물러 살았다고 한다. 이것을 가리켜 맹모삼천지교(孟母三遷之敎)라고 부른다.

맹자는 학문에 전념할 만한 나이가 되자 고향을 떠나 공부를 하였다. 그런데 어느 날 기별도 없이 맹자가 집으로 돌아왔다. 마침 베틀에 앉아 길쌈을 하고 있던 맹자의 어머니는 갑자기 찾아온 아들을 보고 기쁘기는 하였지만, 감정을 억누르고 아들에게 물었다. "네 공부가 어느 정도 되었느냐?" "아직 마치지 못하였습니다." 하고 맹자가 대답하자, 맹자 어머니는 짜고 있던 베틀의 날실을 끊어버리고는 아들을 꾸짖었다. "네가 공부를 중도에 그만두고 돌아온 것은 지금 내가 짜고 있던 베의 날실을 끊어버린 것과 같은 것이다. 하다가 도중에 그만두면 무엇을 이룰 수 있겠느냐?" 맹자는 어머니의 이 말에 크게 깨달은 바가 있어 다시 스승에게로 돌아가 더욱 열심히 공부하였다. 이것을 단기지교(斷機之敎)라고 부른다. 이런 어머니의 노력으로 훗날 맹자는 공자에 버금가는 유학자가 되었을 뿐만 아니라, 아성(亞聖)으로도 추앙받게 되었다(전우천, 2011).

아이들의 능력을 발달시키는 데는 유전적 요인과 환경적 요인 어느 한쪽도 경시할 수 없다. 잠재된 소질을 개발하기 위해서는 타고난 능력이 뛰어나다 할지라도 그 능력이 계발될 수 있는 환경과 부모의 지속적 관심과 면밀한 지원이 없다면 성패는 불을 보듯 뻔하다. 그만큼 유전적 요인과 환경적 요인의 상호작용과 부모양육방법이 중요함을 말한다.

오욱환(2006)에 의하면, 가정의 교육적 환경이 학업 성적에 미치는 영향은 절대적이다. 부모의 지원이나 문화적 자원이 부실한 가정의 아동은 학습에 필요한 소양이 결핍된 상태에서 취학하며, 준비되지 않은 상태에서 학습 상황을 직면하게 된다. 문화적 환경에 실조된 상태에서 취학한 아동은 학교에서 가르치는 내용은 물론 학습 분위기를 이해하지 못하기 때문에 학업성취에 뒤떨어진다. 이러한 실패는 학년이 올라가면서 누적되어 결국 학습지진아 또는 학습불가능 아동으로 분류된다(오욱환, 2006).

3. 현대사회의 자녀교육 방법

현대의 가정은 가족 규모가 대가족에서 핵가족으로 변화되었고, 가족 구성원 간의 정서적 욕구를 충족시키기 위한 상호작용의 역할이 더욱 중요시되었다. 급격한 사회 변화, 핵가족화와 빈번한 직업의 이동은 오늘날의 자녀 가치나 필요성이 그 의미를 희미하게 만들어가고 있다. 오히려 현대에 와서는 자녀 양육은 경제적인 면에서 부담이 되고 있는 실정이다.

역사적으로 부모역할은 어머니의 역할로 인식되어 왔다(정옥분·정순화, 2012). 아버지는 자녀 양육에서 주 책임자로서의 역할보다 어머니의 자녀양육을 지원·보조하는 등의 보조자, 주변인의 역할을 담당해 왔다. 이러한 아버지의 근본적 역할은 크게 변하지 않았지만, 아버지 역할의 재발견시대(Lamb, 1997)라고 표현될 만큼 현대사회 내 아버지의 자녀양육 참여는 증가하고 있다. 핵가족 내 어머니의 자녀양육 활동에 있어 남편인 아버지가 가장 영향력 있는 지원체계이고(이완정 · 현온강 · 최혜란, 1997), 자녀양육의 어려움을 이유로 출산율이 점점 줄어들고 있는 최근의 현실에서 아버지의 자녀양육 참여는 매우 절실하다.

오늘날은 자녀교육을 위해 잘나가는 회사도 그만두고, 가출하는 자녀교육에게 온몸으로 사랑을 전하기 위한 아버지 교육도 있다.

Box 2-1 자녀교육, 아빠밥상에서 길을 찾다

이충노(49) 씨는 2011년 6월까지 정림건축종합건축사사무소(이하 정림건축)의 CEO였다. 정림건축은 용산 국립중앙박물관과 청와대 본관 건물을 설계한 곳이다.

그는 지금은 앞치마를 둘렀다. 아들을 위한 결정이었다. 서울 반포의 한 중학교에 다니던 아들 은규(16)는 일진으로 불렸다. 일진은 학교폭력조직이다. 은규는 공부를 안 했고, 노는 아이들과 몰려다니면서 폭력 사건에 연루된 적도 몇 번 있었다. 학교에 툭하면 빠졌고, 한 달 동안 가출한 적도 있다. 2011년 2학기 초 급기야 학교폭력방지위원회를 통해 강제전학 조치를 받았다. 늘 바쁘다는 이유로 아들 곁에 있어 주지 못한 아빠는 더 이상 물러날 곳이 없다고 판단했다. 회사를 그만두고 아들 아빠로서의 삶에 올인 하기로 했다. 그에겐 은규 외에 두 딸이 있다. 큰딸 하림이는 미국 미네소타 주립대에 재학 중이고, 막내딸 은샘이는 초등학생이다. 그는 은샘이와 부인은 서울에 남겨 두고, 아들만 데리고 경기도 양평으로 왔다. 공기 좋고 물 좋은 곳을 고민하다가 지인이 있는 이곳을 택했고, 그곳에서 아들을 위해 매끼 따끈한 밥을 짓고 매끼 새 반찬을 만들어 예쁜 접시에 담아 상차림을 내고 있다. 아들의 하교시간인 오후 4시쯤이면 어김없이 집을 지키면서 간식을 차려내는 것도 잊지 않았다. 아들의 감정 상태를 주시하면서 그동안 못다 한 부성애를 아낌없이 쏟고 있다.

'전업주부'로서의 삶을 산 지 2년, 아들은 서서히 변하기 시작했다. 가장 큰 변화는 성실성이다. 학교에 빠지거나 지각 한 번 없이 꼬박꼬박 다니고, 은규가 다니는 실업계 학교인 A고등학교에서 학과 1등을 도맡아 한다.

또 하나, 아버지와 소통을 하기 시작했다. 아버지의 몸이 스치기만 해도 소스라치던 아이는 이제 아빠와 스스럼없이 포옹을 하고 아빠가 뽀뽀하자고 입을 죽 내밀면 못 이기는 듯 볼을 내준다. 욕도 거의 안 하고, 술도 잘 안 마신다. 담배도 끊었다.

'은규 아빠'로서의 삶을 시작하면서 이씨의 각오는 분명했다. "나는 늘 바쁜 아빠였다. 엄마도 교사라 맞벌이였다. 부모의 사랑을 충분히 받지 못한 애정결핍이 문제의 원인 중 하나라고 생각한다. 속죄하는 기분으로 그동안 못다 한 아빠 역할에 최선을 다하고 싶었다. 그건 말로 되는 게 아니었다. 늘 은규 옆에 있어주면서 은규에 대한 사랑을 몸으로 보여주고 싶었다."

이충노 씨의 TIP

• 절대로 화내지 마세요.

부모와 자녀 간에 원만한 관계를 위해 가장 중요한 것은 화내지 않는 것이다. 화가 날 수 있는 상황을 시뮬레이션하면서 화를 삭이는 훈련을 하고, 그래도 도저히 화를 못 참겠으면 차라리 자리를 떠라. 속으로 아무리 끓어올라도 표정과 행동에 나타내지 말라. 아무리 화가 나도 부모로서의 책임을 피하지 않는다. 감정과 상황은 별개다. 감정이 상했다고 평소 부모의 역할을 소홀히 하면 부모와의 신뢰가 깨진다. 어떤 상황에서도 아이를 팽개치지 않고 끝까지 책임진다는 모습을 보여야 한다.

• 부모가 다 짊어지려 하지 마세요.

아이를 변화시킬 수 있는 스승은 부모 말고도 주변에 널렸다. 선생님, 동네 어른들, 할머니, 친척, 친구 등. 부모는 아이를 교정하는 존재가 아니다. 부모의 훈육으로 자녀가 바뀐다면 세상에 문제아는 없을 것이다. 잘못된 행동이 있어도 당장 아이의 행동 변화를 강요하고 확인하려 하지 말라. 뜻하지 않은 사람이 생각지도 않은 곳에서 아이의 스승이 될 수 있다.

• 학생은 공부를 잘해야 한다는 고정관념을 버리세요.

자녀와의 관계가 깨지는 가장 큰 원인이 성적이다. '학생은 공부를 잘해야 한다'는 고정관념이 아이와 부모를 둘 다 힘들게 한다. 아이의 마음이 편하고 정서적으로 안정되면 공부는 언제든 다시 시작할 수 있다. 공부로 성공하는 사람은 1%도 되지 않는다. 학생은 공부를 잘해야 하고, 열심히 해야 한다는 생각을 버리자. 정서적 안정, 성숙한 인성, 사회화가 더 중요하다.

• 자녀를 어린애로 대하는 건 좋지 않아요. 대등하게 대하세요.

지혜로운 아버지는 자녀를 대등하게 대하고 미성숙한 아버지는 자녀를 어린애로 대한다. 자녀는 부모가 대우하고 생각한 만큼 자란다. 아이로 대하면 아이가 되고, 어른으로 대하면 어른이 된다. 청년기 때 대등해지니 중·고등학교 때부터 서서히 대등한 인격으로 대하는 연습을 해야 한다. 자녀와 우정의 관계를 잘 맺은 부모는 노년이 되어 장년의 자녀에게 존중받는다. 어린 시절 인격으로 대우받은 자녀는 힘 빠진 노년의 부모를 인격적으로 대한다.

• 문제아는 없습니다. 문제부모만 있을 뿐!

아이는 부모의 거울이다. 아이는 부모의 행동 하나하나, 말투 하나하나를 그대로 보고 배운다. 부모의 감정을 있는 그대로 받아들이고 반응한다. 아이를 키우는 것은 부모도 함께 배우고 경험하고 자라는 과정이다. 자녀는 부모의 스승이다. 아이는 부모가 고민하는 만큼 자란다. 성숙한 부모가 성숙한 자녀를 만든다.

• 부모의 사랑을 자식이 알아주지 않는다고 서운해 마세요.

자녀가 부모의 나이가 돼 봐야 부모의 사랑을 알 수 있다. 아이가 부모의 사랑을 어떻게 생각하느냐는 중요하지 않다. 아이에게 부모는 주어진 존재일 뿐, 평가의 대상이 아니다. 그렇다고 자녀가 부모에게 감사의 마음이 없는 것은 아니다. 감사도 알고, 표현도 한다. 그러나 그것은 부모가 표현하는 정도의 깊이와는 차이가 있다. 부모의 사랑이 객관적으로 보이고 마음으로 사랑을 느끼는 것은 자녀가 부모의 나이가 되고 부모의 상황이 되어봐야 안다.

출처: 주간조선, 2013. 9. 16.

부모는 자녀가 사회의 한 시민으로서 책임 있는 행동을 할 수 있도록 생활철학과 가치관 정립에 도움을 주고, 자녀의 경제적 독립을 취해 직업선택의 자유를 훈련시키는 역할을 한다. 즉, 가정의 사회화 기능을 통하여 자녀가 그 사회의 일원으로서 생존과 번영해나갈 수 있도록 능력과 행동양식을 습득시키는 일이라고 할 수 있다.

아버지의 출산 휴가제에 대한 의견 수렴이 최근 여성가족부에 의해 실시(www.mogef.go.kr)되고 있으며, 매달 6일을 육아데이로 정하여 아버지의 육아 참여 확산을 촉구하는 노력(www. 6aday.

co.kr)이 활발히 진행되고 있는 것은 자녀양육의 사회적 지원으로 아버지의 역할이 중요해졌음을 사회적으로 인정하고 있음을 알 수 있다.

① 아버지 교육의 외국 사례

우리 아이에게 가장 먼저 가르쳐야 하는 것은 무엇일까? 수없이 많이 떠오르는 대답 중에서 명쾌한 답을 고를 수 없다면 조지 워싱턴과 간디의 아버지에 주목해 볼 수 있다. 그들은 아이가 어떠한 잘못을 저질렀어도 그것을 인정하고 잘못을 뉘우치는 정직함이 아이에게 가장 먼저 가르쳐야 할 덕목이라고 말한다. 조지 워싱턴의 아버지는 잘못을 저질러서 벌을 피하기 위해 거짓말을 하는 것은 비겁한 행동이며, 항상 정직함을 강조했다.

부모는 자녀가 정직함과 솔직함으로 당당하게 자라길 바란다. 자신의 잘못을 바로 알고 뉘우칠 줄 아는 솔직함과 당당함은 시대나 사회를 초월해서 가치가 있는 덕목인 것만은 분명하다. 잘못을 진실로 깨닫도록 유도하고, 잘못을 솔직히 고백하며, 당당하게 극복할 줄 아는 사람으로 키우는 것도 부모의 역할이다.

이렇듯 아버지의 양육참여가 아동의 사회적 능력(김광웅 · 이인수, 1998; 최경순, 1992)이나 사회적 적응, 도덕성 또는 친사회성(정현희 · 최경순, 1992; 최경순 · 정현희, 1995)과 같은 사회성 발달뿐만 아니라, 학업성취와 같은 인지발달에 유의한 영향을 미치는 것으로 보고되고 있다. 이는 아버지의 양육 참여가 아동의 건강한 성장과 발달을 위한 환경으로서 중요한 역할을 하고 있음을 의미하는 것이다(양장애, 1999).

마하트마 간디의 아버지는 향락생활에 빠진 간디의 편지에 조용히 눈물 흘리며 침묵으로 아들의 잘못을 용서한 이야기로 유명하다.

아버지의 양육참여가 아동의 사회 · 정서 및 인지발달에 긍정적 영향을 미치는 것은 다음과 같은 이유로 설명될 수 있다. 첫째, 아버지의 양육참여는 어머니가 해주지 못하는 새롭고, 흥미로운 경험을 아동에게 제공하기 때문이다. 어머니와의 상호작용 안에서 얻기 쉽지 않은 동적이고 활동적인 경험을 통해 아동은 보다 폭넓고 역동적이며, 다양한 사회적 · 정서적 · 지적 자극을 접할 수 있게 된다. 이러한 경험이 보다 적극적인 발달을 성취하는 토대로 기능한다고 볼 수 있다.

둘째, 아버지의 양육참여는 어머니의 양육 스트레스를 완화시킴으로써 어머니의 긍정적 양육 행동을 유발하는 토대가 된다. 아동의 성장과 발달에 미치는 아버지의 영향력은 어머니와는 다를지라도 아버지의 양육참여는 아동의 환경적응에 가장 큰 영향력을 미친다(김정 · 이지현, 2005). 아동이 보다 건강하게 성장할 수 있는 가정 내 환경을 마련하는 데 기여한다. 이러한 간접적 기여가 사회적 · 정서적 · 인지적 측면에서 아동이 적응적 발달을 이루게 하는 원동력이 된다.

아버지의 양육참여가 아동의 발달에 긍정적 역할을 하고 있음이 알려지면서 그 필요성이 더욱 강조되고 있다. 그러나 자녀양육에서 아버지 역할에 대한 모호성과 불명확성 때문에 아버지 스스로 적극적 역할을 수행하는 데 어려움을 겪고 있다. 이러한 어려움을 해결하는 데 도움을 줄 수 있는 것이 아버지를 대상으로 한 부모됨 교육이다. 왜냐하면 아버지됨 교육은 아버지가 자녀양육에서 적극적 역할을 수행하는 데 필요한 정보와 기술을 제공하기 때문이다(이순형 외, 2012).

4. 부모-자녀관계의 접근을 통한 코칭

1) 코칭

코칭(coaching)은 개인이 지닌 능력을 최대한 발휘하여 목표를 이룰 수 있도록 돕는 일을 가리키는 말이다. 개인의 목표를 성취할 수 있도록 자신감과 의욕을 고취시키고, 실력과 잠재력을 최대한 발휘할 수 있도록 돕는 일을 의미한다. '코칭(coaching)'이라는 용어는 커다란 사륜마차를 가리키는 '코치(coach)'로부터 비롯된 것으로, 사람을 목적지까지 운반한다는 의미에서 목표점에 다다를 수 있도록 인도한다는 의미로 변화하였다. 1830년 영국 옥스퍼드 대학에서 학생들의 시험통과를 돕는 가정교사 일을 가리키는 말로 사용되었고, 1861년에 이르러 스포츠 분야에서 사용되기 시작하였다(두산백과 사전).

풍부한 경험과 지식으로 지표를 제시해주는 멘토링(mentoring)이나 지식을 전달해주는 티칭(teaching), 상담과 조언 역할을 하는 카운슬링(counseling)과 달리 코칭은 개인의 변화와 발전을 지원하는 수평적이고, 협력적인 파트너십에 중점을 둔다. 성취를 이루려는 개인과 적극적으로 커뮤니케이션하고, 동기부여와 믿음을 심어주며, 스스로 문제점을 찾아 해결할 수 있도록 도와주는 일이라고 할 수 있다. 즉 코칭은 코칭을 받는 대상자가 코치를 파트너로 해서 스스로 문제해결 방향을 찾아가며, 자신의 잠재력을 최대로 발휘하게 되는 의사소통기법의 한 가지라 할 수 있다.

(1) 코칭의 장점

• 미국에서는 코칭 질문 교육을 받으면서 홈스쿨에 참여한 가정의 학생들이 학습, 성적, 사회활동, 재정만족도, 행복체감도, 성공요인 등에 있어서 공교육을 받은 학생들에 비해 탁월한 성취도를 보이고 있다는 점이 발견된다.

(2) 코칭의 기법

• 미국과 일본, 중국 등에서 가족 코칭, 비즈니스 코칭, 라이프 코칭, 커리어 코칭 등의 유형으로 활용되고 있으며 국내에서도 수년 전 도입되어 한국코치협회 등을 중심으로 많은 코치들이 활발한 활동을 펼치고 있다. 또한 여성가족부에서 위민넷을 통해 라이프 코칭 사업을 한국부모코칭센터 등에서는 부모 코칭을 실시하고 있다.

2) 부모로서의 코치역할

(1) 발견자

• 코칭은 한 개인이나 그룹을 현재 있는 지점에서 그들이 바라는 더 유능하고 만족스러운 지점까지 나아가도록 인도하는 행위이다. 코칭은 상담과 다르다. 상담자는 문제(problems)해결에 중심을 두지만 코칭은 가능성(possibilities)에 초점을 맞춘다.

코칭의 궁극적인 목표는 무엇일까? 그것은 바로 '자아 실현형'이라고 부르는 인재상을 말한다. '자아 실현형'은 개개인 스스로가 본래 지닌 능력이나 가능성을 최대한 발휘하는 것이다. 오늘날 사회가 필요로 하는 인재상은 '스스로 생각하고 스스로 움직이는' 인재라고 할 수 있을 것이다. 그렇다면 자아 실현형 인재는 어떻게 배출할 것인가? 자아실현형 인재를 육성하기 위한 효과적인 기법은 '코칭'이라 할 수 있다. 우선 자녀에게 코칭할 수 있는 부모가 절제된 행동을 함으로써 자녀의 모범이 되어야 한다.

그렇다면 자녀의 행동이 부모를 화나게 할 때, 어떻게 할까? 우선 부모의 화부터 다스려야 한다. 이때가 바로 부모의 성품이 드러나는 순간이다. 꾹 참고 절제의 성품을 발휘해야 한다. 절제란 '내가 하고 싶은 대로 하지 않고 꼭 해야 하는 일을 하는 것'(좋은나무 성품학교 정의)이다. 부모가 하고 싶은 대로 화를 마구 폭발하면 가정의 평화는 깨지고, 자녀와의 관계는 엉망이 된다. 화를 폭발하는 부모 밑에서 자란 아이가 세상을 행복하게 바라보는 것은 기적이라고 해도 과언이 아니다. 모든 문제에 분노하고, 폭발하는 화를 불화산처럼 내면에 소유한 채로 살아가는 자녀를 기대하지는 않을 것이다.

부모가 자주 화를 폭발하는 모습을 보면서 자란 아이는 자신도 모르게 습관적으로 화를 폭발하는 사람으로 자라게 된다. 문제는 이렇게 자란 아이들은 자신에 대한 죄책감이 커져서 열등감, 좌절감을 갖게 되고 무기력하여 자존감이 낮은 사람으로 살아갈 확률이 높아진다.

Box 2-2 부모가 화날 때, 어떻게 할까요?

[이영숙의 부모성품 코칭] 부모가 화날 때, 어떻게 할까요?

절제의 공식-바로 1.3.10 공식입니다.

1. "절제!" 하고 외치세요.

화가 폭발하려는 순간 자신의 내면을 흔들어 깨울 수 있을 정도로 "절제!"하고 스스로에게 외쳐 보세요. 화를 내는 것도 습관입니다. 무의식적으로 화내는 습관을 멈출 수 있도록 내면을 흔들어 깨우세요.

2. 긴 호흡을 3번 뿜어내 보세요.

복식호흡을 천천히 하면 정신이 맑아지고 안정감을 갖게 된답니다.

3. 10까지 세어보세요.

천천히 하나, 둘, 셋, 넷… 열까지 세어보세요. 10을 세지 못하는 부모는 좋은 부모가 아니랍니다. 10을 세면서 천천히 이렇게 생각해 보세요. 나를 화나게 하는 자녀의 행동이 자녀가 아직 어리기 때문에 몰라서 그런 것인지, 미숙하여 실수로 한 행동인지, 아니면 고의적으로 부모의 권위를 시험하기 위해 반항한 것인지 분별하는 시간을 갖는 것입니다.

화를 낼 때에는 잘 살펴서 안전하게 감정을 표현해야 한답니다. 자녀가 몰라서 한 일이면 잘 가르쳐 주는 기회로 삼으세요. 아직 어려서 미숙하기 때문에 실수한 것이라면 격려해 주고 다음에는 잘할 수 있을 것이라고 힘을 주세요. 그러나 고의적으로 반항하면서 부모의 권위를 시험하는 것이라면 따끔하게 훈계해야 합니다.

훈계하는 방법도 자녀의 기질을 고려하면서 적절한 방법으로 잘 해야 한답니다. 아시지요? 잘못된 훈계는 자녀에게 평생 상처가 된다는 사실 말입니다.

먼저, 엄격하면서도 분명한 목소리로 말하세요.

부모인 내가 어릴 때 나의 부모로부터 받은 아픈 기억들이 내면에 숨어 있다가, 자녀를 양육하면서 비슷한 상황이 되면 나도 모르게 화를 폭발하고 분노하게 되는 경우가 많답니다. 그래서 부모가 먼저 자신의 상처를 치유하고 건강한 자녀로 양육할 수 있도록 노력해야 하지요.

잊지 마세요. 부모가 절제의 성품으로 자녀를 대할 때, 내 아이가 비로소 성품 좋은 자녀로 성장하게 된답니다.

출처: 조선일보, 2013. 10. 31.

가족 내에서 부모와 자녀관계를 강화시키기도 하고 약화시키기도 하는 매개체 중 가장 중요한 것은 의사소통이다. 부모가 성품 좋은 자녀로 성장하기를 바란다면 부모의 화를 다스릴 줄 알며, 아이들에게 사소한 것이라도 신경 써 주고 사랑해주는 모습을 보이면 시너지 효과를 낼 수 있다. 이렇게 보면 역시 부모와 자녀에게도 서로를 이해하는 조화가 중요하다.

Chapter 3

현대 가족 유형별 부모교육

최근 들어 결손가정(Broken home)이 증가 추세에 있다. 이전에는 결손가정의 주 원인이 부모의 사망에 있었으나, 현대사회에서는 이혼 및 별거의 증가, 미혼모의 증가, 해외 취업을 비롯한 직업에 따른 아버지와의 별거 등으로 인하여 결손가정이 늘고 있다. 특히 오늘날에 가정이 산업화·도시화·전문화 등의 사회발전에 따른 사회구조의 변동으로 말미암아 가족 구성원의 분산과 이동을 가져오게 되었으며, 그 결과 현대의 가족 모습에 많은 결과를 가져오게 되었다.

경제적 빈곤과 더불어 가족해체에 따른 가족기능의 약화와 역할의 미학습에 의한 불안·갈등·긴장 등 정서적 문제는 인간성 발달에 있어서 가장 감수성이 예민한 단계에 있는 결손가정 청소년들에게 있어 또 하나의 커다란 문제이다. 아버지의 결손이 자녀들의 정서 불안에 미치는 영향은 아버지가 결손인 아동은 정상가정 아동보다 높은 신경증성 경향이 있다. 결손 이유에 따라 불안 정도를 비교해보면, 사망에 의한 결손보다 이혼, 별거에 의한 아버지의 결손 자녀들이 더 신경증상 불안이 높다고 한다. 어머니의 태도가 보호적일 때보다 지배적일 때 자녀들은 심한 불안을 느끼며, 특히 아버지의 결손인 경우 어머니의 보호적인 태도는 긍정적으로 작용하지만, 지배적인 태도는 부정적으로 작용하여 자녀들의 정서불안에 심각한 영향을 미치게 된다.

정서적으로도 가정생활의 주된 기능을 맡고 있는 부부가 이혼에 이르기까지 그 자녀들은 부부간의 갈등과 가정불화를 경험하면서 심리적으로 큰 타격을 입게 되어 일반적 가정의 학생보다 자기자신의 가치에 대해서 회의적이며, 자기를 무가치한 인물로 보고, 종종 불안을 느끼고 불행스럽게 느낀다. 실제로 사회복지 전문요원들에 의하면 이들의 정서적 불안이 경제적 문제보다 두 배 이상 어려운 문제라고 한다. 이와 같이 결손으로 인한 청소년들의 정서적 불안은 대인관계에서 자존심이 낮고, 만사에 소극적인 사회적 결여가 나타난다. 그리하여 결손 청소년들은 열등의식과 사회적 편견 등으로 인하여 대인관계의 의사소통(community)에 있어서 난점을 보이고 있다.

가정은 자녀가 세상에 태어나서 처음으로 '나' 아닌 다른 사람들과 접촉을 하면서 다양한 경험 속에서 성장 발달이 이루어지는 곳이다. 특히 가정에서의 경험과 학습은 성장 후에 한 인간의 성격과 인격을 좌우한다. 따라서 가정은 개인의 성격은 물론 자아 개념, 태도, 가치관 및 행동 수정 능력에 이르기까지 많은 영향을 미치고 있다. 특히 현대사회의 가족구조가 대가족 또는 확대가족 현상에서 핵가족화 현상이 두드러짐에 따라 자녀양육 및 교육에 미치는 부모의 책임이 더욱더 가중되어 가고 있는 것이 현실이다.

1. 한부모 가족

한부모 가족은 부모 중 어느 한쪽의 사망, 이혼, 유기, 별거, 미혼 부모들의 이유로 인해 부모 중 한 명과 자녀로 이루어지는 가족 형태를 일컫는다. 우리나라 「한부모가족지원법」에 의하면, 한부모 가족은 모(母) 또는 부(父) 중의 한 사람이 사별, 이혼, 배우자로부터의 유기, 미혼자의 자녀 출산, 정신이나 신체의 장애로 장시간 노동 능력을 상실한 배우자를 가지는 등의 이유로 부모 중 한 사람만이 18세 미만의 아동인 자녀(취학중인 경우에는 22세 미만)를 양육하는 가족을 의미한다. 한부모 가족은 그 결합 형태에 따라 부(父)와 자녀로 이루어진 한부가정 또는 모(母)와 자녀로 이루어진 한모가정으로 나눌 수 있다. 한부모 가정의 발생 원인에 따라 사망, 이혼, 별거, 유기, 미혼모 가족으로 나누기도 한다(안진희, 2005).

이들 중 편부모 증가의 주 요인은 이혼이라고 볼 수 있다. 이 연구들은 대부분이 아버지의 부재로 인한 영향, 즉 편모가 가지는 문제점에 초점을 맞추어 왔으며, 편부 가족에 관한 연구는 극히 제한되어 왔다. 따라서 여기에서는 편모 가족형태와 편부 가족형태, 그리고 편부모 가족을 위한 지원체제를 살펴보기로 한다.

1) 이혼모

급변하는 현대사회에서 편모 가족형태는 다른 가족형태보다 더욱 급속도로 증가하고 있다. 편모 가족의 대부분은 이혼한 여성으로, 과거에는 사회가 이들을 부정적인 시각으로 바라보거나 편모 가족을 정상적이 못한 가족형태로 보는 경향이 대부분이었으나(이재연 · 김경희, 2003; 한국여성개발원, 1988; 허미화, 2004), 현대사회에서는 다원주의적이고 개방적인 의식구조의 확산에 따라 결혼과 이혼에 대한 시각이 변하게 되어 최근에는 그 수가 급속히 증가하게 되었다.

이혼은 부모와 유아 모두에게 충격이나 불균형을 초래하며 부모-자녀관계와 역할을 변화시킨다. 이혼 후, 생활수준이 떨어지며 여성에 대한 경제적 차별로 인해 안정되고 높은 위치의 직업을 갖기도 어려울 뿐만 아니라, 유아양육에 필요한 지원을 제대로 받지 못하고 있다(성영혜 · 윤석희 · 이경화, 1994; 이현정, 2004). 김인순, 2003; 이현정, 2004).

한부모의 성별에 따라 어려움을 느끼는 우선 순위는 다르다 할 수 있는데, 여성 한부모는 '경제적 어려움'이 가장 크다고 생각하는 반면 남성 한부모는 '혼자서 부모역할을 수행하는 어려움'이라고 하였다. 그리고 편모의 경우 이혼 후 안정을 찾는 데 약 3년 반 정도 걸리며, 이에 따라 대다수의 편모는 재정상의 어려움을 겪는다고 보고하고 있다(한국여성정책연구원, 2007).

이혼 직후에 많은 어머니들은 자녀에게 보다 많은 제한을 가하고, 요구 · 통제하려고 한다. 이것은 이혼에 대하여 정신적으로 자아감을 회복하고자 하는 정서 및 역할 긴장과 관련된 심리적인 증상이다. 이러한 부모의 행동은 아이를 과잉 반응하게 하고 순종하지 않게 만들기 때문에 어머니는 아이의 행동을 오히려 더 억압하게 된다. 즉 상호 악순환의 과정이 반복되는 것이다(Peterson & Cleminshaw, 1980).

부모들 중 상당수가 자녀에 대한 폭력을 애정으로 착각하고 있으며, 이러한 착각으로 인해 '사랑의 매'라는 명목 하에 자녀에게 체벌을 가하고 있다. 이는 일시적으로 문제 행동의 감소, 학습 성취의 증가 등의 효과를 가져 올 수 있다. 그러나 체벌로 인해 자녀의 정신적·육체적 상해를 입힐 수 있고, 기사에서 나오는 사례와 같이 도를 지나치게 되는 경우 자녀를 죽음에 이르기까지 한다. 또한 체벌의 목적과 달리 자녀들이 오히려 부정적인 방향으로 빗나갈 가능성이 크며, 이렇게 될 경우 부모와 자녀 간의 관계가 악화될 것이다. 경우에 따라서는 폭력이 대물림 될 수 있는 상황이 발생할 수 있다.

이 문제에 있어 부모의 역할이 크다. 부모는 첫째, 자녀의 교육자이자 안내자·조언자로서 역할을 수행하되, 자신이 자녀의 '보호자'임을 잊지 말아야 한다. 폭력이나 폭언 등과 같은 체벌로 인해 얻어지는 일시적이고, 즉각적인 반응과 효과에 유혹되지 말고 진정 자녀를 위한 방법이 무엇인지를 생각하고 이를 실천해야 한다.

둘째, 사회적으로 체벌은 애정이 아니라, 가해자와 피해자가 있는 폭력이라는 인식을 갖도록 해야 할 것이다. 이는 자녀를 키우고 있는 부모를 대상으로 체벌은 애정의 표현이 아님을 깨닫게 하는 것이다. 셋째, 체벌이라는 명목 하에 자녀에게 폭력을 휘두르고 있는 가정이 있는 경우 주변 사람들이 이를 적극적으로 나서서 중재할 수 있도록 하고, 이러한 가정을 지원해 줄 수 있는 방법을 찾을 수 있도록 해야 한다.

2) 미혼모

편모 가족의 유형에 미혼모에게 태어난 아기가 있는 가족이다. 미혼모란 사전적으로 법적 혼인을 하지 않은 여성이 남성과 성관계를 맺어 아기를 낳아 어머니가 된 사람을 말한다. 근래에 와서는 10대에 사생아를 낳은 미혼모의 수가 증가하고 있다(배미영, 2000). 10대의 임신은 부모가 된 청소년이 여러 가지 측면에서 능력이 부족하기 때문에 사회적 · 경제적 문제를 야기시킨다.

많은 어린 엄마들과 결혼한 10대 아버지들은 대부분 직업이 없고, 경제적으로 어려움을 갖고 있다. 우발적이고 일시적인 관계에 의해 임신이 이루어진 경우가 많고, 임신 사실을 알고 가출을 하거나 학교를 일시적으로 중단 또는 포기하여 저학력의 문제도 심각하다.

또한 10대 미혼모는 자신도 어머니에게 정서적 · 신체적 · 경제적으로 의존하고 있는 상태이므로 영아의 훌륭한 양육자가 되기 어렵고, 자녀양육에 필요한 지식과 기술이 부족해서 유아와의 상호작용도 서투르다.

학교에서 계속 증가되고 있는 10대 미혼모를 위해서 더 많은 가족생활 교육을 제공하여 10대의 성관계 및 임신과 출산에 대한 올바른 지식을 알려야 하며, 지역사회는 이들을 지원할 수 있는 봉사 프로그램을 설치 · 운영하여 도움을 주어야 한다(정은희, 2002; 정향미, 2005; 홍혜경, 2003).

Box 3-1 "안 되는 이유를 꼭 말로 해야 알겠나?"

미혼모 진유정(가명 · 20) 양에게 교장은 비아냥거리며 말했다. 2009년 가을, 부른 배를 안고 혈혈단신으로 서울로 올라와 미혼모보호시설 두리 홈에서 딸아이를 낳은 후 어렵게 전학이 이뤄진 학교였다. 진양이 미혼모임을 뒤늦게 알게 된 교장은 새 학교생활 이틀 만에 자퇴를 권했다. "다니게만 해주시면 정말 열심히 공부하겠다"고 빌었지만, 냉소적인 답이 돌아왔다. 결국 진양은 학교를 그만두고 검정고시를 봐야 했다.

많은 미혼모 청소년이 학업에 대한 의지가 있음에도 학습권을…

출처: 조선일보, 2013. 9. 10.

미혼모의 올바른 자녀양육을 위해서는 첫째, 부모로서의 자신감과 그에 대한 지식을 필요로 하므로, 부모교육과 상담기능을 강화하여 어머니로서의 역할과 관계 형성을 위한 훈련을 제공해야 한다(정용순, 2003). 둘째, 미혼모와 자녀를 위한 집단 프로그램을 제공하고 자녀 양육에 대한 정보를 공유할 수 있도록 해야 한다. 직업을 가진 저소득층 미혼모들을 위하여 어린이집의 시간을 융통성 있게 운영하고, 이들의 자녀양육을 도와 줄 인적 자원의 확보 등 보호와 교육에 대한 지원이 필요하다.

3) 결손가정의 문제아와 비행

결손가정의 청소년들은 일반 가정에 비해 책임감이 부족하고, 의존적이며, 비행률이 높다고 할 수 있다. 심리적·사회적으로 청소년기는 매우 예민하고 민감한 시기여서, 신체적으로 성숙된 외모의 변화와 정서적으로 미성숙된 인지발달을 가져온다. 이러한 변화가 많은 청소년 시기에 자신의 역할에 충실하고, 부(父)나 모(母)의 심리적 동일시의 대상이 있는 정상적인 청소년들은 사회화를 습득함에 있어서 매우 용이하다.

그러나 결손가정의 청소년들은 가족의 결손으로 인하여 부(父)나 모(母)의 역할을 대신해야 되는 의무감 속에서의 갈등과 부(父)나 모(母) 혹은 부모의 부재로서 야기되는 심리적 · 정서적 동일시의 불안감 속에서 자신의 생활을 통제, 조정함에 문제가 된다.

한부모, 이혼모, 결손가족에게 프로그램 및 서비스를 제공하는 곳은 지역사회복지관, 모자보호시설, 모자집시설, 여성단체, 자활후견기관 등이 있으며, 복지관 등에서 제공하고 있는 프로그램은 경제적 지원과 심리적 · 사회적 지원으로 구분할 수 있다. 심리적 · 사회적지원은 상담서비스, 지역사회 연계서비스, 교육서비스, 보육서비스, 사례 관리 등으로 분류할 수 있다. 그러나 아직 지원 규모나 전문성, 체계성 등 여러 가지 측면에서 부족한 실정이다(김경신, 2002).

아이들이 바라는 부모상은 칭찬과 격려를 자주하는 '인성형'이라 한다. 부모님께 자연스럽게 도움을 요청하고 물어볼 수 있는 것은 부모님의 인성적인 면이 크게 작용한다고 할 수 있다. 결손가정에서 자랐지만, 그들이 미래에 부모가 되었을 때 자녀들에게 친구같이 대화를 자주하는 칭찬과 격려를 아끼지 않는 좋은 부모가 되도록 지원해야 해야 할 것이다.

2. 다문화 가족

한국의 다문화 사회의 형성 배경을 살펴보면, 1980년대 초까지도 다른 아시아 국가들처럼 한국도 노동력 수출 국가였으나, 올림픽을 계기로 해서 한국은 아시아의 주요한 이주 노동력 유입국가가 되기 시작하였다. 1990년 이후 외국인 근로자가 크게 증가하기 시작하였다. 1990년대 이전까지만 해도 우리 사회는 결혼이나 취업을 위해 주로 미국 또는 일본으로 이주하는 경우가 대부분이었고, 국내에서 외국인과 결혼해서 사는 경우는 드물었다. 그러나 1990년 이후부터는 오히려 한국으로부터의 결혼이 증가하였다. 2007년 4월 통계자료에 의하면 체류 외국인 수는 약 93만 정도이며(오연경, 2008), 2010년도에는 120만 명을 넘어섰으며, 이 가운데 한국 국적을 취득하지 않은 외국인은 95만 명 정도이다. 이 중 결혼 이민자의 성별 분포에 있어서는 여성이 12만 명 정도로 거의 90%에 해당할 정도로 대부분을 차지하고 있는 추세이다.

다문화 가족이란 다인종, 다민족으로 구성된 사회와 국가에서 문화의 중심이 되는 주류문화에 대한 하위 개념으로서 위계 관계 혹은 다양성의 존중을 내포하는 개념이다. 간략하게는 국제결혼 등을 통해서 서로 다른 인종의 상대를 만나 결합한 가정을 의미한다. 다문화 가족이라는 용어가 국내에 통용되기 시작한 것은 2006년 외국인 근로자와 결혼이민자들을 위한 지원법안의 필요성이 제기되면서부터이다. 우리나라의 경우는 가족 구성원 중 한 명 이상이 대한민국 국적을 가진 경우로 한정하고 있다(「국제노동법」 제3조).

다문화 가족은 흔히 국제결혼이라고 알려져 있지만, 단순히 결혼 당사자만을 의미하고 국적이 다른 사람과의 결혼을 의미하기 때문에 그 결혼으로 인해 형성된 가족 구성원 모두를 지칭하는 데 한계가 있다. 또한 일반적으로 혼혈가정이라고 부르는 경우도 있다. 하지만 '혼혈'이라는 말 자체가 가지고 있는 상징적 차별성과 특수성으로 인해 오히려 거부반응을 일으킬 수 있다. 이러한 점을 종합해 보았을 때, 다문화 가족이라는 표현이 서로 다른 문화가 만난다는 특징을 갖기에 더 권장되고 있다.

1) 다문화 가족의 실태

다문화 가족(multicltural family)이란, 사회 · 문화적 배경을 달리하는 두 사람 혹은 그 이상의 결합으로 발생되는 모든 가족 형태로 정의될 수 있다(김경란, 2006). 우리나라에서는 국제결혼이나 외국인 근로자, 그리고 탈북자 가정이 포함된다고 볼 수 있다. 우리나라는 현재 '외국인 100만 명 시대'를 맞고 있다고 한다(오연경, 2008).

다문화 가정이 점차 늘어나고 있는 추세이지만, 다문화 가족 내에서는 많은 문제점이 발생하고 있다. 다른 인종의 사람들이 서로 사랑하는 마음에 결혼하는 다문화 가정보다는 한국인 남자가 단지 결혼 목적으로 동남아 여성들과 결혼하는 것이 문제의 발단이 될 수 있다. 이런 다문화 가정의 여성은 언어소통의 문제와 경제적으로도 어려움을 느끼고, 사람들이 시선 때문에 사회에 적응조차 어렵다. 자녀가 생겨도 이런 어려움에 자녀를 키우는 부모도 있지만, 상황에 따라 버리고 도망가는 여성들도 늘어나고 있고, 학교에서는 가정생활의 붕괴로 인해 자녀교육에도 그 파장이 미치고 있다.

한국에서 결혼이민여성이 늘어나면서 자녀의 학교폭력, 학교부적응, 교우관계차별로 학교에 적응 못하는 사례가 많다. 단지 결혼을 하기 위해 감정없이 결혼 생활을 한다면 그 자체가 문제가 될 수 있다. 단순히 돈 벌기 위해 결혼을 선택한 여성과 단순히 여자가 필요해서 국제결혼을 한 남자의 삶은 무의미 하며, 그 사이에 태어난 아이들은 또 다른 문제점을 야기하게 된다.

그 아이들은 한국의 학교생활에 적응하지 못하고, 대부분 집에 방치돼 있어 심각한 교육의 사각지대를 발생시킨다. 특히 이러한 아이들이 모여 집단으로 거주하고 있는 지역에서 또 다른 범죄의 온상이 되는 경우가 많다. 어린아이들이 따돌림을 경험한다는 것이 안타까운 일이다. 이러한 사이에서 부모의 가정폭력 문제도 빠질 수 없는 문제이다. 물론 사랑으로 결합된 가족이라면 문제가 안 되지만, 혹여 사랑이 없다면 더욱 심각한 문제를 야기한다.

2) 다문화 가족의 문제점

모든 영역들에서 세계화는 이제 당연한 현실이 되었고, 이로 인해 민족과 국가의 사회·문화적 경계와 지리적 구속은 점점 더 약해지고 있다. 세계의 다양한 사회·문화적 현상들 앞에서 한민족 순혈주의와 전통적 규범을 통한 사회통합 원리는 무기력해지고 있다. 무엇보다 다문화사회로의 이행은 이색적이고 불편한 경험이 될 수 있지만, 한 국가에서 여러 인종과 민족이 서로 다른 문화를 공유하고 함께 살아가는 것은 거대한 변화를 기대할 수 있는 필연적 추세라고 볼 수 있다(이현지·김재춘, 2012).

	내적요인	외적요인
요약	① 정부 기관들의 다문화 가정에 대한 기본적인 인식의 부족 ② 다문화 가정 정착에 필요한 교육 미비 ③ 자녀와 함께 동반 가출하는 사례로 인한 가정 붕괴의 위험 증가	① 한국어의 미숙으로 인한 학교폭력의 위험성에 노출 ② 한국어의 미숙으로 인한 차별로 교우관계에 어려움 ③ 아동의 학교생활과 관련하여 가정에서의 관심 증대가 필요

다문화 가족의 문제점은 내적인 문제와 외적인 문제로 나누어 볼 수 있다. 우선 내적인 문제에 대해서 알아보면, 우선 다문화 가정에 대한 주변 관계 기관들의 인식 부족에 있다. 단순히 다문화 가정에 대한 시스템적인 것만 치중하다보니 다문화 가정을 구성해 나가

는 데 있어서 당사자들에게 필요한 교육이라든가, 그 가정을 둘러싸고 있는 환경을 대상으로 한 교육에 대해서는 많이 부족한 것이 사실이다. 외적인 문제를 살펴보면, 역시 언어적인 문제로 인한 다문화 가정 자녀의 '학교생활의 어려움'이라 할 수 있겠다. 동일한 성장 과정을 겪는 다문화 가정 자녀에게 '학교폭력'이란 멍에는 너무나 큰 상처가 되지 않을 수 없다.

이러한 문제점에서 부모의 역할은 어떠한 것이 필요할까?

일단 부모님들의 사랑과 관심이 가장 중요하다. 아이들이 한국문화를 이해할 수 있도록 다양한 활동을 경험할 수 있도록 하고, 한국어를 배울 수 있도록 노력해야 한다. 다문화 가정의 이혼율이 증가함과 함께 다양한 형태의 다문화 가정이 만들어지고 있으며, 이와 함께 다양한 형태의 적절한 지원이 필요함을 알리고 있다.

3) 다문화 부모로서의 어려움

다문화 가정을 이루고 있는 부모들은 이들의 자녀가 학교와 사회생활에 잘 적응할 수 없음에 어려움을 호소한다.

첫째, 사람들의 편견과 배타적 태도이다. 가정에서뿐만 아니라 학교나 사회에 나가서 문화적인 편견과 배타적인 태도를 경험한다. 학교나 사회에서의 편견 어린 시선과 태도는 다문화 가족으로 하여금 심리적 어려움을 느끼게 하며, 이는 그들이 속한 사회에 제대로 적응하지 못하도록 하여 학교나 사회에서 낙오되도록 만들기도 한다. 다문화 가정에서는 자녀와 부모 모두가 힘든 것을 안다. 타국의 낯선 환경에서 살아가는 것이 얼마나 힘들겠는가. 이들을 위해서 그

가족뿐만 아니라, 이웃과 사회가 관심과 도움을 주어야 한다. 다문화 가정을 위한 정부의 지원과 정책이 많이 준비되어 있기 때문에 그러한 지원이 있음을 안내해주고, 열심히 할 수 있도록 도와주어야 한다. 또한 다문화 가정이 빠른 속도로 증가세를 보이고 있음을 인식하고 이를 해결하기 위한 해결책을 어서 강구해야 한다.

둘째, 현 상황에서 다문화 가정 자녀들의 교육문제(학습 저조, 한국어 습득의 어려움), 사회적응의 문제(탈선, 정서적 문제)가 발생할 수 있다. 이를 위해서는 먼저 다양해지고 있는 다문화 가정의 형태들을 파악할 필요가 있다. 각 가정마다 어떤 어려움을 가지고 있는지, 어떤 지원이 필요한지를 조사하고 이에 적절한 방안과 지원책을 마련해야 한다. 이혼 후 홀로 자녀들을 데리고 생활하고 있는 부모일 경우, 직장 때문에 자녀들의 학습을 신경 쓸 여유가 없기 때문에 아이들에게 기초적인 한국어와 기초학습을 지도할 인원을 파견하거나, 그런 역할을 해주는 센터를 설립해 교육적 지원을 제공할 수 있다.

또한 다문화 가정의 이혼율이 증가하고 있는 이유를 파악하고 문화적 갈등, 준비가 미흡한 결혼 등과 같이 미연에 방지할 수 있는 원인인 경우 부부교육 등을 통해 사전에 지원해야 한다. 자식들은 부모의 영향을 많이 받는다. 다문화 가정의 부모로서 자녀를 위한다면 본인이 한국인이 아닌 경우에는 지역센터 등에서 제공하고 있는 한국어 교육서비스 등을 통해 교육을 받고 의사소통 능력을 기르고자 노력해야 한다. 부모 중 한 사람이 한국인인 경우 이를 적극적으로 지원해주어야 한다.

셋째, 다문화 가족의 교육문제이다. 다문화 가정 학생들의 학업 중단율이 해마다 늘고 있다. 재학생 대비 다문화 가정의 중학생은 공부를 포기하는 경우가 점차 줄어드는 반면, 초등학생은 해마다 늘고 있다. 이렇듯 초등학생인 다문화 가정 학생들이 학업을 포기하는 이유는 언어능력 부족으로 인한 학업부진이다. 다문화 가정 학생들은 특히 국어와 사회, 국사와 같은 과목에서 더 큰 어려움을 느끼고 있다. 이 과목들은 한국의 사회 및 문화에 대한 이해 부족으로 교과 내용을 이해하기 어렵기 때문이다.

이는 말을 배우는 시기인 유아기에 한국어가 서툰 외국인 어머니에게 교육을 받으면서 성장하기 때문에 언어 발달이 늦어지고, 의사소통 능력이 떨어지게 된다. 또 정체성 혼란 문제로 어려움을 겪는 학생들도 많이 있다. 어머니 나라와 한국의 문화가 이중으로 혼재된 가정교육과 학교교육을 동시에 경험하면서 심각한 정체성의 혼란을 겪게 되는 것이다. 그리고 이러한 이유들로 따돌림을 당하게 되고 그로 인해 정신적 충격을 받게 된다.

이러한 문제를 해결하기 위해서 다문화 가정 어머니들의 한국어 교육이 필요하다. 언어 문제는 단순히 의사소통의 문제로 끝나지 않고 정서와 문화를 이해하는 데 필요한 것이기 때문에 정부나 각 지방단체에서 다문화 가정 자녀들에 대한 교육 프로그램을 다양하게 개발하고, 자녀와 부모를 함께 가르칠 수 있는 전문기관을 설립하는 것이 필요하다.

넷째, 다문화 가정의 이혼 증가이다. 매해 평균 3만 쌍이 다문화 가정을 꾸린다는 통계에서 보듯 다문화 가정이 증가하는 반면 다문화 가정의 이혼율도 급증하고 있다. 평균 혼인 유지기간이 3.2년에 불과하고 최근 2~3년 사이 평균 셋 중에 한 커플은 이혼하고 있다고 한다. 이는 한국인 부부의 평균 결혼생활인 14년보다 거의 10년이나 짧은 것으로 나타난다.

다문화 가정의 이혼율 증가는 부부 두 사람 사이의 문제만이 아닌 가정을 이루고 있는 다문화 가정의 자녀들의 정서나 교육적·사회적 문제로도 야기될 수 있는 문제점들이 있다. 다문화 가정의 이혼율이 7배로 급증하고 있다는 사실이 매우 놀라울 따름이었다. 그 이유를 예상하지 못하는 것은 아니지만 이렇게 큰 증가세는 매우 걱정스럽다.

따라서, 정부에서 다문화 가정 이혼율 증가 문제를 간과해서는 안 된다. 다문화 가정의 이혼은 대부분 2년 미만에 이뤄지고, 90%이상이 9년 이내에 이루어지기 때문에 결혼 초기에 이들의 정서적 교감을 높일 수 있도록 교육할 필요가 있다. 그러기 위해서 다문화 가정을 위한 전문적인 상담사와 다문화센터가 필요하다. 한국인 상담사뿐만 아니라, 다문화인들을 상담하기 위한 다문화 상담사를 양성해야 한다. 이 중 언어를 사용할 수 있는 다문화 상담사를 양성하기 위해서는 정부가 예산이나 제도 등을 지원해주어야 한다.

또 혼인신고 직전이나 직후에 다문화 부부들을 모아서 각자의 문화를 체험하게 하고, 이전의 다문화 가정에서 많이 일어났던 갈등을 상황극을 통해서, 미래에 겪을 갈등이나 다툼에 대해 미리 체험해보도록 하는 부부캠프 같은 것도 좋은 방법인 것 같다. 또 결혼한 지 1~2년 되는 신혼부부들이 그동안 살면서 서로에게 느낀 불만이나 서운함 등을 말하는 시간을 가지고 반성하고 서로 대화할 수 있는 시간을 마련해 본다면, 정서적 교감을 높여 상대방을 더욱 이해할 수 있게 되기 때문에 이혼율을 낮추는 데에 조금이나마 도움이 될 것이다.

이혼율을 줄이기 위해 개개인도 다문화상담센터 같은 곳을 활용하여서 상담도 받아보고, 서로 다른 문화나 가치관 차이를 이해하도록 노력하고 '가족'이라는 생각을 가지고 가족의 중요성을 생각하면서 사랑으로 부부 사이의 문제를 해결해나가는 것도 중요하다. 하지만 다문화 가정의 이혼율을 해결하기 위해서는 정부의 지원이 가장 중요하다.

4) 다문화 가족을 위한 학생, 교사, 부모, 정부의 역할

(1) 다문화 가정의 학생의 역할

학생들의 고민 대부분이 그렇듯 다문화 가정의 아이들의 고민도 그 중 학업과 친구일 것이다. 인간관계는 사회와 이어주는 고리 역할을 하기 때문에 심리적·정서적으로 매우 큰 영향을 미친다. 학교생활은 하루 중 가장 크고 중요한데, 이 곳에서 다문화 학생이 심리적으로 가장 큰 스트레스를 받는다. 그만큼 친구들과의 관계는 쉽지 않고 은근한 어려움이 있다는 것이다.

학급 내에서의 차별은 주변 아이들에게까지 쉽게 영향을 미치기 때문에 모방 성격이 강한 아이들에게 금방 전이되어, 어느새 그 아이가 따돌림당하게 될 수도 있기 때문이다. 그리고 다문화 가정 아이들이 겪는 집단따돌림은 자신은 한국 사람도, 외국 사람도 아닌 이방인이라는 생각이 저변에 깔려 있을 수 있기에 일반 아이들보다 2~3배 더 큰 고통을 겪을 수 있다. 학생들은 순간의 짧은 생각이 한 사람에게는 치명상이 될 수도 있다는 생각을 하지 못하기 때문에 학생들은 마음 내키는 대로 행동하는 경우가 많다. 하지만 진심으로 자신의 친구, 같은 반 친구로서 대해 준다면 다문화 가정 학생들이 소외받는 일도 점차 사라질 것이다. 주변 학생들의 가장 중요하고 결정적인 태도는 차별하지 않고, 다양성과 차이를 인정하는 것이다.

(2) 다문화 가정의 교사의 역할

학교 내에서의 다문화 가정의 자녀 학생 수가 이미 5만 명을 웃돌고, 2020년에는 전체 학생 수의 20% 정도나 차지할 것이라 한다. 학급 내에서 이미 다문화 학생들의 수가 급속하게 늘고 있다. 교사는 자신의 학급에서 다문화 학생들이 학교생활에 잘 적응할 수 있도록 하는 안내자가 될 수 있어야 한다. 특히 수업시간이 아닌 조례나 종례시간 때나 쉬는 시간에 다문화 가정 학생에 대한 은근한 차별과 비아냥대는 말투가 아닌 일반 학생들과 똑같은 대우를 해주어야 할 것이고, 다문화 학생에 대해 우리와 하나도 다를 것 없는 '같은 반 친구'라는 인식을 아이들의 머리 속에 심어주어야 한다.

다문화 가정 학생교육에 대한 교사들의 연수도 늘어나야 할 것이며, 교사의 참여도도 높아져야 한다. 이는 그만큼 다문화 가정 학생의 수가 증가하였고, 그에 맞춰 교사는 학교 현장에서 함께 살아가는 사회에 대한 교육을 행동으로 실천하며 보여주어야 한다. 요즘 학교에는 다문화 자녀 특별반, 다문화 학교 등 다문화 자녀학생들을 위해 그들만의 공간을 따로 만들었다고 한다. 하지만 이것은 늘어나는 다문화 학생을 위한 학교의 임시방편일 뿐, 본질적인 문제를 해결하는 데에 도움을 줄 것 같지는 않다. 오히려 다문화 학생들은 그들 스스로에 대해 배타적이고 소외되는 느낌을 더 받을 수도 있다. 학생들과 하루종일 '함께' 어울려 지내는 것이 느껴지는 생활, 그것을 자연스럽게 이끌어주는 교사의 역할이 필요하다.

(3) 다문화 가정의 학교의 역할

다문화 가정 학생들의 학교 적응력과 학업을 신장시키기 위해 대덕중학교에서는 특별학급을 시범운영하고 있다. 귀국학생과 다문화 가정 학생들을 위한 학습환경과 교과보충학습을 실시하고, 다양한 체험학습을 통해 우리 전통문화에 대한 이해를 높이고 외국어 활용능력 및 국제성 유지 및 신장을 위한 국제 프로그램을 적용하였다.

언어능력 부족과 정체성 혼란 등으로 인해 학교에 적응하지 못하고 학업을 그만두는 다문화 가정 학생들이 증가하고 있는 상황에서 이러한 '특별학급'의 운영은 다문화 가정의 부모와 자녀 입장에서 매우 반가운 소식이다. 일반 학생들과 똑같은 방식으로 교과 내용을 배우는 것이 아니라 같은 내용이라도 외국인 학생들이 이해하기 쉽고 흥미있게 가르쳐 주고, 한국어 활용능력도 높일 수 있도록 하여 '눈높이 교육', '맞춤 교육'을 할 수 있다는 것이 좋은 점이다.

이러한 '특별학급'이 더욱 많아졌으면 하는 바람이지만, 일반 학생들이 편견을 가지거나 무시하거나 집단 따돌림을 시키는 등의 문제는 여전히 남아 있을 것이고, '특별학급'이라고 따로 학급을 만들었기 때문에 오히려 더 심해질 수도 있다. 일반 학생들과도 따돌림 없이 함께 어울려 지낼 수 있도록 다문화 가정을 이해할 수 있는 교육 프로그램을 만들어 인식과 행동의 변화를 가져올 수 있다면 더 좋을 것이다.

(4) 다문화 가족에 있어서 부모의 역할

다문화 가족에 있어서 부모의 역할을 찾아보면 다음과 같다.

첫째, 아동의 학교생활에 대해서 끊임없이 관심을 가져야 한다.

아동을 양육하는 데 있어서 아동이 학교에서 어려움을 겪는 것은 없는지, 어려움이 있다면 어떤 어려움이 있는지 관심을 가지고 항상 학교와 상호작용을 해야 한다. 보통 다문화 가정은 아버지가 한국인인 경우가 많다. 한국 아버지들의 통념은 자녀의 교육은 전적으로 어머니한테 맡겨야 한다고 믿고 있다. 하지만 이는 어불성설일 것이다. 한국 사회에서 제대로 적응하지 못한 다문화 가족의 어머니들은 언어의 장벽으로 인해 자녀 학교생활에 무관심 아닌 무관심해질 수밖에 없다. 이걸 막기 위해서라도 아버지가 나서야 한다.

둘째, 부모도 끊임없이 많은 것을 공부해야 한다. 가정을 꾸리기만 한다고 그것이 끝이 아니라, 새로운 시작임을 알아야 한다. 본인들의 가정뿐만 아니라, 자녀의 교육을 위해서라도 끊임없이 무엇인가를 탐색하고, 필요한 사회적·인적자원을 최대한 활용하여 하루라도 빨리 적응하기 위해 부단한 노력을 해야 한다.

(5) 다문화 가족의 정부 및 사회적 역할

정부에서는 다문화 가정의 아이들의 교육을 위해 여러 가지 프로그램을 만들어 시행해야 한다. 한국의 문화에 대해서 자세히 배우고 접할 기회를 많이 제공해주고, 한국의 정서와 언어를 배울 수 있도록 지원하고 의사소통을 원활히 할 수 있도록 지원을 해주어야 한다. 정부뿐만 아니라, 기업에서도 이런 프로그램의 기회를 제공하고 다문화 가정 아이들이 사회에 적응할 수 있도록 도와주어야 한다. 이렇듯 정부와 기업의 지원으로 한국의 정서와 언어 등을 배운 아이들이 학교에 갔을 때 어려움을 소외감과 어려움을 덜 겪게 된다.

다문화 가족의 어려움을 해결하는 것은 기업기관의 노력만 있어서는 절대로 해결될 수 없다. 국가기관에서는 제도적 차원의 지원이 지속적으로 제공되어야 하고, 학교 차원에서는 그 다문화 가족의 아동과 더 나아가서는 그 가정의 부모들을 위해서 특별한 교육서비스가 지속적으로 제공되어야 한다. 어느 한쪽의 한쪽이 고장 나면 전체가 멈춰버리는 시계의 톱니바퀴처럼 모두가 유기적으로 연결되어야 다문화 가정의 문제가 진정으로 해결된다. 그동안 너무 오래 기다렸다. 이제 다문화 가정을 보듬는 행동을 실천해야 할 때이다.

우리가 당연히 의무교육이라고 생각하고 있는 초·중·고등학교 교육과정을 다문화 가족 아이들의 일부는 배우지 못하고 있는 실정이다. 이는 시작되는 출발선 자체가 달라지게 되는 것이다. 이러한 원인으로는 다양한 것이 있으나, 가장 큰 이유는 '색안경을 낀 시선'이라고 할 수 있다. 그렇다면 왜 우리는 잘못된 시선으로 그들을 바라보는 것인가? 답은 어렵지 않게 찾을 수 있다.

우리는 우리나라를 단일민족 국가라고 말한다. 단일민족이란 '단일한 인종으로 구성된 민족'을 뜻한다. 물론 우리나라의 성씨의 많은 수가 중국 성씨를 가지고 왔으며, 일본 성씨도 가지고 있으나 많은 사람들은 단일 민족국가라고 칭한다. 이러한 자부심을 가지고 있는 상태에서 우리와 다르다는 그들을 분리하기 위해 '다문화'라는 새로운 단어가 생겨나게 되었다. 이러한 우리나라의 폐쇄적인 사고방식은 우리 스스로가 발전하지 못한다는 것을 광고하고 있는 것이라 생각한다.

물론 국제결혼이 우리나라의 문화로 자리 잡음에 따라 국제결혼에 대한 인식은 나쁘지 않다. 그러나 국제결혼을 통해 태어난 자식들에 대해서는 '다문화 가족 아이'라 차별을 하는 국민의식은 이해할 수 없는 부분이다. 이러한 상황에서 한 가지 확실한 것은 이들도 배워야 할 권리가 있다는 것이다.

배움의 시작은 부모로부터 출발한다. 다문화 가정 아이뿐만 아니라, 모든 아이들은 태어나서부터 독립하기까지 부모의 가르침을 받으며 자라야 한다. 대부분의 다문화 가정 부모는 우리나라에 대해 제대로 알지 못해 자식들을 제대로 가르치지 못하고 있다. 이로 인한 피해는 전적으로 아동에게 돌아가게 된다. 최근 들어 정부를 비롯한 여러 기업에서도 다문화교육에 대한 필요성을 느끼고 다양한 방면에서 지원을 해주고 있다. 이러한 지원이 다문화 가정의 아이뿐만 아니라 부모에 대해서도 적용되고 있다는 것은 높이 평가할 만하다.

이제 매년 다문화 가정은 증가하고 있는 추세이며, 이에 우리나라도 단일민족에서 열린 민족으로 바뀌어야 할 필요가 있다. 지금 당장 해결해야 할 문제를 파악하여 수정해나가는 작업을 반복한다면 수 년 뒤에 대한민국은 열린 민족으로 거듭날 수 있을 것이다. 그렇게 된다면 다문화 가정에서 자란 아이들도 자신들의 숨겨진 잠재능력을 발휘하여 자랑스러운 국민으로서 살아가게 될 것이다.

3. 맞벌이 가족

학교폭력의 가해 요인에는 다양한 것들이 있겠지만, 맞벌이 부부 가정의 자녀들이 학교폭력의 가해자가 많다는 사실에 놀라게 된다. 물론 우리나라 대부분의 가정이 맞벌이라서 이러한 결과가 나올 수도 있지만, 맞벌이 부부 가정이 자녀에게 미치는 요인들이 분명히 있기 때문에 이러한 통계도 나온다. 우선 맞벌이로 인해 자녀들과 보내는 시간이 줄어들고, 당연히 인성교육이나 가정교육은 뒷전일 수밖에 없다고 생각된다. 물론 학교에서도 이러한 교육이 가능하겠지만, 학교에서 돌봐주는 교육도 가정교육의 모든 것을 대체할 수가 없기 때문에 근본적인 대안이 될 수 없다.

1) 맞벌이 가정에서의 부모의 어려움

(1) 학교폭력에의 노출

양부모 밑에서 자란 학교폭력 가해경험 학생 10명 중 7명 이상이 맞벌이 가정에서 자랐고 이들이 가해학생으로 성장하는 데 언어적 폭력 경험이 물리적 폭력 경험보다 더 큰 영향을 미친다는 연구결과가 나왔다.

강소영 연구관의 논문에 따르면 학교폭력은 초등학교 6학년과 중학교 1학년에서 가장 심각하게 발생했다. 각 학년 내 학교폭력 피해유경험자 비율은 초6 11.2%(4838명 중 544명), 중1 11.2%(6161명 중 688명) 등으로 중2(9.8%)와 고1(3.9%)보다 많았다(서울뉴스, 2013).

이제 학교에서 맞벌이 부부의 자녀교육을 모두 다 감당해 내기에는 무리가 있고, 부모와 자녀가 함께하는 프로그램 등을 지역사회(행정단체 또는 사회단체 등)가 마련하여 부모와 자녀의 소통이 필요하다. 이러한 프로그램들을 지역사회가 보다 더 만들어 낼 수 있도록 프로그램의 내용과 진행 등을 파악하여 재정적 지원을 아끼지 않아야 한다고 생각된다. 또 학교나 어린이집 같은 보육시설도 맞벌이 부부를 위한 부모교육 자료를 만들어 부모를 교육시키는 데에 힘을 보태야 한다.

(2) 아이들의 스트레스와 부모의 죄책감

맞벌이 부모들이 자녀를 양육할 때 어려움을 경험하는데, 첫째는 자녀들과 활동을 같이 할 시간이 부족하다는 것이며, 둘째, 부모가 집에 없을 때 아동이 하는 활동을 감독하기 어렵다는 점이며, 셋째는 자녀들과 가깝고 만족스러운 관계를 유지하는 것이 어렵다는 점이다(박성연 · 도현심 · 정승원 역, 1996).

우리나라에서의 학령기 자녀들 둔 맞벌이 가족에 대한 연구(최규련 외 5명, 1995)에서 직업을 가진 어머니들 중 66.3%가 직장에서 아이들이 걱정되며, 67.8%가 어머니들은 자녀를 돌보지 못하는 것에 대해 죄책감을 갖는 것으로 나타났다. 즉 직업을 가진 어머니들은 자녀의 심리적 부적응에 대한 걱정이 가장 크고 자녀에 대한 감독 소홀로 인한 문제들을 걱정하고 있는 것이다.

(3) 인성교육에 구멍

교육의 가장 중요한 부분이자, 첫 발걸음이라고 볼 수 있는 인성교육의 주요 문제가 부모의 부재가 원인이 되면서 사회에는 다양한 문제점들이 나타나고 있다. 최근 학교폭력 가해자의 10명 중 7명이 맞벌이 부부 가정인가 하면 아직 가정교육조차도 제대로 끝마치지 못한 7~10세의 어린이들이 하루에 대부분의 시간을 집이 아닌 학원에서 보낸다. 요즘 청소년들은 신체는 크지만, 정신적으로는 미숙한 상태가 되어가고 있다. 이 모든 것은 사람의 삶에 있어 가장 기본이 되는 가정교육의 부실로 인해 일어난다.

어머니가 직업을 가짐으로써 자녀의 독립심이 커질 수 있고, 여성의 역할에 대한 진취적인 태도를 가질 수 있음을 자녀에게 긍정적으로 보일 수 있다. 한편으로는 초등학생 자녀의 경우 부모의 감독 소홀로 인해 인성문제나 방과 후 자녀들이 빈집에 혼자 있어야 하는 외로움과 소외감으로 인해 문제를 야기하기도 한다.

현 사회에의 다양한 사회 문제들은 경제적·환경적인 문제 등이 요인이 되고 또 문제들이 서로 영향을 받아서 새로운 문제들을 야기할 수도 있다. 이렇듯 교육도 다양한 사회적 요인들의 영향을 받게 된다는 사실을 깨달아야 하며, 특히 자녀의 사회적·정서적인 분위기는 교육에 여러 요인들로 크게 작용할 수 있겠다는 점을 고려해야 한다.

(4) 성교육의 부재

청소년기는 아동에서 성인기로 이행하는 과도기적 단계로서, 급격한 신체발달로 인한 불안정과 불균형에 직면하게 되며, 그로 인해 일시적인 긴장과 혼란을 경험하는 시기로 알려져 왔다. 청소년기는 일반적으로 중학교 입학 이후부터 고등학교 시기까지라고 알려져 왔으나, 최근에는 성숙의 가속화 현상으로 초등학교 4~5학년부터 시작되는 것으로 보기도 한다. 아동기와 청소년기의 가장 큰 차이는 성적 성숙이라고 볼 수 있다(이숙 외 4명, 2011).

Box 3-2 커진 덩치, 빨라진 '질풍노도의 시기'

현직 초등학교 교사들은 "요즘 초등생들은 예전과는 너무 다르다"고 입을 모아 말한다. 식생활 수준이 높아지며 성장 속도가 무척 빨라졌다. 초등학교 교사 김 모 씨(25)는 "요즘 초등학교 6학년생의 덩치는 1990년대 중학교 2~3학년 정도"라며 "3학년만 돼도 조숙한 여자 아이들은 2차 성징이 나타나기도 한다."고 말했다. 덩치가 커지며 사춘기 중고교생들에게서나 나타나던 모습들이 초등생들 사이에서도 그대로 나타나고 있다. 친구들을 집단으로 따돌림하거나 부모나 교사에게 반항하고 일탈을 일삼는 모습 등이 대표적이다.

성적 호기심도 커지며 사고의 원인이 되고 있다. 호기심을 가지고 음란물에 접근하는 연령대도 점점 어려지고 있다. PC는 학부모나 교사들이 제한을 많이 가하자 스마트폰을 이용해 음란물을 '감상'하는 초등생도 늘어나고 있다.

이유진 한국청소년정책연구원 선임연구위원은 "기본적으로 빨라진 신체 발달에 사춘기가 앞당겨져 초등생 문제가 늘기도 한다."며 "하지만 또 인터넷 등으로 접한 정보를 미숙하게 처리하는 과정에서도 일탈이 이어질 수 있다."고 분석했다.

출처: 머니투데이. 2013. 10. 30.

일례로 여학생들의 평균 초경 연령은 11.98세(보건교육포럼, 2009)인데, 엄마 세대인 1970년대 14.4세에 비하면 2년 이상 앞서 사춘기를 맞게 된다. 비만, 영양과잉, 환경 호르몬, 학업으로 인한 정신적 스트레스 등 내적 외적인 요인에 사회적 변화 추세도 반영된 결과지만, 이 물리적 조숙함에 내적 성장이 따라가지 못하는 데서 심각한 문제가 발생되곤 한다. 최근 건강보험심사평가원의 자료에 따르면 성조숙증 치료 대상이 2004년에 비해 6년간 18배나 급증했는데, 특히 그중 90% 이상이 여학생으로 나타나 충격을 주고 있다. 전문가들은 여아 만 8세, 남아 만 9세 전에 2차성징을 보이면 일단 의심, 조치를 취해야 한다고 권하는 실정이다. 외적 성장통보다 더 심각한 것은 내적 성장통이다. 감정 변화의 폭이 급속히 커지고, 조절 기능이 약해 생기는 결과다. 최근 제주 가정위탁지원센터 등 지자체 차원에서 초등학교 고학년 아동을 대상으로 분노조절 프로그램 운영을 시작할 정도다.

최근 '사춘기로 성장하는 아이, 사춘기로 어긋나는 아이'를 펴낸 강금주의 『십대들의 쪽지』 발행인은 사춘기에 접어들었다는 대표적 징후로 부쩍 외모에 관심이 많아지고, 부모 호출에 건성으로 응하며, 좀처럼 자기 방에서 나오지 않으려 하는 한편, 부모 말보다 친구 말을 더 신뢰하는 것을 꼽았다. 저자는 부모가 아이의 사춘기에 어떻게 대응하느냐에 따라 아이의 미래가 결정된다고 강조하지만, 동시에 아이가 원래 가지고 있던 문제를 구분하지 않고, 모두 사춘기 탓으로 돌리는 것은 위험하다고 충고한다. "아이의 말을 들으면 문제의 80%는 대화로 해결할 수 있다"고 주장하는 저자지만, 다른 전문가들과 마찬가지로 대화의 양보다는 질과 방법에 주목한다. 부모는 에누리 없이 백프로 자식을 사랑한다고 확신하지만, 아이들 중 80% 이상은 부모로부터 사랑을 받고 있지 못하다고 느끼는 심리적 괴리감은 왜일까.

아이와의 대화에서 가장 중요한 것은 공감이다. 아동학자들은 '공감'이란 "내가 공감하고 있다는 것을 상대방이 충분히 알고 있다는 것을 나 스스로 느낄 때"라고 정의하며 이를 아이와 부모의 관계에 적용시키면 "아이가 엄마 아빠의 반응을 보고 자신의 말에 부모가 공감했다고 느끼는 것을 부모 역시 충분히 확신할 때"라 말한다. 이 때문에 아이의 방식에 따라 공감을 끌어내는 것이 중요하다. 부모와 자식 사이에 공감이 부족하기에 십대 임신이나 학교폭력 등 위기가 닥칠 때 아이가 먼저 찾는 대상이 부모가 아닌 친구라는 것이다.

대부분의 현장 전문가들은 사춘기에 막 진입해 '괴물'로 느껴질 정도로 생소하고 당혹스러운 내 아이와의 엉킨 관계를 풀어가는 것 역시 제대로 된 '소통'에 있다고 강조한다. 아이들의 정신적 · 육체적 성장이 빨라지고 있는 만큼, 기본 권위주의적이고 획일적인 태도는 문제 해결에 전혀 도움이 안 된다고도 지적한다. 반면 일관된 원칙에 의한 흔들림 없는 양육 태도 역시 이 못지않게 중요하다고 강조하고 있다(여성신문, 2013. 4. 4).

청소년기는 심리적 · 신체적 변화로 인해 성적 호기심이 증가하고, 각종 매체를 통해 사고의 발단이 되기도 한다. 2차성징이 나타나는 사춘기에는 자신감을 잃고 불안정하기 쉬운 시기이므로, 청소년을 격려하고 인정해주는 부모의 지원이 어느 때보다 필요하다. 청소년은 자신의 가치관을 수립하지 못한 상태에서 무조건적으로 반항하고, 간섭 받기 싫어하므로 부모는 자녀와의 대립적 갈등관계보다는 격려하고 지도하는 것이 바람직하다.

2) 맞벌이 가족을 위한 자녀양육 방법

(1) 가족 구성원들의 노력

맞벌이 가족의 문제점 중 하나는 맞벌이 부부의 자녀들이 사회에 적응하는 데 문제를 겪는다는 것이다. 부모의 맞벌이로 인해 애착 및 정서적 욕구 충족이 잘 이루어지지 않아 사회부적응이라는 문제행동으로 나타난다. 어릴 적 부모와의 애착 및 정서 욕구가 충분히 된 아동들에 비해 파괴적이며 논쟁적이고 저항을 많이 하고 있으며, 심리 정서적 문제나 생활 전반적인 문제에 적응하지 못한다는 분석이 있다. 맞벌이 가정의 경우 부모와 건강한 관계를 가지지 못한 자녀들이 많아 학교폭력의 가해자가 될 우려 또한 크다. 맞벌이 부부의 경우 자녀와의 스킨십이 적고, 자녀의 인성교육과 가정교육에 신경을 많이 써주지 못해 자녀에 대한 감독을 소홀히 할 수도 있으며, 자녀의 학업에 대한 관심이 결여될 수도 있기 때문이다.

맞벌이 가족의 문제를 해결하기 위해서 가족 구성원들의 노력이 필요하다. 남편과 아내는 가사를 분담하여야 하고, 자녀의 교육에 관심을 갖고 신경을 써주어야 한다. 하지만 직장 일에 치여 가정에 관심을 많이 쏟지 못하는 것이 사실이다. 한국의 경우, 방과 후 학교나 방과 후 공부방의 개수는 턱없이 부족한 실정이며, 수가 늘어났다 하더라도 부모의 퇴근시간보다 일찍 마쳐 아이들은 집 밖을 떠돌 수밖에 없다. 자녀들은 자연스레 탈선과 비행을 접하기 쉬운 상황에 놓이게 되는 것이다.

미국에서는 부모의 역할을 중요시하여 일정 연령 이하의 아동을 혼자두지 못하도록 법으로 규제하고 있으며, 사내 유치원 등을 운영하여 부모가 마음 놓고 일할 수 있도록 장려한다. 또한 다양한 방식으로 방과 후 학교를 운영하며, 학생 개인의 수준에 맞춘 수업을 제공하여 아이들이 부족한 학과 공부를 할 수 있도록 도우미 역할을 한다. 학교 수업만을 목적으로 하는 것이 아니라, 학생들의 흥미나 취미에 맞는 활동을 통하여 학생들의 재능을 발굴하고 올바른 정서를 갖도록 하는 방과 후 수업이 되어야 한다.

(2) 부모의 역할

맞벌이를 하게 되면 부부가 양육에 갖는 시간이 비슷하므로 일방적으로 모(母)에게만 자녀의 양육과 교육에 대한 책임을 가져서는 안 된다. 이는 모(母)의 부담감과 스트레스를 증가시켜 자녀의 양육에 부정적인 영향을 줄 수 있고, 부(父) 역시 자녀의 양육과 교육에 함께 동참해야 한다. 맞벌이 가정은 맞벌이를 하지 않는 가정보다 훨씬 적은 시간이 아이에게 투자되기 때문에 맞벌이 부부가 자녀와 갖는 시간은 양적인 의미보다 질적인 의미를 가져야 한다. 힘들고 피곤하다고 하더라도 나의 아이를 위해서라고 생각하면 반드시 실천해야 할 것이다.

자녀와 함께 있는 시간에는 오늘 함께 할 수 있는 일이 어떤 것이 있는지에 대한 대화를 많이 나누면 좋을 것이다. 함께 할 있을 수 있는 시간에는 소풍이나 야외활동을 통해 다양한 경험과 추억을 만들 수 있도록 하고, 자녀가 생활하고 있는 학교 등을 방문한다. 이를 통해 부모가 자녀에게 관심을 있음을 표현해야 하며, 애정을 확인 시켜주어야 한다. 자녀의 교육을 교사나 타인에게 완전히 맡기고 무관심하면 안 되고, 함께 할 수 없음을 물질적인 것으로 채워주려고 해서도 안된다.

부모들은 바쁘다는 핑계로 자녀들에게 신경을 덜 써주는 것이 사실이다. 자녀를 잘 키우기 위해서는 퇴근 후 자녀와 소통하는 시간을 가져야 한다. 혼자 있는 아이는 외로움을 많이 느끼게 되는데, 이를 해소시켜 주고 긴장감을 풀어주기 위해서 스킨십을 하고, 대화를 통해 서로 이해하는 시간을 가질 수 있도록 해야 한다. 부모와 자녀 간에 유대감을 쌓아둔다면 서로 좀 더 알 수 있게 될 것이다. 대화할 때에는 부모로서 위엄만 차리기보다는 즐거운 분위기를 만들어야 하며, 휴일은 가족끼리 함께 보내야 한다. 또한 아이들이 방황하지 않도록 세심한 배려와 관심을 주어야 한다.

학원에만 의존하려는 자세도 피해야 하며, 건강한 신체와 정신을 길러주기 위해 예술이나 체육활동을 시키는 것도 필요하다. 어머니의 경우 아버지보다 자녀와 친밀하므로 끊임없는 스킨십과 대화를 통해 자녀를 이해하여야 한다. 사회적 선입견으로 인한 육아와 가사 문제에 부담감을 가지고 있으므로 남편은 아내의 부담감을 줄일 수 있도록 도와야 한다. 아내 혼자 집안일을 하도록 두는 것이 아니라 적절한 가사 분담을 통해 함께 가정을 이끌어 나가야 하며, 가정에 대한 책임감을 가져야 한다. 또한 소통의 부재로 가정에서 소외되지 않도록 자녀들에게 관심을 가지려는 자세가 필요하다. 특히 부모는 직장에서 받은 스트레스를 집에서 풀지 않음으로써, 자녀가 언어폭력 등의 상처를 받지 않도록 하는 것이 중요하다.

(3) 교사와 학교의 지원

학생은 부모의 환경을 이해하여야 한다. 부모님이 가정을 위해 노동을 하고 있고, 자신을 위해 일을 하고 있다는 사실을 인식해야 한다. 또 문제나 고민이 생기면 부모님과 대화를 통해 해결할 수 있도록 노력해 한다.

교사는 학생들을 누구보다 객관적으로 판단할 수 있다. 자식이 마냥 예뻐 보이기만 하는 부모와 달리 교사는 학생에 대해 잘 알고 정확하게 평가할 수 있다. 학생에게 문제가 생기면 바로 부모에게 알려 상담을 하고, 심각할 경우엔 전문가를 연결시켜 주어야 한다. 가정의 특이사항들을 알아두고, 어려운 환경의 학생들에게는 좀 더 신경을 써 주는 등 제 2의 부모역할을 하여야 한다. 학생을 자신의 자녀처럼 대하며 평소에 인성교육에 신경을 쓰고, 학교폭력 예방을 위해 책임감 있게 행동하여야 한다.

학교장은 학교 차원에서 부모가 참여할 수 있는 교육 프로그램을 개설하고, 맞벌이 가정의 자녀들을 위한 방과 후 프로그램을 개설해야 한다. 또한 학교폭력 예방을 위한 관심을 가지고 학교폭력이 발생했을 경우 재빠른 대처가 필요하다.

(4) 정부 및 사회적 지원

정부에서는 맞벌이 가정을 위한 지원체계가 강화되어야 한다. 여성의 취업률 제고를 위해 어린이집을 양적·질적으로 확충하고, 적절한 육아휴직제와 융통성 있는 시간제 취업 등을 활용하여야 한다. 자녀양육 후 재취업과 복직보장제도 등의 복지정책 또한 요구된다. 맞벌이 가정을 위한 복지서비스도 확대되어야 한다. 산전후 휴가제도, 육아휴직제도, 영·유아 보육제도, 아이돌보미 서비스, 방과 후 보육제도, 가족 친화환경 조성제도, 가족생활교육 프로그램, 건강가정지원센터 운영 등을 통하여 도움을 줄 수 있다. 맞벌이 부부의 자녀들을 위해 방과 후 공부방 수를 늘리고 공부방의 학습시간을 확대시켜야 하며, 전문 강사를 확보하려는 등의 지원을 해야 한다.

맞벌이 부부 등의 부담을 덜어 주기 위해 시행하고 있는 '돌봄교실'이 내년부터 초등 2학년까지 확대 시행되는데, 현재 재정적인 지원의 부족으로 인해 시설과 인력을 구할 수 없어 돌봄교실을 희망한 학생 중 16%가 탈락하였다. 돌봄교실을 무리하게 확대시행 할 시 예산부족으로 인해 생길 부작용이 있을 것으로 추측하고 있으며, 이와 함께 좋지 않은 돌봄교사의 처우를 언급하며 이것이 예산부족과 함께 돌봄교실의 부실운영에 영향을 줄지 않을까 하고 우려하고 있다. 돌봄교실 확대에 앞서 시설과 인력 그리고 내실 있는 프로그램이 우선돼야 한다며 지적하고 있다.

재정적인 문제로 발생한 시설, 인력의 문제로 돌봄교실을 신청한 인원을 다 수용하지 못하는 시대가 있다. 예산이 부족함에도 불구하고 돌봄교실을 이용할 수 있는 아동의 범위를 넓히고자 하는 모습이 의아스럽고 이해가 되지 않는 부분이 발생한다. 내실을 다지기 이전에 크기부터 키우려고 하려는 것은 부족한 예산에 악영향을 끼칠 뿐만 아니라, 부족한 예산으로 제대로 된 시설과 전문적인 인력을 구할 수 없어 부실한 돌봄교실이 운영될 수 있는 가능성이 있음을 시사한다.

또한 돌봄교사에 대한 처우가 좋지 않게 되는 경우 이 교사에게 보살핌을 받게 될 아이들이 받을 서비스와 교육의 질이 떨어질 수 있음을 예상할 수 있다. 이러함에도 불구하고 왜 정부는 무리하게 돌봄교실의 대상의 범위를 확대하려고 하는 것인지, 물론 어서 빨리 인원과 범위를 늘려달라는 맞벌이 부부들의 아우성 때문이기도 하겠지만 짧게 보지 않고 길게 본다면, 무리하게 돌봄교실의 대상의 범위를 확대하려고 하기 이전에 이미 준비된 시설과 인력의 질을 높이고 내실 있는 프로그램이 운영될 수 있도록 함이 바람직하다.

주어진 조건 안에서 기초부터 탄탄히 다진 후 질 좋은 프로그램을 운영하고, 그 이후에 기업이나 사회의 지원 등을 받거나 예산의 여유가 생겼을 때 천천히 범위를 확대해 나가야 한다. 기초가 부실한 구조물은 무너지기 마련이기 때문이다. 내실이 탄탄한 후에 돌봄교실의 범위를 넓혔을 때 서비스를 받게 될 아동에게도 부모에게도 질 좋은 서비스를 제공할 수 있으니 보다 이득이 될 것이다.

가정교육이 제대로 이루어지기 위해서는 어떤 노력이 필요할까. 물가상승과 자녀의 사교육에 투자되는 비용이 급증되면서 맞벌이 부부의 필요성은 당연시되고 있다. 물론 맞벌이 부부가 되지 않는 것이 가정교육을 제대로 이뤄내기 위한 가장 큰 노력이 되겠지만, 사회적 수요는 맞벌이 부부가 당연시되고 있기 때문에 이는 불가능에 가깝다. 그렇기에 부모와 자녀의 노력에 의한 다른 측면의 노력이 필요하다.

첫 번째로 부모 스스로가 자녀를 교육하려는 의지가 강해야 한다는 것이다. 요즘 사회에서 자녀가 학원에 가는 것은 필수불가결이다. 학원도 사립교육으로써 자녀의 학업과 예술적 교육에 기여하는 바가 크지만, 이도 적당함이 필요한 법이다. 무분별하고 과도한 사교육은 분명한 과유불급이다. 그러나 아직 우리 사회의 부모들은 이를 잘 인지하지 못하고 있다. 바로 부모 그 스스로가 자녀를 교육하려는 의지가 적기 때문인 것이다. 만약 부모가 자신이 가르치는 가정교육의 필요성을 실감하고, 이를 위해 구체적인 계획을 세워 실천한다면 자녀는 올바른 인성을 바탕으로 학업과 예술적 교육에 증진할 수 있을 것이다.

두 번째로 정부와 학교에서의 학생교육에 대한 자체적인 노력이 필요하다. 사교육이 너무나도 중요시되고 있기 때문에 학교 자체의 교육은 상대적으로 저하되고 있다. 심지어는 부모와 학생들이 이를 무시하는 경우도 다반수다. 물론 현재도 학교 내에서 자체적인 교육을 보강하는 노력이 계속되고 있기는 하지만, 아직도 많이 부족한 실정이다. 정부에서 반드시 적극적이고 극단적인 정책으로 학교의 교육을 장려해야 할 것이다. 또한 정부는 자녀교육을 위한 맞벌이 부부의 직장에 대한 정책도 내세워야 한다. 실제로 외국에서는 자녀교육을 위해 정규직 시간제를 실시하고 있다. 우리나라 정부도 외국의 정규직 시간제를 검토해 실천하여 가정교육의 토대를 마련하는 데 일조해야 한다.

맞벌이 부부로 인한 가정교육의 부재는 사회적으로 심각한 문제이다. 가정교육이 선행되지 않으면, 사교육이나 학교에서의 교육도 모두 긍정적으로 실천되지 못한다. 만약 부모 스스로가 자신의 자녀교육에 대한 중대함을 느끼며 노력하고, 학교와 정부에서도 학교 자체의 인성교육, 그리고 정부의 자녀교육 배려에 대한 기업 정책을 면밀히 검토하여 실시한다면 가정교육을 바탕으로 이루어진 대한민국 교육의 내일은 밝을 것이다.

4. 기러기 가족

1) 기러기 가족의 유형과 특징

우리나라는 세계에서 학구열이 높은 나라 중 하나로, 그에 맞게 부모들은 자식들에게 좋은 성적과 좋은 대학에 가기를 원한다. 이를 위해 한국에서 스펙을 쌓기에는 부족하다는 생각에 엄마와 자식은 해외로 나가서 학교를 다니고, 아빠는 한국에 남아 일을 하며 벌어들이는 수입을 해외에서 공부하는 자식과 엄마의 생활비로 보내주는 추세이다. 주로 자식들의 생활에 관해서는 엄마가 많은 부분을 보살펴 줄 수 있기 때문에 유학을 가도 엄마와 같이 가고, 아빠는 한국에 남아서 돈을 벌어 송금을 해주는 것이다.

물론 외국에 자식과 엄마도 한국에 홀로 지내는 아빠가 많이 그립겠지만, 한국에 홀로 남아 생활하는 아빠들의 문제가 더욱 심각한 것 같다. 유학비를 대주기 위해서 허리가 휘어지도록 일을 하고, 집으로 돌아오면 반겨주는 이 없고, 쓸쓸히 가족의 온기라고는 느낄 수도 없는 밥을 먹으며, 하루하루를 살아가는 아빠들은 우울증에 시달리고 있다. 자녀의 교육을 위함이라고 하지만, 언제 함께 살지 모르는 상황에서 가족을 타국에 보내고 홀로 남아 경제적인 부담을 지고 살아가야 한다는 것은 슬프고도 잔인한 현실이다.

도대체 '기러기 가족'은 누굴 위한 가족인 것인가? 가족이란 '함께' 함으로써 그 의의를 가진다. 가족 구성원 중 한 명이 타국에 동떨어진 상태로 경제를 책임지고 있는 기러기 가족은 많은 문제를 가질 수밖에 없다.

〈표 3-1〉 기러기 가족 유형과 특징

자녀	어머니	아버지
• 외국생활의 어려움 • 국내에 들어오면 더 적응 어려움 • 소외감으로 일탈가능성	• 자녀 학업 뒷바라지 • 가장화 • 조기유학의 부담감	• 가족 간의 대화부족 • 부모 · 자녀관계 불안정 • 경제적 지원의 고통 • 외로움 • 건강의 손실

2) 조기유학에 따른 거시적 관점

교육비가 국내에서만 소비된다면 시장경제 활성화에 도움이 되는 요인이 되지만, 국외로 빠져나간다면 외화소비가 된다. 캐나다의 일부 주에서는 적극적으로 이민을 받아들이고 있는데, 이민을 생각하는 상당수의 가장들이 첫 번째 이유로 자녀들의 교육 때문이라고 얘기했다. 사교육비와 대학등록금을 생각하면 이민 비용이 그리 부담스럽지 않기 때문이다. 또한 누구나가 적성과 관계없이 진학을 해야 되고, 좋은 대학이 사회생활에서의 성공을 보증하는 우리나라 사회에서 입시 과열 경쟁의 재물이 되는 자식들이 너무나 안타깝다는 것이 그 이유이기도 하다.

기러기 가족은 자녀들을 외국에서 공부시키기 위해 아내와 자녀를 외국에 보내고 국내에서 혼자 생활하는 남편이 있는 가족을 의미한다. 한국의 독특한 역사적 경험과 학력 중시 현상과 더불어 국제화·세계화·정보화라는 흐름 속에서 결국 자녀 조기유학을 위해 가족 비동거라는 선택을 한다. 기러기 아빠는 한국에만 존재하는 것은 아니지만 요즘엔 외국이 아닌 아이들은 서울에서, 아버지는 지방에서 흩어져 사는 신 기러기 가족도 늘고 있는 추세이다. 이로 인해 주택시장에도 큰 변화가 생기고 있다. 이처럼 우리나라 기러기 가족은 자식들의 공부를 위해 자발적으로 가족들과 떨어져 지내는 형식이고, 외국의 경우 개도국의 가장들이 우리나라로 돈을 벌러 오고 가족들은 자기들 나라에 남아있는 형식이다. 이 같은 경우에는 자신의 나라에서는 돈을 벌기 힘들기 때문에 일자리가 많은 나라에 가서 돈을 벌어 생활비를 보내주는 형식이므로 어쩔 수 없이 떨어져 지내는 가족들이다.

기러기 아빠들이 가진 문제 중의 하나는 이들이 감내할 노력과 고통의 대가가 너무 모호하고 막연하다는 점이다. 기간도 목적도 불분명한 영어교육을 위한 유학은 그들을 끝없는 회의 속으로 몰아넣고 있다. 기러기 아빠들의 외로움이 우울증으로 변하기도 하였다. 그리고 기러기 가족들 중 이전부터 보이지 않던 부부간의 갈등이 많았고, 그러한 갈등으로부터 도피하기 위해 부인이 아이들을 데리고 떠난 경우도 있다. 아이들의 영어교육을 내세운 별거형태인 기러기 가족들이다.

기러기 가족 중에는 '민들레 자녀'라는 말이 있다. '민들레 자녀'란 어린 나이에 아빠나 엄마를 모국에 남겨두고 선진국으로 유학 가는 아이들을 뜻했다. 부모가 기러기 아빠가 되는 시점이 아이들에게 아빠의 존재가 절실히 필요하게 되는 사춘기라는 점은 심각하게 생각해 볼 필요가 있다. 아버지가 부여하는 적절한 권위는 아이들의 발달에서 꼭 필요한 요소이다. 그리고 가장의 우산 아래서 아이들은 스스로를 통제하고 목표를 세워 나가는 법을 배운다. 부모 자식 간의 관계도 일방적인 관계가 아니라 상호 나누는 관계이다. 아이들의 지식교육이 물론 중요하지만, 더 중요한 것은 가족을 통해 함께 살아가는 법과 나누는 법을 배우는 것이 중요하다.

정부와 교사는 나서서 우리나라 교육과정을 보완해야 한다. 정부는 기러기 가족들이 어느 나라에 많이 가는지 조사하여 그 나라의 교육과정을 분석해보고, 한국과 비교하여 우리나라의 교육과정에 문제점을 찾아내고, 외국에 나가지 않아도 될 교육과정을 만들어 이를 시행하도록 해야 한다. 교사는 학생들에게 질 높은 교육을 하기 위해 교사도 많이 공부하여 지식을 쌓고, 더 나은 것과 많은 것들을 가르쳐주기 위해 노력해야 할 것이다. 이를 해결하기 위해서는 한국의 높은 입시 경쟁 문제가 해결되어야 할 것이며, 유학을 가지 않고 한국에서도 충분히 영어를 잘 할 수 있도록 영어교육제도에서의 변화뿐만 아니라, 입시제도도 개선되어야 할 것이다.

3) 기러기 가족의 원인 – 영어 조기유학

조기유학은 가족 해체의 위험을 담보로 할 만큼 중요한 것인가? 더구나 자녀의 적성이나 능력은 고려되지 않은 채 성급하게 조기 유학이 시도된 경우, 자녀가 받는 문화적 충격이나 현지 부적응 등으로 인한 유학 실패율 역시 50%를 넘는다. 일부 학부모들은 조기 유학의 원래 목적은 접어둔 채 자녀의 특목고 진학을 위한 수단으로 이용하기도 한다. 외국어 학습의 경우 보다 일찍 외국어 능력을 익히는 것이 효과적이라는 것은 지극히 기본적인 원칙이다. 하지만 기러기 가족으로 대변되는 현재의 외국어 조기 교육 형태는 무리가 많이 따른다.

이는 교육의 전체적 기능에서 외국어 교육의 한 부분만을 지나치게 부각시킨 극단적 형태임을 잊지 말아야 한다. 10대는 성장에 있어 매우 중요한 시기이다. 학교교육뿐만 아니라 가정교육, 그리고 다양한 체험 등을 통해 인성이 형성되고 사물에 대한 가치관이 정립되는 중요한 시기이기 때문이다. 인성 형성에 있어 인생 선배로서의 부모 양자의 역할은 무엇보다 중요하다. 또한 사고의 폭을 넓히기 위한 지식의 습득 역시 대화나 독서 등 언어, 특히 모국어를 매개로 한 활동이 지배적이다. 조기유학의 경우, 다른 언어권으로의 갑작스러운 이동은 자칫 자녀의 정체성 확립에 소홀히 할 위험성을 배제하지 못한다.

조기유학은 결국 선택의 문제이다. 여러 가지 문제점과 경제적 부담에도 불구하고, 자녀의 능력과 적성, 학습 목표가 일치한다면 진지하게 고려한 후 시도해 볼 수도 있다. 하지만 국내에서 노력만 하면 그에 준하는 효과를 거둘 수 있다는 점 또한 명심해야 한다.

4) 기러기 가족의 생활고

자녀를 위해 부부가 떨어져 있는 경우가 크게 늘고 있다. 아버지는 근무지에서 돈을 벌고, 어머니는 자녀를 따라 타국으로 떠난 가족들이 많다. 최근에는 국내 '기러기 아빠'들과는 달리 자신만 해외에 남고 다시 다른 나라에 가족을 보내는 경우도 있는데, 이를 '신 기러기 아빠'라는 '기러기 아빠'와는 또 다른 신조어로 부르고 있다. 최근 우리나라의 가족 형태도 각양각색인데, 이제는 '신 기러기 가족'이라는 개념까지 탄생했으니 가족 형태가 매우 빠르게 바뀌고 있는 것처럼 보인다. 이 역동적인 변화에 가장 문제시되는 점은 '가족 해체'이다.

Box 3-3 기러기 가족 자살로 본 뉴질랜드 유학실태

상당수 취업 안돼 한국U턴…영주권도 힘들어져 이중고

뉴질랜드에서 일어난 한국인 기러기 가족의 안타까운 비극은 이민과 조기유학지로 각광받아온 뉴질랜드 드림의 어두운 그늘을 새삼 일깨우고 있다. 앞서 지난 4일 크라이스트처치 시내의 한 가정집 주차장에서 한국인 조모(44 · 여) 씨와 18세 · 13세 두 딸이 숨진 채 발견됐다. 이어 이 소식을 듣고 한국에서 달려온 남편 백모(45)씨도 이들을 따라 9일 목숨을 끊었다. 현지 경찰은 이들이 영주권 취득과 경제적 어려움 등을 이유로 자살한 것으로 결론지었다.

- 무상 초중고교육 · 의료 '현혹' 외교통상부에 따르면 뉴질랜드 한인 교민은 3만 5,000여 명에 이른다. 뉴질랜드 인구의 1%를 차지한다. 이 가운데 유학생은 1만 6,000여 명으로, 지난 2002년에 비해 두 배 이상 늘었다. 한국교육개발원 통계에 따르면 2008년 한 해에만 1,636명이 뉴질랜드로 조기유학을 떠났다. 미국, 동남아, 중국, 캐나다, 호주에 이어 여섯 번째로 많은 규모다.

• 한인 등 아시아계 실업률 9%

뉴질랜드 전문 유학원 관계자는 "뉴질랜드는 영어권이면서도 미국이나 캐나다 등보다 생활비가 저렴하고 복지와 교육 수준이 높다."면서 "교육비는 만 5세부터 17세까지 무료이며 의료서비스도 무상 제공된다."고 설명했다.

■ 유학국가별 조기 유학생 비율

(2008학년도)

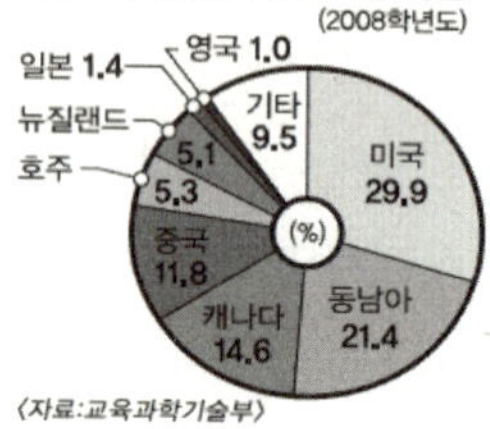

〈자료:교육과학기술부〉

그러나 장점에 현혹돼 현실을 제대로 보지 못하고 있다. 뉴질랜드 한국대사관에서 주재관으로 근무했던 한 경찰은 "관광업과 낙농업 중심이라 대학 졸업장을 앞세우는 한국인들이 할 일이 많지 않다."면서 "상당수 조기유학생들이 대학과 직장을 찾아서 한국으로 돌아가는 실정"이라고 말했다. 실제로 고학력을 선호하는 한국 등 아시아인들의 실업률은 9.2%로, 뉴질랜드 평균 6%에 비해 훨씬 높다. 뉴질랜드에서 대학을 나온 뒤 귀국한 양모(27) 씨는 "뉴질랜드가 교육환경은 좋을지 몰라도 대학을 나와도 구할 수 있는 직업이 없고, 한국에서도 알아주는 사람이 없는 것이 현실"이라고 말했다.

기러기 엄마들의 일자리도 사실상 없다. 취업비자가 아니기 때문에 합법적으로 직장을 구할 수 없기 때문이다.

• 기러기 엄마 직업도 마땅찮아

초등학생 아이 둘과 함께 기러기 생활을 하고 있는 정모(37) 씨는 "한국에서 은행원으로 일했는데, 현지에서 구할 수 있는 일자리는 생소한 농장이나 식료품점 같은 곳뿐"이라고 하소연했다. 이번 사건 당사자인 조씨는 자녀 교육문제로 2002년 장기사업비자를 통해 뉴질랜드로 건너왔지만 별다른 직업을 찾지 못했다고 대사관 측은 설명했다.

영주권 취득 문제도 심각하다. 대사관 측은 "대부분의 유학생이 학생비자를 발급받은 뒤 나중에 영주권으로 전환하는데, 발급이 되지 않는 사례가 늘고 있다."면서 "대학 학비는 무상이 아니고 취업도 원활하지 않기 때문에 한국에 있는 아버지의 송금에 전적으로 의존하는 기러기 가족들은 자녀의 대학진학 시점에 경제적인 압박을 받게 된다."고 지적했다. 이어 "영어는 가르치고 싶고 미국, 캐나다의 생활수준을 따라갈 수 없는 소위 '중산층'들이 많다 보니 이 같은 현상이 두드러지게 나타난다."고 덧붙였다.

출처: 서울신문, 2010. 5. 11.

문제점으로는 뉴질랜드 크라이스트처치에서 일어난 한국인 기러기 가족의 안타까운 비극으로, 이민과 조기유학지로 각광 받아 온 뉴질랜드 드림의 어두운 그늘을 새삼 일깨우고 있다. 이들은 영주권 취득과 경제적 어려움 등을 이유로 한국인 어머니와 딸, 한국에 거주하는 기러기 아빠가 자살을 하였다. 이러한 기러기 가족의 자살을 토대로 뉴질랜드의 유학실태를 조사하였는데, 뉴질랜드로 조기유학을 떠난 유학생은 6번째로 많았다. 뉴질랜드로 유학을 떠난 대부분은 무상 초·중·고 교육과 의료에 현혹되어서였지만, 이러한 장점에 현혹되어 현실을 제대로 보지 못하고 있다. 상당수 한인들이 뉴질랜드에 대학을 나와도 실상 구할 수 있는 직장이 별로 없고, 한국에서도 알아주지 않는다. 또한 기러기 엄마의 직업도 마땅치 않고 영주권 취득 문제도 심각한 실정이다.

5) 기러기 가족의 자살 – 가족해체

예전엔 '家族(가족)'이라는 말 대신 '食口(식구)'라는 말을 많이 썼다. 밥을 함께 먹는다는 게 가족을 규정하는 주요 기준이었다. 하지만 그 개념이 크게 달라졌다고 봐야 할 것 같다. 자녀를 위해 부부가 떨어져 사는 경우가 많아 식구되기를 포기한 사람들이 크게 늘어났기 때문이다. 아버지는 근무지에서 돈을 벌고 어머니는 자녀를 따라 이역만리(異域萬里) 타국으로 떠난 가족이 얼마나 많은가.

부모뿐만 아니라 기러기 가정의 자녀의 심리·정서적 발달에 부정적인 영향을 끼칠 수 있는데, 어린 나이일수록 부모의 애정과 관심이 필요하며, 부모와의 유대감을 통해 안정적인 심리·정서적 발달이 일어난다는 것은 누구나 알고 있는 사실이다. 이 시기에는 엄마와 아빠의 존재가 자녀에게는 무엇보다도 중요하므로 부모 한 명의 부재는 자녀에게 부정적인 영향을 끼칠 수 있으며, 이후에 장기간 헤어져 있던 부모와 자녀의 관계에 문제가 일어날 확률을 증가시킬 수 있다. 또, 기러기가족을 감수하면서 선택한 조기유학이 부모의 바람대로 효과를 얻지 못하는 경우가 많다. 한국의 교육보다 낫다는 인식으로 선택한 외국의 교육 역시 완벽한 교육이 아니며, 낯선 환경에 적응하지 못해서 겪는 스트레스와 정서적인 불안감에서 비롯되는 다양한 문제들은 오히려 아이들의 발달의 걸림돌이 될 수 있다.

조기유학으로 부인과 어린 자녀를 외국에 유학 보내고 고국에 홀로 남아 경제를 책임지는 '기러기 아빠'의 죽음에 대한 사례는 기러기 아빠들이 겪고 있는 생활적·신체적·정신적 문제를 언급하고 있으며, 자살하는 기러기 아빠들 비율이 증가하고 있음을 알리고 있다.

기러기들은 생활고와 함께 정신적 · 신체적 문제를 가지고 있다. 이 중 홀로 떨어져 지냄으로써 생기는 외로움과 심리적 박탈감으로 인한 우울증과 같은 정신적 문제는 자살을 유발하기도 하여 최근 큰 문제로 인식되고 있다.

가족은 함께 희로애락을 나누며 서로 보듬고 살아야 살뜰한 정을 쌓을 수 있다. 우리말도 제대로 익히지 못한 채 유학 떠난 자식과 그 부모는 사고언어가 달라져 속 깊은 대화를 나누기 어렵게 된다. 또 각자의 생활에 익숙해져 서로에게 따뜻한 가족이 될 수 없다. 더 중요한 점은 사춘기에는 아버지 몫의 보살핌이 절대 필요하다. 아버지 없이 사는 조기유학생들은 하릴없이 결손가정의 아이가 될 수밖에 없다. 영어 하나 잘 배우려고 더 소중한 가족의 정을 잃는 건 아닌지, 젊은 부부가 각자 살다보면 마음이 멀어져 가정까지 해체되는 일은 없는지, 아버지 혼자 무모한 희생을 하고, 그 희생의 결과가 가정의 붕괴와 인성교육이 부재라면 그것이 진정 바람직한 교육일까?

통계청의 인구주택조사 자료에 따르면 국내외 다른 지역에 가족이 있는 가구는 점차 늘고 있고, 이중 기러기 가족은 2000년에 비해 2배 가까이 증가했다. 그러나 '기러기 가구'에 대한 사회적 보장책이 마련되어 있지 않다.

유학 이후 한국으로 귀국한 뒤 겪는 사회적응의 어려움, 학업적 문제 등은 대다수 기러기 가족들에게서 발생하는 문제이다. 이를 못 이겨내 다시 출국을 하게 된다면 가족 전체가 이민을 가지 않는 한 다시 가족 간의 이별이 나타나는 것이다. 이런 많은 문제점을 떠올리다 보면 조기유학을 위한 기러기 가족이 도대체 왜 생기는 것인지 하고 의아해진다. 떠나 있는 사람도, 떠난 보낸 사람도 슬프고 힘든 일이라면 이 문제에 깊게 생각해보아야 한다.

5) 기러기 가족에서의 효율적 자녀교육 방법

기러기 가족의 문제점을 해결하기 위해서는 먼저 조기유학에 대한 인식을 바꾸어야 한다. 많은 부모들이 조기유학을 선택하는 이유는 한국교육보다 외국교육이 더 낫다라는 인식 때문이라고 생각한다. 한국의 교육이 문제가 있음은 많이 이들이 알고 있는 사실이기는 하지만 외국의 교육이 완벽한 것만은 아니다. 어린 시기에 부모와 떨어져 낯선 곳에서의 생활은 아이들에게 다양한 문제를 발생시킬 수 있다. 이를 고려하여 무조건 내 아이의 교육을 위해서는 유학을 가야 한다는 인식은 버려야 할 것이다.

한국에서도 충분히 좋은 교육을 받을 수 있으며, 그러한 사례가 조기유학으로 성공한 사례보다 훨씬 더 많음을 기억해야 할 것이다. 이미 기러기 가족으로 생활하고 있는 이들이 많다. 기러기 부모들을 위한 지원을 강구할 필요가 있다. 기러기 가족으로 지낼 때에 가족관계를 유지하는 법, 떨어진 자녀들에게는 어떻게 해야 하는지를 교육해야 하며, 기러기 부모들만의 네트워크를 형성하여 연대감을 느끼고 의견과 감정, 지식이나 정보를 서로 공유할 수 있도록 해야 한다. 또한 혼자 살고 있기 때문에 무관심할 수 있는 건강에 대해 꾸준히 관리를 할 수 있도록 하는 서비스를 제공하는 방법도 있다.

기러기 가정의 부모로서 해야 할 일은 가족 구성원 중 누구도 소외되는 일이 없도록 하는 것이다. 서로 떨어져 있는 부모와 자식들은 꾸준한 연락으로 서로의 존재를 알고 친밀감을 느낄 수 있도록 해야 한다. '가족'의 가치를 잃지 않도록 멀리 떨어져 있어도 다양한 방법으로 서로 소통해야 하며, 일정 기간마다 직접 만나 관계를 돈독히 하는 것도 하나의 방법이다. 외국에 자녀와 함께 있는 부모는 자녀들이 홀로 떨어져 있는 부모를 가족이 아닌 경제를 책임져주는 존재로 인식하지 않도록 주의해야 한다.

(1) 기러기 가족을 위한 자녀의 역할

자녀의 영어공부를 위해 엄마와 아이는 뉴질랜드와 미국 등 영어권 국가에서 살고, 아빠는 한국에서 일하며 돈을 버는 가족을 한국에서는 교육체계에 대한 불만과 유난스런 교육열로 인해 한국의 가족들은 이별을 감수하고 있다. 부모들은 한국 학교가 영어교육은 물론, 세계화의 시대에 필요한 능력을 함양시키지 못한다고 말하면서 자녀의 유학을 지향하고 있지만, 일부 기러기 가족들은 장기간의 이별로 인해 이혼의 아픔을 겪고 향수병에 걸리는 등 여러 문제점들도 있다.

자녀의 경우는 첫째, 높은 교육열로 인해 또는 유학 유행이라는 이유만으로 부모님의 의견에 무조건 순종해서는 안 되고, 학생 스스로가 주체적으로 공부해 나가야 되며, 자신의 학교 진학이나 미래의 취업 등을 고려하여 유학을 결정해야 한다.

둘째, 유학의 목적을 명확히 하여 계획 기간 내에 할 수 있도록 한다. 조기유학생의 경우, 정서적 어려움과 가족의 부재 등의 가족 환경으로 적응의 어려움을 극복하기 위해서는 떨어져 있는 부모님께 자주 연락을 해서 고민을 상담할 수 있어야 한다.

셋째, 조기유학생의 경우, 학생 각자 어려움을 호소할 수 있어야 하며 외국생활의 한계를 느끼거나 우울·고통 등의 문제를 안고 있지 말고 부모님이나 교사에게 이야기할 수 있어야 한다.

(2) 기러기 가족을 위한 부모의 역할

부모의 경우 첫째, 부모들의 투사적인 접근, 대리만족이 아닌 순수한 의미에서 자녀에게 새로운 세상을 보여주고 가능한 많은 기회를 제공하는 것은 좋지만, 자녀에 대한 바람직한 애정과 관심은 내 아이가 평생 무엇을 하고 싶어 하는지, 무엇을 남들보다 더 잘할 수 있는지를 자기 스스로 찾을 수 있게끔 도와주어야 한다. 또 아이를 위해 가족 전체의 인생을 투자하기 앞서서 부모의 삶이 자식교육을 위해서 어느 정도 희생되어야 하는지, 바람직한 자식 사랑은 어디까지인지 생각해보아야 한다.

둘째, 학부모들은 외국이 선진국이며 국제화 시대에는 영어가 필수라는 생각에 조기유학을 무작정 보내면 안 되고, 자녀의 미래와 자녀의 학교생활의 적응 문제 등을 고려하여야 한다. 그리고 남의 집 자식보다 잘 되어야 한다는 가치관을 가지고 자녀를 위한다고 생각하면 안 되며, 가족 전체가 자녀교육열 때문에 무너질 수 있다는 점을 생각하여야 한다. 즉 무작정 엄마와 아이는 유학을 떠나고 아빠와 떨어져 있는 시간은 점점 길어지게 된다면, 가족 간의 대화 부족으로 문제가 생길 수 있으므로, 미리 가족의 합류시점을 계획해 놓는 것이 좋다.

셋째, 가족의 분열을 감수하면서까지 자녀를 교육시키는 것이 과연 가치있는 일인지 생각해보아야 한다. 기러기 생활로 소원해진 부모와 아이의 관계를 극복해 나갈 수 있도록 해야 한다. 아이의 영어공부도 중요하지만, 한국어 구사 능력도 고려하여 영어보다 한국어 학습에 먼저 힘쓴다.

넷째, 유학하는 나라의 초·중·고 무상교육과 의료라는 일부분의 장점만을 보고 현혹되지 않아야 하며, 대학 학비는 무상이 아니고 상당수 조기 유학생들이 대학과 직장을 찾아서 돌아오는 경우가 많다는 것을 생각해야 하다. 먼 미래 자녀의 취업도 생각해서 신중하게 유학을 결정할 필요가 있다. 부모의 가치관과 결정으로 아이들이 유학을 떠나도록 해서는 안 된다.

(3) 기러기 가족을 위한 교사의 역할

교사는 첫째, 우리나라 공교육 제도인 학교교육을 살려야 하는데, 이를 위해서는 전문성 있는 실력을 갖춘 교사가 되어야 한다. 교사는 더 이상 기러기 가족이 많이 생기지 않도록 노력해야 한다. 그리고 교육과 처우 개선을 위한 과감한 투자로 자부심과 사명감을 가지고 학생들을 가르쳐야 한다.

둘째, 한국 학교의 영어교육이 잘 이루어 질 수 있도록 전문적인 교사들을 배치할 필요가 있으며, 공교육이 잘 이루어질 수 있도록 교사 스스로가 학생의 수준을 이해하며 수업을 잘 할 수 있도록 노력해야 한다.

셋째, 국제화와 세계화의 흐름 속에서 영어공부와 영어과목이 제도화되어 있고, 많은 사람들이 영어의 노예가 되어 있다는 상황을 비판할 수만은 없는 노릇인 것 같다. 우리나라도 세계화의 흐름 속에서 영어공부의 목적 도달을 위한 현명한 방법을 개선하는 것이 필요하다.

(4) 기러기 가족을 위한 정부의 역할

정부는 첫째, 교육제도를 개선시켜야 한다. 몇 년 단위로 교육제도를 바꾸거나 사교육을 없애는 데에만 치중할 것이 아니라, 진정한 교육의 의미가 살아날 수 있도록 교육 개혁을 착수해야 한다.

둘째, 많은 학생들이 학교교육에 문제점이 많고, 우리 학교 교육에 만족하지 못하고 있기 때문에 학교교육의 개선이 필요하며, 정부는 학교와 학원 사이의 역할과 기본 원칙을 명확하게 세워야 한다. 또한 '기러기 가구'가 더 이상 늘어나지 않도록 학생과 부모의 기대에 부응할 수 있는 교육, 즉 교육적 개선을 하는 것도 중요하지만 이젠 갈수록 늘어나고 있는 '기러기 가구'에 대한 사회적 보장책도 마련할 필요가 있다.

셋째, 교육제도의 개선과 공적인 시스템을 보충 및 보완해야 한다. 가족이나 비동거 가족해체에 대한 우려와 해외 현지에서 문화와 언어의 차이로 인해 발생되는 한국 조기유학생 가족이 안고 있는 문제파악을 하는 등 제도개선과 의식개혁에 힘써야 한다.

5. 재혼 가족

1) 재혼 가족의 실태

우리 사회에서 이혼이 급증하면서 재혼 가정도 늘고 있는 추세이다. 재혼 가족이란 한쪽이나 양쪽 부모 모두가 이전의 결혼에서 낳은 자녀를 데리고 다시 결혼하게 됨으로써 형성된 가정을 말한다. 계모, 계부 가족이라는 말은 부정적인 의미를 내포하고 있는 것으로 생각되어 재혼 또는 혼합, 재결함, 재구성 가정이라고 부르고 있다(오영희 · 엄정애, 1997).

재혼 가정은 가족관계에서 복잡다단한 심리가 존재하기 때문에 이에 대한 이해가 선행되지 않으면 갈등이 깊어질 수 있다. 재혼 가정을 이루는 당사자들은 앞선 결혼생활에서 한 번씩은 실패하고 좌절한 사람들이다. 이들은 상처를 씻고 새로운 보금자리를 만들고 싶어 재혼 가정을 꾸미지만, 정작 재혼 가정 에 있어 반드시 알아야 하는 것에 대한 공부를 소홀히 하기 때문에 갈등이 생겨나고 깊어지는 것이다.

예컨대, 새 배우자는 전처나 전남편과의 결혼생활 경험에 대한 부정적인 심리적 흔적이 내재해 있다. 앞서 경험한 부부관계의 불신으로 인해 새 배우자를 경계하고 두려워하기도 한다. 그래서 새 배우자를 신뢰하고 돕기보다는 마음속 깊은 곳에서는 다시는 버려지지 않으려는 불안을 가지고 있다.

이러한 불안의 표현이 결국은 왜곡된 방법으로 나타나 이기적인 모습으로 서로를 괴롭히며, 깊이 사랑하려 하지 않으려는 무의식적 과정을 보여주기도 한다. 그 결과, 머리가 두 개 달린 존재처럼 생각이 각각 나뉘어져서 서로 '파워 게임'을 벌이는 것이다. 화합하지 못하고 한 가정에 두 가정의 가족심리가 존재하는, 이른바 '불균형 가정'의 표상이 드러나게 된다. 이런 가정에서는 가족 간의 명칭조차도 듣는 사람 입장에서는 불편하기 이를 데 없다. 아내는 남편의 전처 소생을 보고 '당신 아이'라 하고, 남편 역시 전처 아이들을 보고 '내 아이들'이라고 명명한다. 그러면서도 재혼 가정에 대한 기대는 높기만 하다.

2) 재혼 가족의 문제점

(1) 자신의 자녀만을 챙기는 재혼 배우자 문제

재혼 가족의 가족구조는 단일가족이 아니라, 이전의 가족 관계가 해체된 서로 다른 두 가족이 모여 사는 복합구조이다. 특히 재혼가정 이 화합하지 못하면 급기야 부모가 서로 다른 아이들의 입장에서는 '우리 엄마', '우리 아빠'라는 용어보다는 '너희 엄마', '너희 아빠'라는 입장이 우선할 것이다. 부부 역시 '우리 아이들'보다는 '당신 아이'라는 용어를 쓰면서 이분화된 가족의 모습을 보여주게 된다. 여기에서 가족관계의 복잡함과 갈등들이 생겨 서로가 경쟁적이고 힘든 관계가 발생하게 된다. 이러한 문제 상황은 상대 배우자가 변화해주길 바라기보다는 먼저 자신이 변화를 보여주어야 한다.

"재혼 가정 도 이혼에서 자유롭지 못한 이유는 처음에는 서로의 처지를 잘 이해할 수 있겠다는 마음으로 급속히 가까워지지만, 이내 멀어져 또다시 상처를 입는 경우가 많다. 그만큼 재혼 가정의 이혼 위험성도 높으며 재혼 전에 서로 합의 하에 내 자식처럼 잘 키우겠노라고 다짐을 했지만, 의외의 일들이 현실에 부딪치면 자녀들로 인한 부부싸움도 이혼의 위기가 될 수 있다"고 법무법인 윈 이인철 이혼전문변호사는 말한다. 싸우다가 격해지면 '네 자식이니까 네가 챙겨라.' 하는 식으로 감정에 치우친 말을 내뱉는 것도 이혼을 생각하게 만드는 원인이 된다는 설명이다.

재혼은 단순히 남녀의 결합뿐만 아니라, 가족과 가족의 융합이 되어야 할 경우가 많으며, 재이혼을 거듭하지 않도록 서로를 위한 지속적인 배려는 물론 상대방 가족에 대한 사랑과 배려도 필요하다. 재혼 부부들이 서로의 책임과 사랑과 양보를 통해 역할을 다할 때 성공적인 재혼생활이 가능하다.

재혼 가정의 아이들이 적응하는 데 2년에서 12년까지 걸린다는 결과도 있다. 재혼 후 초기에는 대개의 아이들이 외형적 행동 즉 반항, 공격성을 나타내지만 아이에 따라서 갑작스런 변화로 인해 위축되거나 의기소침하여 우울한 기분이 지속되는 경우도 있다. 또한 부부의 뜻이 합일되어도 힘든 것이 자녀 문제라는 점을 생각할 때, 각자의 자녀를 둔 재혼 가정 부모들에게 가장 민감한 문제 역시 자녀 문제라는 점을 부인할 수 없다.

(2) 전혼(前婚)에서의 자녀와 계자녀와의 관계 성립 어려움

재혼 가족은 가족형성기 초기부터 전혼(前婚)에서의 자녀들을 데리고 혼인을 하는 경우가 많아 계자녀와의 관계 성립에 많은 어려움을 겪고 있다. 재혼 가족은 부모와 자녀의 유대가 배우자 간의 유대보다 더 오래전부터 이어져 왔으므로 가족생활 주기상의 불일치가 크다. 재혼 가족은 친부모가 자녀의 현실과 기억 속에 존재해

있으며, 자녀가 재혼 부모와 친부모 사이를 오고 감으로써 가족의 경계가 분명하지 않다.

또한 부모가 재혼한 이후에도 자녀들은 한부모가족으로 생활할 때의 패턴에 익숙해짐으로써 새로운 가족관계를 거부하는 경우도 있다. 한편으로는 부모가 현재는 이혼을 했지만 향후 친부모의 재결합을 기대하기 때문에 재혼 가족이라는 새로운 가족생활에 편입되는 것을 바라지 않기도 한다.

(3) 전혼 배우자와의 관계

이전 배우자와의 관계가 협동적일 때 재혼 만족도와 적응도가 높게 나타난다. 상황에 따라서는 전혼이 재혼으로 이룬 결혼관계와

비교 기준이 되는 경향이 있어서 재혼생활에 영향을 미치게 된다. 재혼 가족에서 배우자들은 전혼에서의 배우자나 가족관계와 현재의 결혼생활을 비교함으로써 심리적으로 갈등을 느끼기도 한다. 재혼 가족에서는 이혼과정을 통하여 겪은 상실감·외로움·심리적 고통의 경험과 기억, 그리고 미해결된 감정 등이 남아 있으며, 전혼에서 형성된 가족문화나 익숙해진 생활양식이 있어서 서로 다른 가족의 역사 및 문화와 직면하게 되어 갈등을 야기하기도 한다. 특히 재혼 가족의 자녀와 배우자는 이전의 가족관계에 대한 충성심 갈등을 빚기도 하고, 전혼 가족에 대한 죄의식을 느끼며 혼란을 겪기도 한다. 재혼한 남성은 경제적 자원이나 시간·애정 등을 나눠야 할 때 함께 살고 있지 않은 친자녀에게 배분하고 싶은 욕구와 현재 가족의 욕구를 충족시키는 것 사이에서 갈등을 느낀다.

(4) 사회의 부정적 인식과 편견

재혼 가족에 대한 편견과 고정관념이 이혼이나 재혼에 대한 사회적 대응력이 발달하지 못한 상태에서 재혼자들 자신도 재혼에 대한 체계적인 탐색이나 수용이 이루어지지 않고 있어, 재혼에 대한 적응은 더욱 어렵다.

새로운 가족체계가 형성될 때까지 가족 구성원 간에 역할 혼동을 경험하기도 한다. 재혼 가족 자체적으로 갖는 특성뿐만 아니라 재혼 가족을 둘러싼 사회적인 면에서도 일반 가족과 구별된다. 즉 재혼 가족에 대해 초혼가족보다 문제가 많은 '비정상적인 가족'으로 간주하려는 경향이 있다. 재혼 가족은 사회로부터 부정적 인식이 있고, 긍정적인 지지가 부족하며, 복잡한 친인척 관계에 놓이게 되고, 계부모-계자녀 사이의 법적인 관계도 불분명하다(노명숙, 2013).

(5) 이혼 후 자녀의 입적문제-법적 제도적 문제

계부모와 자녀관계는 법적 관계가 없거나 모호하고, 사회적인 지지가 부족하다. 이러한 재혼 가정이 겪는 문제는 다각도적인 측면에서 접근해야 하며, 각 층위에서의 해결방안과 역할을 모색해야 할 것이다. 재혼 가정의 입적-법적 제도적 문제를 정리해보면 다음과 같다.

① 자녀의 성(姓) 문제

Box 3-4 재혼가정, 천륜과 친권 사이 냉가슴

"남편 딸에게 휴대전화보험도 못해줘 … 난 법적 엄마가 아니라"

한 해 결혼하는 부부 5쌍 중 1쌍 정도가 재혼 가정인 가운데 새 부모와 자녀 사이의 법적 관계를 둘러싼 논란이 일고 있다. 특히 미성년 자녀를 둔 재혼가정은 새 부모가 자녀의 법적 대리인 역할을 할 수 없도록 돼 있어 일상생활에서 크고 작은 불편을 호소하는 사례가 많다.

초등학교 1학년인 딸을 둔 남성과 재혼한 조미희(36 · 가명)씨는 4년 전 이혼한 뒤 현재의 남편, 딸과 함께 가정을 꾸린 조씨는 얼마 전 딸의 휴대전화를 개통하기 위해 대리점에 갔다가 "아이의 부모가 함께 와야 한다"는 말을 들었다. 친자관계가 아니기 때문에 딸의 법정 대리인이 될 수 없다는 얘기였다.

친양자 제도를 통해 상대 배우자의 자녀를 입양하면 부모로서의 모든 법적 지위를 갖게 되지만 이마저도 쉬운 일이 아니다. 입양하기 위해서는 자녀를 낳은 친부모의 동의가 필요한데, 이들을 만날 수 없거나 친부모가 동의하지 않는 경우가 많기 때문이다. 가사 전문인 장지원 변호사는 "이혼 과정에서 친권자와 연락이 끊기는 일도 많아 재혼가정에서 자녀를 입양하고 싶어도 친부모의 동의를 얻기 어려운 경우가 상당수"라고 말했다.

출처: 서울신문, 2013. 8. 9.

② 의붓 자녀와의 갈등 문제

Box 3-5 8살 아들 골프채 · 안마기로 상습 폭행해 '사망'

서울서부지검은 자신의 아이를 학대해 숨지게 한 혐의(학대치사 등)로 아버지 A씨(35)와 재혼한 아내 재중동포 B씨(33 · 여)를 구속기소했다고 29일 밝혔다.

검찰에 따르면 A씨 등은 지난해 12월 전처로부터 C군(8)을 데려와 키우던 중 훈육을 핑계로 골프채와 안마기 등으로 상습적으로 때린 것으로 알려졌다. A씨는 지난 2010년 전 아내와 이혼한 후 지난해 B씨를 만나 동거를 하면서 C군을 데려와 키웠다. 하지만 C군은 새어머니와 바뀐 환경에 적응하지 못하며 갈등해온 것으로 알려졌다. 앞서 A씨 부부는 C군이 말을 듣지 않는다는 이유로 매를 들기 시작했고 집 밖에 세워두거나 잠을 못자게 하는 등 가혹행위를 한 것으로 조사됐다.

출처: 국민일보, 2013. 10. 29.

계부모-자녀 관계에서 재혼 가족 자녀들은 연령을 막론하고 상실감, 충성심 갈등, 그리고 통제력의 문제를 경험한다. 어린 영유아는 상실감에 민감한 편이고, 9~13세 아동은 나이가 더 많거나 어린 영유아보다 충성심의 갈등을 더 느끼며, 청소년기 자녀는 분노와 우울을 경험하고 비행행동으로 이루어지기도 한다. 재혼 가족의 아동학대에 관해서는 국내연구가 부족하기 때문에 밝혀진 바가 별로 없으나, 외국의 연구에서는 재혼 가족 에서 아동학대가 일어나는 것으로 보고하는 연구가 있다고 한다.

③ 재이혼의 문제

최근 초혼의 이혼보다 재혼 가정의 이혼이 더 많다는 통계가 나왔다. 서로의 처지를 잘 이해할 수 있어, 급속히 가까워져 결혼했다가 재이혼하는 것이다. 재혼으로 새로운 가정을 꾸려가는 용기 있는 선택이 늘어나고 있는 추세로 재혼율은 지속적으로 증가하고 있지만, 초혼보다 더 복잡한 갈등상황과 폭력 및 가출 등으로 인해 혼인을 지속하기 어려운 지경에 놓이게 된 경우도 적지 않다.

④ 재혼 가족을 위한 학생 · 교사 · 학부모 · 정부의 지원 방법

재혼 가정에 대한 사회 전반적인 시선부터 다듬어 가야 한다. 이것은 재혼 가정뿐만 아니라, 이혼 가정, 다문화 가정을 바라보는 시선에서도 마찬가지이다. 가정의 형태에는 완전한 형태의 가정이라는 정답이 없다. 여러 가지 형태의 가정들이 잘못된 형태의 가정, 사회적 문제로서의 가정이 아니라, 사회변동에 따라 나타나는 형태라는 의식이 있어야한다.

재혼 가족은 양적으로 증가할 뿐만 아니라, 재혼의 유형(황혼 재혼, 재혼의 여성 우위 현상, 다문화 가정 재혼 등)면에서도 변화가 있다. 이런 사회·문화적 변화양상은 재혼 가족에 대한 사회적 관심이 시급함을 말한다. 재혼 가족은 가족의 구조, 기능, 가족관계, 정서적 측면 모두에서 초혼 가족과는 판이하게 다른 특성을 가지므로, 재혼 가족은 초혼 가족에 비해 가족해체를 포함한 다양한 문제에 노출될 가능성이 더 크다. 경계가 불분명한 가족관계, 부부관계보다 먼저 형성된 부모 자녀관계, 가족 생활주기와 개인 생활주기상의 불일치, 두 부모의 존재, 복잡한 친족관계 등 복잡한 특성은 동시에 재혼 가족의 취약성을 야기하는 요인이 되기도 한다.

그러나 초혼 가족에서도 가족 관계에 문제가 있듯이, 재혼 가족 관계에 문제가 있는 것 또한 자연스러운 일이다. 가족관계에서 갈등이 생긴다면 그 문제 자체가 문제이지 사람이 문제가 되지 않는다. 그러나 우리는 초혼 가족을 기준으로 가족 구조나 그 삶에서 문제 근원을 찾으려 한다. 그러므로 우리는 초혼 가족 중심주의에서 벗어나 초혼 가족과 다른 재혼 가족의 특성이 문제가 아니라 정상임을 알아야 한다.

먼저 부부관계에서, 초혼에 비해 재혼은 로맨틱한 동기보다는 좀 더 현실적인 이유에 의해 결정된다. 경제적 안정, 자녀양육 부담의 공유, 사회적 압력으로부터의 도피, 외로움으로부터의 해방 등과 같은 실질적인 조건이 작용한다. 동시에 이러한 현실적 조건에 대한 기대가 비현실적으로 과도하다는 것이 또 다른 특징이다. 예를 들어, 전혼 실패를 재혼에서 과도하게 보상받으려는 심리, 배우자가 현재의 경제적 어려움과 심리적 외로움으로부터 '구원'해 줄 것이라는 희망, 혼자 감당해온 아동양육의 부담을 배우자가 분담하여 줄 것이라는 기대감 등 현실적으로 거의 불가능한 기대를 가진다는 것이다. 이러한 기대는 재혼생활의 초기에 혼란과 좌절감을 안겨준다. 하지만 현실적으로 재혼은 초혼과는 전혀 다른 가족 역동성, 가족생활, 상호 간 기대를 하게 되며, 흔히 결혼생활에서 경험하는 스트레스와 긴장을 훨씬 뛰어 넘는 복잡한 상황에 놓이게 됨을 인식해야 하며, 초혼과 다른 점이 결손이 아니라는 점을 알아야 한다.

두 번째로 부모와 자녀관계에서, 계부모-계자녀관계는 재혼 가족의 행복을 예측하는 가장 중요한 요인이다. 재혼자들은 자신의 친자녀와 새로운 파트너의 관계가 좋을 것으로 낙관하고, 계부모 역시 계자녀와의 관계에 대해 긍정적인 것으로 조사되었다. 친부모는 자신이 맞이하는 배우자가 자신들의 자녀를 사랑하며 아이들도 새 배우자를 환영한다고 생각하고, 계부모 또한 계자녀와의 관계가 빠른 시간 내에 쉽게 형성될 것으로 생각한다. 그러나 이런 기대 역시 환상이다. 반면, 자녀들의 경우 다른 환상을 가지고 있는데, 계자녀들은 친부모의 재결합에 대한 기대를 버리지 않으며, 친부모에 대한 충성심과 계부모에 대한 마음 사이에서 갈등하는 심리상태를 갖게 된다. 즉 서로의 환상에 대한 이해가 있어야 하고, 환상이 일어나지 않는 현실을 인정하고 풀어나가야 한다. 재혼 가정의 목적은 초혼 가정을 복원하는 것이 아니다.

즉, 계자녀들에게 새엄마, 새아빠를 강요할 필요가 없다. 서로의 유대가 자연스럽게 되는 것도 아니며, 빠르게 되지도 않는다. 그러므로 서로 친구관계처럼 생각하며 천천히 다가는 것이 좋을 듯하다. 의붓 형제의 경우도 재혼부모와 계부모-계자녀가 유대적인 사이일 때, 자연스럽게 경쟁, 질투의 감정이 사라질 것이다.

3) 재혼 가족의 자녀 · 부모의 역할

(1) 자녀의 역할

변화된 환경에의 적응과 부모에 대한 이해를 필요로 한다. 또 가족 구성원 내의 자신의 정체성을 회복하기 위해 스스로의 가치를 인정해야 한다. 자신이 가족 내에서 자신의 위치를 선택하고 자신에게 긍정적이고 적극적인 의미를 부여해야 한다. '우리 엄마', '우리 아빠', '너희 엄마', '너희 아빠'라는 용어를 사용하지 말아야 하며, 부부 역시 '우리 아이들', '당신 아이'라는 말은 되도록 삼가한다.

(2) 재혼 부부의 역할

새 배우자와도 종속이나 예속의 관계가 아닌, 동등한 동반자적인 관계를 형성해야 한다. 새로운 가족과 가정이라는 낯선 환경에 대해 자녀와 꾸준히 대화를 나누는 일을 필수적이다. 부모의 이혼과 재혼을 지켜본 아이들이 마음에 상처를 극복하고 평정심을 찾을 수 있게 도울 수 있는 기술을 갖추도록 해야 한다. 그러기 위해서는 자녀의 말을 경청하는 기술, 개방형 질문을 하는 기술, 문제를 파악하고 명료화하는 기술, 그리고 대안을 이끌어 내는 기술을 교육해야 한다. 자녀가 예민한 청소년기를 겪고 있는 경우, 재혼은 결심하기가 쉽지 않을 것이다. 자녀의 의사가 재혼에 있어 중요한 결정 요인으로 작용하기 때문이다. 자녀가 있는 상태에서 재혼은 가족 구성원 간의 대화와 이해가 선행되어야 한다.

또한 앞으로 겪게 될 갈등과 어려움에 대비하기 위해 가족 간의 끈끈한 사랑과 굳은 마음가짐이 필요하다. 준비가 되어 있는 가정만이 비로소 지난 상처를 조금씩 치유하며, 재혼을 통해 행복한 가정을 꾸릴 수 있다. 이러한 과정없이 단순히 경제적, 정서적 안정을 바라며 섣불리 재혼하는 것은 자신과 가족에게 또 한 번의 상처를 주는 결과를 초래할 수 있다. 새로운 가족과 가정이라는 낯선 환경에 대해 자녀와 꾸준히 이야기하고 생각을 나누어야 할 것이다.

마지막으로 만족스러운 계부모-자녀관계를 형성하기 위해서는 배우자와의 관계만큼 그의 자녀에게도 지속적인 관심을 두어야 한다. 구체적으로 재혼 가정의 부모들은 우선 복잡한 가족관계에서 비롯된 자녀들의 심리적 불안을 해소하는 것부터 신경을 써야 한다. 배우자의 자녀와 자기 자녀를 차별하지 않도록 노력하고, 자녀양육과 지도에 대해서 전 배우자와 상의하고 협력해야 한다.

(3) 교사의 역할

재혼 가족 구성원 누구도 공격이나 비난의 표적이 되어서는 안된다. 이를 위하여 가족이 서로 간에 기대를 표현하고 타협점을 찾는 것이 필요하다. 타협 과정에서 기대감의 상실이나 양보를 요구하고, 그 결과 개인에게 부정적인 정서를 경험하게 하기 때문에 재혼가족 들은 타협하는 것을 회피한다. 더 이상 개인적 경험으로 치부할 것이 아니라 사회가 관심을 가지고 적극적으로 개입해야 될 사회적 현상임을 알아야 한다.

교사는 가족구조 변화로 상당한 고통과 스트레스를 경험하는 학생에게 정상화 감정을 회복하는 데 중요한 역할을 수행해야 한다. 학생의 불안감을 감소시키고 안정감을 갖도록 해야 한다. 재혼 가정 학생에 대한 부정적인 인식의 전환과 선입견 없는 태도가 중요하다. 재혼 가정 학생의 개개인의 긍정적 자아개념 형성과 자긍심을 높일 수 있는 교육을 실시해야 한다.

(4) 정부 및 사회적 역할

재혼 가족의 취약성과 사회적 양식의 부재에도 불구하고, 실제로 재혼을 하는 사람들은 재혼에 대한 현실적 이해와 준비를 거의 하지 않고, 재혼 시 발생하게 되는 문제들에 대한 사전지식이 부족하다. 따라서, 재혼 가족을 형성할 계획을 가진 부모들이 재혼 가족생활에 대하여 정확하게 이해하며, 현실적인 기대를 갖고 재혼 가족생활에서 야기될 수 있는 문제들에 대한 사전 논의를 통해 상호 이해와 협력을 도모하는 프로그램과 안정적인 재혼 가정을 위한 프로그램 차원의 정책이 필요하다. 사회적 지원 프로그램으로는 첫째, 재혼 가족의 가족경계 모호성 해결을 위한 방안 마련 둘째, 재혼 가정의 가족원 역할 변화에 적응하기 위한 방안 마련이다. 사회적 관심과 인식의 전환을 위한 홍보 차원에서는 첫째, 다양한 가족 형태에 대한 사회적 인식고양 캠페인, 둘째, 교육과 공적 정책 개입이 필요한 영역으로서의 가족에 대한 사회적 인식변화 캠페인이다.

또한 재혼 가정의 가족 형태별 통계를 확보하는 것이 시급하다. 구체적으로는 계자녀 상황, 계자녀의 건강보험 상황, 계자녀의 양육비 지원상황 등 재혼 가족에 관한 정확한 통계자료는 재혼 가족을 위한 복지대책 마련에 중요한 기초자료로서 제공되어야 한다. 그런 후에, 전문 상담시스템을 통해서 재혼 부부관계 향상 프로그램, 재혼 가정 자녀들을 위한 프로그램을 적용시켜야 한다. 또한 사회적 약자인 재혼 가족 구성원을 지지해 줄 수 있는 친족의 의식을 변화시켜주는 프로그램과 가족들과 관계 맺을 수 있는 프로그램도 필요하다.

6. 격대교육(隔代教育)

전통사회에서는 자녀들의 교육을 조부모에게 일임했는데, 이를 격대교육(隔代敎育)이라 불러왔다. 격대교육이란 할아버지가 손자, 할머니가 손녀를 맡아 잠자리를 함께하면서 교육한다는 뜻이다. 요즘 맞벌이 부부가 늘어나면서 격대교육도 늘어나는 추세이고, 격대교육에 관심과 지원으로 적극적으로 활용하고 있다. 그 이유 중의 하나는 격대(隔代)[隔世代]가 지니고 있는 특성에 있다. 즉, 부모의 경우 자녀에 대한 높은 기대치로 인해 과도한 성취 욕심이 생겨나게 마련인데, 이런 연유로 자녀를 양육할 때 감정적인 대응이 앞선다.

반면 조부모는 질책보다는 너그러움과 타이름으로 손자녀들을 대하는 편이다. 물론 조부모 역시 장차 집안을 이어갈 손자에게 일정 기대치를 갖고 있지만, 한 세대를 건너뛰는 관계이니만큼 비교적 느긋하게 관망하는 편이고, 이에 따라 조급한 감정 표출이 아니라, 다소 절제된 자세로 대응할 수 있는 것이다.

다자녀(多子女) 기점이 일반적이었던 전통사회에서는 어머니의 거듭된 임신과 출산으로 사실상 양육이 힘들었던 까닭에 젖을 떼는 시기부터는 자연히 조모의 보살핌을 받게 되었다. 그리하며 조모로부터 배변 훈련을 비롯하여 일상의 기본습관 등을 익히면서 성장해 나가는 것이다. 그런 다음 6~7세를 전후하여 철이 들기 시작하면 여아는 안채에 그대로 남아있는 반면, 남아는 사랑채로 건너가서 조부와 함께 기거하였다.

1) 격대교육의 실태

현대의 젊은 여성들은 예전에 비해 학력이 아주 높아졌다. 부모님 세대만 해도 여성들은 초등학교만 졸업하고 대부분이 도시의 공장으로 돈 벌러 나가는 것이 보통이었는데, 현대의 많은 젊은 여성들은 대학을 졸업하고 있다. 뿐만 아니라, 그들은 학교생활 전반에 걸쳐 남자들에 결코 뒤쳐지지 않는 성적을 올리고 있고, 취업이나 고시 등에서도 남자에 밀리지 않는 능력을 보여주고 있다. 이러한 능력을 가진 여성들이 사회에 진출하는 데 가장 큰 걸림돌은 바로 임신과 육아문제이다.

아직까지 우리나라의 보육제도는 젊은 엄마들이 마음 놓고 아이를 맡길 수 있는 체제가 확립되지 않았을 뿐만 아니라 육아는 가계에 상당한 경제적인 부담을 주고 있다.

또 아이가 성장하면서 학교에 다닐 때는 비싼 사교육비 때문에 엄마들은 한숨이 늘어나고 있는 것이 현실이다. 이럴 때 은퇴를 한 조부모들이 손자, 손녀의 가정교육에 참여한다면 좋은 결과를 가져올 수 있다.

물론 이러한 생각에 반대 의견을 나타내는 사람들도 있겠지만 지금의 상황은 누군가는 아이를 진정으로 사랑하고 잘 돌봐줄 사람이 필요하다는 것이다. 특히 젊은 엄마들이 마음 놓고 맡길 수 있는 대상이 필요한 시점이다. 사회진출이 보다 활발해지고 맞벌이 부부가 늘어나는 추세는 앞으로도 계속 이어지게 될 것이고, 이에 따라 '격대교육(隔代教育)'의 필요성은 더욱 절실해질 것이다.

격대교육에 대해서 부모의 역할로서는 안심하고 일단 맡겨보는 것이다. 하지만 교육자가 자신의 부모라고 아이를 방치하거나 무신경해서는 안 된다. 대신 조부모가 아이들을 가르치는 법 등 교육에 대한 공부를 부모 대신해야 하는 노력이 절실하다.

정부기관인 구청, 복지관에서 조부모를 대상으로 교육에 관한 강의를 진행하였다. 한국의 핵가족화가 가속화되는 가운데, 맞벌이 부부 또한 증가함에 따라서 격대교육에 대한 관심이 자연스럽게 높아졌음을 알 수 있다.

정부는 격대교육을 지원하는 방안 중의 하나로 각 지역의 정부기관을 통해 부모를 대상으로 하는 양육에 관한 강의를 시행해야 하며, 교사들은 이러한 강의가 있다는 사실을 숙지하고 가정통신문 등으로 학부모들에게 알리면 더욱 좋을 것이다. 학부모들도 이러한 강의에 자발적으로 참여하는 모습을 보이고 강의 내용을 숙지하여 아이의 교육에 도움이 될 수 있도록 하여야 할 것이다.

정부에서는 격대교육에 대한 강의를 많이 개최하도록 최대한 노력하고, 혹은 격대교육으로 자손이 없는 할머니, 할아버지를 조부모가 없는 맞벌이 부부들의 가정에 재취업해 드릴 수 있는 방안으로도 만들어도 좋을 것이다.

2) 조부모가 손 · 자녀를 돌보는 방법

대부분이 맞벌이 부모는 자녀를 조부모에게 부탁하는 경우가 다수이며, 대가족인 경우 자연스럽게 격대교육이 이루어지기도 하며 부모의 이혼 등의 가정 사정으로 인해 어쩔 수 없이 조부모가 아이들을 맡아 교육하게 되기도 한다.

요즘은 사교육을 유치원 때부터 시작한다. 물론 교육의 수준이 높아진 것도 있지만 맞벌이 부부라 가르칠 여건이 되지 않는 편이라 사교육을 일찍 시작하는 편인데 이 대신, 조부모가 아이의 교육에 참여하는 것이 좋은 방법이다. 가족과 있는 것이 아이에게는 훨씬 안정감도 생길 것이고, 아이를 교육시키는 교육자도 가족이니 훨씬 애정 깊게 가르칠 수 있을 것이다. 그리고 초등교육까지는 학문에 대한 공부보단 생활의 지혜나 경험을 위주로 교육하여 아이가 사회생활을 하며 지혜롭게 행동할 수 있도록 조부모가 가르쳐주면 좋을 것이다. 이제 격대교육(隔代教育)은 시대적인 요청이다.

3) 격대교육의 관련 사례

오래전 한국에서 흔히 이루어진 격대교육은 외국에서도 각광받았고, 오바마 미국 대통령과 빌 게이츠도 격대교육의 수혜자임이 알려졌다. 특히 격대교육의 우수성에 대한 연구로 미국 브리검영 대학교에 따르면 격대교육을 받은 아이들이 친화력이 우수하고 봉사활동도 많이 하여 친 사회점수가 확연히 높다고 한다. 또한 노스캐롤라이나 대학에서 시행한 연구에서는 조부모와 가깝게 지낸 아이들의 고교 졸업 성적이 높은 수치를 기록했다. 그 이유는 노인들은 긴 세월을 살아오면서 얻은 다양한 경험을 바탕으로 종합적인 생각을 할 수 있기 때문에 나이가 많은 노인들 일수록 지혜롭고 감정 통제가 뛰어나며, 종합적 사고의 바탕 아래에서 손주교육을 하기 때문에 대체적으로 격대교육은 성공을 가져오게 된다.

"내가 편견 없이 자랄 수 있었던 것은 모두 외할머니 덕분이었다. 할머니는 나에게 모든 것을 쏟아부으시며 기회를 놓치지 말라고 가르쳐 주셨다." (버락 오바마 미국 대통령)
"할머니와의 대화와 독서가 나를 만들었다."(빌게이츠 마이크로소프트 창업자)
"잘되는 일이 아무것도 없으면 할머니를 찾아라."(이탈리아 속담)

조부모가 손자·손녀와 함께 생활하면서 가르치는 '격대교육'은 조부모의 경륜과 지혜, 여유가 자녀에게 좋은 영향을 미친다는 사실이다.

우리나라에서 가장 오래된 육아일기는 할아버지였던 조선 중기 선비 이문건이 쓴 '양아록'이다. 이문건은 이 육아일기에서 "응당 상세하고 천천히 타일러줘야 할 것이니, 조급하게 윽박지른다고 무슨 이득이 있으랴."라며 조부로서 지혜를 보였다. 기대치가 높은 부모보다 눈높이교육과 관찰에 있어서 조부모가 더 유리함을 간파한 것이다.

(1) MS 창업자 – 빌게이츠

격대교육의 가장 큰 예의 인물로는 빌게이츠가 있다. 자선 사업가였던 빌게이츠의 어머니는 매우 바빴고, 빌게이츠는 할머니와 유년 시절을 함께 보냈다. 할머니께서는 매일 책을 읽어주었고, 그 결과 빌게이츠를 독서광으로 만들었다. 빌게이츠는 자신의 자서전에 자신의 인생에서 가장 큰 영향을 미친 사람으로 외할머니를 꼽기도 한다. 빌게이츠의 할머니는 손자 빌게이츠가 어렸을 때에 '카드놀이'를 가르쳐 주셨다는 일화가 있다.

우리나라 환경에서 카드게임을 하는 할머니와 손주의 모습은 부모의 눈에는 좋지 않는 영향을 준다고 생각할 수도 있다. 하지만 할머니와 손자의 사랑의 울타리 속에서 자라나기에 격대교육만한 울타리는 쉽게 찾기 힘들 것이다. 핵가족 단위 구성원의 수를 줄여가려고 하는 시대에 대가족 단위로 살아가려고 선택하는 문화는 정착되기 힘들 것이다. 실질적으로 세 자녀 이상 양육비가 지원이 되나, 아직까지 복지·경제적이든 간에 대가족 구성원이 되었을 때에는 금전적·복지 차원의 어려움이 있다.

어떠한 일이든 조금의 강화는 필요하고, 특히 금전적· 복지 차원의 강화뿐만 아니라 대가족, 이를테면 격대교육의 장점을 효과적으로 광고하고 인정하게 만들어주는 것이야말로 좋은 방법일 것이다.

(2) 노벨화학상 수상자 - 퀴리 가(家)

노벨상을 수상한 퀴리 부인의 딸 이렌느를 교육한 외할아버지는 손녀에게 빅토르 위고의 책을 읽어주고 식물학, 박물학 등 다양한 학문에 접할 수 있도록 했다. 이에 힘입어 이렌 부부 역시 1935년 노벨화학상을 수상해 어머니와 딸이 대를 이어 노벨상을 타는 진기록을 남겼다. 노벨상을 수상한 퀴리 가도 할아버지가 손녀를 키워냈다는 기록이 있다. 퀴리 가문은 퀴리부부가 1930년에, 퀴리부인이 1911년에, 그의 딸 이렌느 부부가 노벨화학상을 수상했다.

컴퓨터 황제 빌게이츠도 자서전에서 어린 시절 할머니 도움으로 독서 습관을 들였다며 할머니에 대한 고마움을 토로했다. 조선 중기의 대학자 이황이 손자 안도에게 서신을 보내 교육시킨 것도 유명한 일화다. 부모를 건너뛴 할아버지·할머니와 손주 간의 '격대(隔代)교육'은 여러모로 긍정적이다. 부모들이 자식들에게 지나치게 욕심을 부리는 것과 달리 조부모들은 한결 여유 있고, 너그러운 자세로 손주들을 사랑으로 양육하기 때문이다.

(3) 대통령 - 오바마

미국의 44대 대통령인 버락 오바마는 아프리카계 혼혈미국인으로 미국인도 아니었으며, 그렇다고 아프리카인도 아닌 혼란 그 자체의 성장과정을 보냈다. 오바마가 자신의 정체성을 확립하기까지 끝이 없을 것만 같았던 삶의 여정과 그 과정을 통해 자신이 앞으로 걸어야할 길과 희망에 대한 깊은 성찰이 필요했다. 정치인 오바마의 이야기가 아닌, 인간 오바마는 어린 시절부터 하버드에서 법학을 공부하기 직전 케냐의 가족들의 이야기는 대부분 아버지와 할아버지에 대한 사람들의 추억담이라고 해야 할 것 같다.

Box 3-6 [씨줄날줄] 손자 보는 할머니

흑인인 케냐인 아버지와 백인인 미국인 어머니 사이에서 태어난 버락 오바마가 미국 시민으로 성장, 최초의 흑인 미국 대통령이 될 수 있었던 데는 외할머니 매들린 던햄의 힘이 컸다. 던햄은 인도네시아인과 재혼한 딸을 대신해 오바마를 1971년부터 1979년까지 키웠다. 사고와 감성, 가치관이 형성되는 10~18세 때의 민감한 사춘기 시절이었다. 던햄은 오바마가 편견 없이 자랄 수 있도록 흑인들에게도 따뜻하게 대해준 것은 물론 애국과 근면, 이웃 사랑 등의 소중한 가치를 가르쳐 주었다. 오바마가 2008년 11월 한창 선거전이 치열한데도 하와이로 가 임종을 앞둔 외할머니를 위문한 것도 바로 이런 이유 때문이다.

할아버지·할머니와 손주와의 관계는 유별나다. 눈에 넣어도 아프지 않을 손주들에게 아끼던 쌈짓돈을 용돈으로 선뜻 내주는 게 조부모들이다. 할아버지·할머니들이 손주를 잘 가르쳐 번듯한 인물로 키운 경우도 많다.

출처: 서울신문, 2013. 1. 19.

대가족시대엔 흔했던 격대교육이 핵가족으로 사라졌다가 고령화 시대와 양육난으로 되살아나고 있다. 하지만 할아버지·할머니들의 손주 양육은 쉽지 않은 모양이다. 한국여성정책연구원(2013)의 보고서에 따르면 손자나 손녀를 돌보는 할머니들의 주간 노동시간은 47.2시간이었다. 주 5일 근무로 치면 하루 9.44시간이니 노인들에겐 격무라 하지 않을 수 없다. 이러니 손주를 돌보느라 스트레스를 받아 우울증에 걸린다는 할머니들도 적지 않다. 이렇게 되면 부모·자식 관계도 좋지 않게 되고 찰떡궁합인 조손(祖孫)관계에도 영향을 미치게 된다. 할머니·할아버지들이 황혼 육아의 후유증에 시달리지 않도록 자식들이 근로조건 개선에도 신경을 써야할 것 같다. 그래야 잘 키운 손주가 대통령이 되는 걸 보지 않겠는가.

(4) 천재미술가 – 레오나르도 다빈치

성숙한 인성은 자기와 타인과의 따뜻한 인간관계 속에서 형성된다. 성숙한 인성은 정서적 안정감을 지닌다. 건강한 성격의 사람은 정서적으로 안정이 되어 있으며, 건전한 성격으로 그들의 정서를 조절하면, 고통, 흥분, 실패 등을 받아들이며, 타인의 나약성을 받아들이는 관용을 베푼다. 위대한 운동선수나, 과학자, 예술가들은 타고난 재주에 꾸준한 노력이 더해진 결과이다. 이들의 감정과 끈기는 어릴 적 경험으로 나타날 수 있는데, 특히 조부모, 부모의 사랑으로 성장한 자녀들이 자신의 과업을 성공적으로 수행해 갈 수 있는 적절한 기술과 헌신력을 지니고 있다고 볼 수 있다.

Box 3-7 위인을 만든 할머니

천재 미술가이자 과학자인 레오나르도 다빈치를 키운 건 다름 아닌 할머니였다. 사생아로 태어나 어린 시절 따돌림을 당하던 그는 대인기피증과 우울증에 시달렸다. 다빈치는 점점 모든 일을 지레 포기하고 극도로 소극적인 행동을 하는 아이로 변해갔고, 동네 사람들에게는 '엉뚱한 실수나 저지르는 모자란 아이'로 인식되었다. 그랬던 그가 어떻게 여러 분야에서 천재성을 발휘해 역사에 커다란 발자국을 남길 수 있었을까.

다빈치가 아픈 기억과 주변의 냉대를 딛고 일어설 수 있었던 원동력은 바로 할머니의 '무한한 신뢰와 사랑'이었다. 다빈치를 돌본 할머니는 항상 "넌 무슨 일이든 해낼 수 있어"라고 속삭여 주었다고 한다. 할머니는 숨을 거두던 날까지 '믿음의 말'을 단 하루도 거른 적이 없었다.

'위인을 만든 할머니'의 교육은 '격대(隔代)교육'의 좋은 점을 고스란히 담고 있다. 격대교육은 조부모가 손자를 교육하는 것을 말하는데 우리나라의 전통적인 교육 방식이다. 조부모는 나이에 따른 경륜과 지혜를 손자 교육에서 발휘한다. 부모보다 아이의 성과에 덜 조급하고 더 인내한다. 조부모는 조건 없는 격려로 아이를 올바른 방향으로 이끌어 준다. 실제로 미국 노스캐롤라이나 대학의 연구에 따르면, 조부모와 친밀한 관계를 유지하는 아이가 성적도 좋고, 성인이 된 후 성취도가 높았다. 격대교육의 힘이라 할 수 있겠다.

출처: 한국일보, 2013. 11. 20.

격대교육의 대표적인 인물로는 빌게이츠와 오바마 대통령, 레오나르도 다빈치 이야기이다. 이들의 공통점에서 나타나듯이 의도적으로 격대교육하게 된 것이 아니라, 부모님들이 부재로 시작되었다. 그렇지만 각각의 조부모님들이 현명하게 어린 세 명의 인물을 키워냈다. 아이의 수준에 맞는 다양한 활동을 통해 주입식 교육과 달리 스스로의 지적 호기심과 탐구심, 흥미를 길러주었다. 또 중요한 것으로 어릴 때부터 독서의 습관을 가지게 하였다.

격대교육은 일반 지식전달과 달리 가까운 친족, 가족에 의한 것이라는 점, 단순히 지식 개발보다는 학습, 배움에 대한 동기 부여, 유년 시절의 심리적 안정감, 성장했을 때의 가치관, 세계관 형성에 있어 많은 영향을 끼친다. 이러한 효과들을 무시한 채, 단지 고액 과외의 대안으로써 강조된 격대교육은 부적절하다.

4) 격대교육의 다양한 교육방법 사례

(1) 퇴계 이황, 정약용 - 서신교육

동서양을 막론하고 조부모의 사랑은 부모의 사랑과는 색깔이 다른데, 이를테면 한없이 주는 부모의 사랑과 닮았지만, 여유 있고 너그러운 자세의 사랑이라 하면 되겠다.

맞벌이 가정이나 부모가 자식을 직접 키울 수 없는 상황에 놓여 있는 자녀이고, 조부모가 있다면 격대교육은 필수적이지만 권유하고 싶은 교육이다. 양육에 여유가 있어 발달 단계에 따라서 필요한 훈육을 하기에 서투른 부모보다 훨씬 효율적일 수 있다.

퇴계 이황이 장가가는 손자에게 보낸 편지

'부부는 남녀가 처음 만나 세계를 창조하는 것이다. 그래서 가장 친밀한 관계를 이루지만, 또한 가장 바르게 처신해야 하고, 가장 조심해야 하는 처지이다. 그렇기 때문에 군자의 도가 부부관계에서 시작된다고 한다. 그런데 사람들은 모두 예의와 존경을 잊어버리고, 서로 버릇없이 친하여, 마침내 모욕하고 거만하고 인격을 멸시해 버린다. 이런 일은 서로 손님처럼 공경하지 않기 때문이다. 그래서 가정을 바르게 다스리려면 처음부터 조심해야 한다.' 부부는 서로 손님을 대하는 것처럼 조심하며 살 것을 강조하고 있다.

어릴 적 아이들에게 가장 기억에 남는 것은 환호성을 질러주셨던 흰머리 할아버지, 할머니이시다. 조부모님들은 부모에게 근면성을 심어주시고, 항상 추진력 있는 삶을 살도록 이끌어주신 분이다. 조부모의 사랑을 받은 자녀라면 가슴 한 켠에 온돌방 같은 사랑 한 웅큼씩을 가지고 있는 것이다. 다산 정약용은 약 18년 동안 유배지에서 100여 통의 편지를 두 아들과 주고받으며 직접 아버지가 교육 못함을 대신했으며, 편지는 얼굴을 보고 하는 것보다 감정을 순화시키는 효과를 잘 활용했다.

(2) 톨스토이 - 일기쓰기

조부모는 세월의 경험에서 축적한 지혜와 경륜으로, 손자, 손녀들을 안정감 있게 양육할 수 있다. 더욱이 부모들이 겪는 시행착오와 자녀에 대한 과도한 욕심에서 비롯된 잘못된 양육에서 한 발 물러나, 손자·손녀들에게 좋은 생각, 좋은 감정, 좋은 행동을 균형 있게 가르칠 수 있다는 점에서 육아의 탁월한 조력자가 된다. 톨스토이는 독학으로 공부하며, 60여 년 동안 '일기쓰기' 습관을 지속해나갔다. 일기를 통해 자신을 반성하고, 사후의 회고록으로, 소설로의 귀중한 자료가 되었다.

조부모의 성품양육이 손주들에게 좋은 본보기와, 좋은 성품을 계발하는 나침반 역할을 할 수 있다. 성품양육이란, 성품 좋은 아이로 키우기 위해 부모가 좋은 생각, 좋은 감정, 좋은 행동으로 자녀를 돌보아 기르는 것이다. 이제부터 조부모의 성품양육을 시작하고, 조부모는 아이들의 성품양육을 위해 힘써야 할 것이다. 양육은 한 가정만의 문제가 아니다. 다음 세대에 좋은 성품의 자녀들을 기르려면, 국가적 차원에서 시스템을 만들어 젊은 부부의 현실적인 육아

부담을 해결해주어야 한다. 그리고 그 해결의 실마리는 바로 조부모의 성품양육에서부터 시작할 수 있다. 조부모가 좋은 생각, 좋은 감정, 좋은 행동을 배우고 훈련하여 손자, 손녀들에게 가르칠 때, 우리 아이들이 성품 좋은 리더로 안정감 있게 자라나는 행복한 사회를 만들 수 있을 것이다.

(3) 케네디 가(家) – 식사시간의 가족 간의 대화

케네디가의 경우에는 가족 간의 식사시간을 대화의 장으로 만들었다. 자식과 조부모, 부모와 모일 수 있는 시간대를 선택함으로써 자녀를 성공적으로 키운 사례로 유명하다. 케네디가는 식사시간을 가족 간의 대화, 토론의 장으로 활용함으로써, 사업이야기, 정치적 이야기로 세계의 관점을 키워나갔다.

우리나라의 경우, 조부모 양육은 이미 오래전부터 행해졌다. 안타깝게도 요즘의 부모들은 사회적·경제적 이유로 자녀양육에 전념하지 못하는 경우가 많다. 지난해(2012) 보건복지부가 발표한 보육실태 조사만 봐도, 자녀를 기르는 엄마 2명 중 1명이 양육에 혼란을 느낀다고 답했고, 5명 중 1명은 아이가 귀찮고 짜증스러울 때가 많다고 응답해 육아에 대한 스트레스가 심한 것으로 나타났다. 다양하고 복잡해진 생활 속에서, 시행착오를 반복하며 엄마 혼자 자녀를 양육하는 것이 현실적으로 무리임을 알 수 있다. 하지만 부모들은 이러한 생각을 바꾸기 위해 노력해야만 한다. 육아는 조부모에게만 해당하는 것이 아니고, 부모 자신들에게도 책임이 따르기 때문이다.

5) 격대교육을 위한 지원 방법

한국의 핵가족화와 발맞추어 조부모 육아 가구 수는 더욱 증가했다. 그러나 모든 조부모들이 기쁜 마음으로 손주교육을 맡아서 하는 것은 아니기에 불화가 생기는 가정도 나타난다.

한 사례로 최근 중국의 경우, 문맹률은 많이 나아진 편이지만, 소수민족과 농촌의 노인들은 여전히 높은 문맹률을 보인다. 게다가 생활이 힘든 중국의 농민공 계층들은 돈을 벌기 위해 도시 지역으로 일을 갈 수밖에 없다. 그래서 결국 아이들은 농촌의 조부모에게 맡겨지지만, 조부모 또한 가난한 살림 때문에 손주를 학교에 보내길 포기하고 직접 교육을 맡아 아이를 가르치는 경우가 다수이다. 하지만 문맹인 조부모가 아이교육을 성공적으로 시킬 수는 없었다. 또한 돈을 버는 것에 더욱 치중하다 보니 교육이 왜 필요한지에 대해서도 모르는 조부모도 존재했으며, 아이의 문제점을 알고도 회피하는 조부모도 있었다.

충북 사회서비스 지원센터에서는 '행복한 손주 돌봄 가이드북'을 펴내 모두가 행복한 격대교육이 이루어질 수 있도록 하는 밑거름을 마련했다. 또한 조부모들이 격대교육을 할 때에는 여유를 가지고 너그러운 자세와 사랑으로 무장하여 아이의 성격을 잘 파악해 대처함이 좋음을 알 수 있다.

앞서 말했듯이 격대교육의 장점은 할머니, 할아버지께서 일종의 '재취업'이 가능하다는 것이다. 요즘 부모들은 맞벌이가 대부분이라 아이들을 학원에 맡길 수밖에 없고, 결국은 지금의 문제점인 사교육 열풍이 불 수밖에 없는 것이다. 하지만 격대교육을 함으로써 사교육비를 줄일 수 있으며, 시기가 당겨진 정년퇴직이나 명예퇴직으로 인해 일거리나 혹은 취미(일)이 없으신 할머니, 할아버지는 일이 생기게 된다.

그리고 남의 손에 아이를 맡기는 것보단 그래도 가족에게 아이를 맡기고 키우는 것이 더 안전하게 느껴진다. 교육을 최소 한번 해보신 경험이 있기 때문에 아이들에게 가르치는 것이 지금의 부모보단 조금 더 익숙하고, 생활의 지혜에 대해 더 잘 알려줄 수 있다.

하지만 장점만 있는 것은 아니다. 사교육이 맞벌이 부부인 이유 때문에 급증한 것은 아니다. 부모가 아이를 가르칠 자신이 없기에 그 과목에 전문적인 사람들에게 교육을 대신 부탁하는 것인데 그 교육 해결 부분에서는 할머니, 할아버지께서도 감당할 수가 없다고 볼 수 있다. 지금의 수능 체제도 안정적이지 못해 1년 만에 다시 바뀌곤 하는데 이런 교육을 할머니, 할아버지께서 할 수 있을까라는 생각이 든다. 격대교육에 대해 강의를 하며 할머니, 할아버지께 강의를 하는 등 노력을 하지만 아이들이 공부를 수용하는 정도와 할머니, 할아버지께서 강의를 수용하는 정도는 다른데 아이들을 가르칠 수 있을 만큼 따라갈 수 있을까 하는 의문이 생긴다.

그러므로 조부모가 새로운 육아의 주체로 자리매김하면서 정부 차원에서는 조부모의 양육에 대한 진지한 조명과 새로운 교육적 진단이 반드시 이루어져야만 한다. 그리고 '격대교육'을 실시하는 가정에 지원을 아끼지 말아야 하고, 다양한 교육적 프로그램을 개발해야만 한다.

이러한 격대교육을 사례를 바탕으로 학교의 교사들 또한 격대교육 방식을 본받아 생활지도 방면에 적극 활용한다면 더욱 좋은 효과를 낼 수 있을 것이라 기대된다. 학생이 격대교육을 받게 된 이유가 무엇인지에 대해서도 파악해 두면 각 학생에 적합한 생활지도를

행하는 데 참고할 수 있다.

무엇보다 사랑이 가득한 가정 속에서 자연스럽게 시작된 격대교육은 좋은 결과를 가져온다. 성공적인 격대교육이 이루어질 수 있도록 정부와 학교, 부모, 조부모가 함께 노력해야 한다.

Chapter 4

부모의 착각

대한민국 부모들은 부모의 보살핌이 잘 이뤄졌을 때, 아이도 성공적인 삶을 살 수 있다는 착각 속에 살고 있다. 부모는 자식에 대한 자신의 착각을 인정할 필요가 있다. 자식에 대한 과도한 열망과 기대는 자식에게 부담을 주기 마련이고 '내가 너한테 투자한 만큼 너는 나한테 갚아야 한다는 생각'이 들기 마련이다. 자식에 대한 투자, 그것은 누구를 위한 투자였는가? 객관적으로 평가해보았을 때 그건 곧 부모, 자신들의 바람이었다.

자녀를 독립적인 주체로 인정하고, 스스로 독립할 때까지 부모는 조력자의 역할을 다해야 할 뿐이다. 자녀를 통해 부를 축적하거나 명예를 얻기 위한 수단적인 마음을 자식에 대한 사랑, 자식이 잘 되길 바라는 마음으로 합리화하고 포장해서는 안 된다. 부모 스스로도 자식에게 기대거나 헌신하는 것보다는 스스로의 삶을 구축해 나가야 한다. 자식은 언젠가 또 다른 가정 혹은 자신의 꿈을 위해 부모 곁을 떠날 수밖에 없다. 과도한 집착으로 인한 사랑을 진정한 사랑이라고 믿지 말고, 부모 스스로를 사랑하고 자녀가 원하는 길로 성장할 수 있도록 지침해 줄 수 있는 사람이 되도록 해야 한다.

1. 부모가 자녀를 보는 시각

1) 재투자의 수단

오늘날 부모들은 교육을 인간이 곧바로 맞게 될 시대에서 일어날 변화의 속도, 크기, 방향 등의 모든 측면을 예측할 수 있는 수단으로 생각하고 자녀에게 강요하고 있다.

교육은 변화를 통해서 변화에 적응케 하고 나아가 변화를 창조케 하는 과업이다. 교육은 인간의 잠재력을 키우고 발휘하게 하며, 인간이 자연과 사회의 변화에 효율적으로 적응하도록 준비시킬 뿐만 아니라, 인간으로 하여금 자신과 자연과 사회의 변화를 주도할 수 있도록 유도한다. 자연과 사회가 변화할 때 교육의 필요성은 제기된다(오욱환, 2005).

1. 부모성적표 : 부모인생의 성적표
2. 블루칩 : 예측 가능한 범위 내에서의 성과 관리
3. 삶의 주업 : 내 인생의 주업, 삶의 목적
4. 꼬리표 : 리스크관리
5. 족쇄 : 빚보증 서듯이 책임과 의무가 떠넘겨진 노릇
6. 부모파업 : 방치, 방임, 방만

(황상민, 2012)

자녀는 부모의 재투자의 수단이고, 자식의 성공을 곧 부모의 성공으로 착각하는 경우이다. 물론 영유아기에는 미숙한 존재이므로 모든 것을 부모에게 의지하도록 하지만, 자녀가 성장할수록 지지하고 그들의 가치를 인정하고 그들을 격려하는 것이 오히려 긍정적 신뢰를 갖게 하는 수단이 된다.

부모의 심리학 행동적 특성

① 자녀한테 정서적 지원보다는 교육적 지원
② 자녀의 특성에 대한 깊은 이해보다는 무엇이든 일방적으로 해주는 역할
: 마치 애완견을 키우듯, 애완견을 자랑하듯 자녀를 내보임
③ 남들에게 수용적이고 모범적인 자녀의 모습을 보여주고자 함
④ 배우자가 자녀양육에 동참하지 않으면 부당하게 생각함
⑤ 이래야 한다는 입장에서 당위성에 바탕한 양육 태도를 보이나 정작 그것이 의미하는 바에 대해서는 모르거나 무시함
⑥ 부모의 특성이 뚜렷하게 드러나지 않으며 자식을 통해 인정받을 수 있을 거라 생각하는 경향을 드러냄

(황상민, 2012)

물론 부모가 간섭해야 할 경우에는 자녀가 잘못된 행동으로 자녀의 미래에 사회적으로 무리를 일으키기 전에 제제를 해야 한다. 무엇보다 자녀는 부모의 과잉보호나, 잔소리가 아닌 상호존중과 평등, 지속적인 격려가 있을 때 발전하게 된다.

자녀를 부모의 가치증식의 대상이자 부모 자신의 성취 표식도로 생각하는 데 문제가 있다. 아이도 나름대로의 특성이 있다. 아이의 특성을 파악하기보다 자녀를 가치증식의 대상으로 보는 시각에서 벗어날 때이다.

2) 삶의 부채이자 불행의 근원

오늘날 우리 가정과 사회는 전반적으로 물질적인 풍요와 교육환경의 개선에도 불구하고, 입시위주의 지나친 교육열, 산업화로 인한 핵가족화 및 개인주의, 황금만능주의가 팽배해짐에 따라 과거에 비해 부모들의 부담이 증가하고 있다. 이에 부모는 나름대로 자녀에

게 최선을 다하고, 올바른 부모 역할을 하고자 애쓰지만, 사회 구조적 문제와 개인적 어려움으로 적응하지 못하는 일이 발생한다.

부모의 심리적 행동적 특성

① 아이만 없으면 자기 인생이 달라졌을 것이라는 믿음
② 자기 자녀가 자기 인생의 빚이 될지도 모른다는 심정으로 리스크 관리 측면으로 자녀를 대함
③ 부채로부터 벗어나듯이 아이로부터 벗어나고자 하는 마음
④ 문제 상황을 일으킨 부모의 자기 성찰이 결여되어 있으므로, 정상적인 아이조차 비정상적으로 취급될 법한 상황

(황상민, 2013)

자녀가 부모의 삶의 부채이자 불행의 근원이라는 생각하는 부모의 심리적 행동은 아이가 없으면 자기 인생이 달라졌을 것이라는 믿음이 생길 수 있다. 하지만 이것은 사회에 제대로 적응하지 못하고 열등감에 둘러싸여 이방인으로 살아가는 부모의 경우 상대적으로 나타나는 현상이라 할 수 있다. 오히려 이럴 경우에는 부모 자신이 용기와 책임감을 갖고 자존감을 높이기 위해 자신의 부모됨을 대견스럽게 평가해야 한다. 인간은 누구나 자신의 삶에서 주인공이 될 수 있으며, 자신의 삶을 통제할 수 있을 때 행복감을 느낀다. 자녀를 얻게 된 것을 자신 스스로가 선택하고 결정한 행동임을 의식하고, 양육과 가족의 안식처에 대해 만족감을 가지도록 해야 한다.

자식에 대한 부모의 착각은 크게 2가지로 볼 수 있다. 첫 번째는 자녀를 재테크로 바라보는 시각이고, 두 번째는 부채로 보는 시각이다. 첫 번째 시각으로 자식을 바라보는 부모의 문제는 바로 자식을 통해 자신이 무엇인가를 얻으려는 것이다. 부모는 자식이 잘되길 바라는 마음에서 그런다고 말하지만, 실은 자신의 자아실현이

나 희망사항을 자식을 통해 실현하고자 한다. 자녀를 재테크로 바라보는 부모는 자녀에 대한 과도한 기대감으로 아이가 스트레스를 받을 수 있다. 기대한 만큼 아이의 성과가 좋지 않으면 부모는 자식에게 더 많은 비용과 시간을 들여 아이에게 투자한다. 아이가 원치 않는 일을 부모가 계속해서 강요한다면, 부모와 자식 간의 갈등은 고조될 것이고, 투자한 만큼의 성과도 얻지 못할 것이다. 자녀는 부모의 기대감을 저버릴 수 없어 침묵의 아이로 성장할 수 있고, 부모에게 반항하다 좌절감을 맛볼 수도 있다.

〈표 4-1〉 부모의 착각

첫 번째 착각 - 자녀 재테크	두 번째 착각 - 인생의 부채
• 집안행사에 아이를 데려가면, 모두의 관심과 사랑을 받는 편이다. • 나의 노력으로 아이는 지금보다 더 행복해질 것이다. • 아이가 원하는 것을 모를 때 아이의 입장에서 생각해 보려고 노력한다. • 배우자는 아이의 교육을 적극적으로 도운다. • 아이의 숙제와 준비물을 꼼꼼히 보아 준다. • 시간이 걸리더라도 아이가 자신이 할 일을 스스로 하도록 격려한다. • 아이 교육을 위해서라면 기러기 생활(이민)도 할 생각이다.	• 아이를 낳은 것을 후회한다. • 아이 때문에 내 삶이 불행하다. • 내가 처한 상황이 최악이라고 생각한다. • 아이가 나의 행복에 불행을 가져다 주었다. • 아이로부터 도망치고 싶다. • 가끔 아이 때문에 극단적인 생각을 한다. • 아이만 없으면 내 인생이 달라졌을 것이다. • 우리 아이는 배우자나 나의 나쁜 점만 닮았다.

(황상민, 2012)

두 번째 시각으로 자식을 바라보는 부모의 문제는 아이의 탄생과 양육으로 인해 자신의 삶이 불행해졌다고 생각하는 것이다. 아이 때문에 하지 못한 일, 할 수 없는 일이 많아져 자신의 모든 문제가 아이에게서 비롯되었다고 생각한다.

자녀를 부채로 바라보는 부모는 자녀에게 따뜻한 관심을 쏟기 힘들다. 자주 자녀의 탄생을 후회하고 존재를 미워하게 된다. 그런 환경 속에서 자란 자녀는 위축되기 마련이다. 올바른 자아를 형성하기 힘들며 자신의 가치를 낮게 평가하여 '세상에서 가장 쓸모없는 존재'로 스스로 생각해버린다. 가정에서뿐만 아니라, 사회생활 속에서도 자신감이 낮은 사람으로 대인관계를 형성하는 데 어려움이 따를 수 있다.

황상민 교수님의 특강 요약

자녀는 부모의 과도한 애정 혹은 부정적인 언행으로 인해 영향을 받기 마련이다. 과도한 집착과 간섭 속에 성장한 아이는 스스로의 결정력이 부족하고 꼭두각시 같은 삶에 지치기 쉽다. 자신의 존재를 축복해주지 않고 부모님의 푸념 소리를 듣고 자란 자녀는 모든 불행이 자신을 비롯해서 생긴 것이라 생각한다. 그러나 부정적인 생각에서 벗어날 필요가 있다. 자신에 대해 푸념하는 부모가 미울 수도 있고 스스로 자신의 존재를 부정할 수도 있다. 그런 부모님을 이해하면서 더욱 그런 생각에서 벗어날 필요가 있다. 책, 대외활동, 멘토 등을 통해서 긍정적인 마인드를 갖도록 노력하고, 더 나아가 부모님과의 대화를 통해 관계를 개선할 필요가 있다.

(황상민, 2012. 대한민국 부모의 두 가지 착각. 부모심리특강 중에서)

자녀와 부모의 갈등 속에서 해결할 수 있는 가장 좋은 방법은 바로 대화이다. 대화로 서로의 입장과 감정을 밝히고 희망사항을 이야기하여 서로 합의점을 찾아야 한다. 부모와 자녀 간의 협력을 통해 서로 간의 긍정적인 영향을 미칠 수 있는 관계로 발전할 수 있도록 이해하고 사랑하고 인정할 필요가 있다.

부모의 착각을 하나는 재테크로, 다른 하나는 부채의 관점으로 보고 설명하였는데 가장 적절한 비유로 부모의 착각을 표현한 것 같다. 특히 요즈음 세대의 어머니들은 자신이 원하는 직장에서 자신의 역량을 발휘하는가 하면 전업주부로 있다가 아이들 학원비를 보태기 위해서 직장에 나가는 어머니도 있다. 후자의 경우 자식을 위해 희생하는 어머니다. 자식을 좀 더 좋은 환경에서 키우기 위해 더 많은 교육을 시키기 위해 노력하였는데 성과가 좋지 않다면 그간의 보상이 이루어지지 않을 것이다. 여기서부터 자식을 재테크로 보든 부채로 보든, 문제는 시작된다.

투자한 만큼의 성과가 나오지 않거나 자식의 존재로 인해 기회비용이 클 때 부모는 답답함과 함께 자신의 인생의 만족감이 덜하다고 느껴 책임을 자식에게 돌린다. 자식이 더 열심히 공부하지 않아서, 자식이 원하는 성적표를 갖고 오지 않아서, 자식이 부모의 원하는 방향대로 자라지 않아서 부모는 불만을 느끼고 이것을 옳지 않다고 생각한다. 사람의 삶은 다양하고 여러 굴곡이 있기 마련인데 자신의 바람대로 자식이 뜻을 이루지 않으면 부모는 이를 틀렸다고 생각한다.

자신의 삶 또한 뜻대로 되지 않을 때가 많은데, 어떻게 다른 사람의 인생을 자신의 계획대로 성장시킬 수 있을까? 기대를 통해 피그말리온 효과를 보면 좋지만 과도한 기대는 역효과를 부른다. 부모는 자식의 있는 그대로를 인정하고 다른 자녀와 다르다는 것을 인정할 필요가 있다. 또 한편으로는 다른 자녀와 같이 보통의 아이라는 것을 인정할 필요가 있다. 사람은 각자 느끼는 사랑표현이 다르고 언어표현이 다르다. 어떤 사람은 좋아하는 사람에겐 무뚝뚝한 행동으로 나타날 수 있고 어떤 사람은 과도한 애정을 쏟기도 한다. 부모와 자식 또한 서로 다른 사람이다. 서로를 이해하기 위해 시간을 가질 필요가 있고 알아갈 필요가 있다. 각자의 언어로만 말하려고 고집하지 말고 서로 대화를 통해 차이를 좁히고 화합하는 가정을 만들기 위해 모두가 노력해야 한다.

자녀는 부모의 기대에 부응하기 위해, 명문고에 가기 위해, 부모의 욕구를 충족을 위해 공부하기보다는 자기 자신에 대해 뒤돌아보고 내가 원하는 것은 무엇인가, 내가 생각하는 행복한 삶이란 무엇인가, 나는 어떤 삶을 살아야 만족스럽고 행복하게 살 수 있을까? 등 자신이 행복하게 할 수 있는 것이 무엇인지 자신만의 확실한 주관을 만드는 것이 바람직하다.

부모님과의 친밀한 관계를 갖고, 많은 대화시간을 가지면서 성적 호기심 등을 망설이지 않고 언제든지 터놓고 이야기할 수 있도록 시도해야 한다. 부끄럽다고 민망하다고, 부모님과의 대화를 무조건 피하고, 또래와의 소통만을 통해 판단한다면 자칫 잘못된 성(性)적 가치관을 가지게 될 수도 있다. 이러한 행동은 어린 나이에 책임지지 못할 일이 벌어질 수도 있으므로 경계해야 한다.

2. 자녀에 대한 부모의 착각

부모인 나는 착각하지 말아야지, 나는 자식을 인정해 주어야지, 나는 대화로 잘 풀어야지라고 생각한다. 과연 실제 상황이 닥쳤을 때 나는 고운 말로 자식을 이해하고 인정할 수 있을까? 부모는 과연 얼마나 자식에 대한 현실을 객관적으로 바라볼 수 있을까? 다음은 자녀에 대한 부모의 착각과 문제점 및 대안점을 전개하였다.

1) 내 자식만큼은 누구보다 착하다. – 착한 아이 그에 따른 비극이다?

부모의 많은 착각 중 하나는 우리 자식은 남자친구, 여자친구를 모른다는 것이다. 자식 또한 사람이고 나중에 사랑을 하고 결혼을 할 것인데, 학생 신분에서는 절대 이성친구를 사귈 수 없다고 생각하거나 사귀지 않는다고 착각한다. 그런 착각으로 인한 영향으로 자식은 부모에게 이성친구를 이야기하지 못한다. 이성친구가 생겼다고 하면 그 때부터 부모님의 잔소리가 늘어나고 과도한 걱정과 간섭이 시작되기 때문이다. 그런 부모님의 착각은 올바른 이성친구를 사귀는 데 어렵도록 한다. 이성친구를 피해야 하는 대상으로 보거나 교제를 할 때는 부모 몰래 만나게 된다. 세계적인 개인심리학의 권위자인 알프레드 아들러는 "가정에서 인정 받지 못하고, 사랑 받지 못한 아니는 성관계를 통해 인정받고자 한다."라고 하였다.

자녀는 부모의 인식에 따라 가면을 쓸 수밖에 없다. 이는 '착한 아이 증후군'을 유발시키고, 부모와의 대화를 단절시키는 요인이 된다. 여기서 착한 아이 증후군의 위험성은 아동의 무기력증과 우울증을 동반시킬 수 있다는 점이다. 엄마의 지나친 관심은 자녀에게 '과잉보호'를 하는 것으로, 이는 '부담감'으로까지 이어진다. 그 결과, 과잉보호는 성장을 해도 부모 품을 떠나지 못하는 '캥거루 족', '마마보이'를 낳게 한다. 물론 가정은 그 기능상으로 항상 자녀의 심신의 보호와 배려가 배경이 되는 것이 특징이다. 과잉보호나 방임이 아닌 적절한 보호는 가장 원초적 형태이다. 적절한 보호는 자녀의 건전한 인성과 심신의 발달을 도와주며, 동시에 계속되는 새로운 변화 속에서도 안정감을 가질 수 있도록 한다는 점에서 매우 중요한 의미를 지닌다.

이런 부모의 선입견과 과잉보호의 부작용으로, 알프레드 아들러의 '심리학이란 무엇인가'에 따르면, 어린 시절부터 지나치게 귀여움을 받고 자랐거나 주목 받은 아이는 점점 성장하면서 이미 주목받을 만한 대상이 아니라는 것을 깨닫게 된다. 이 경우 기대에 대한 부담감에 두려움을 느끼게 되고 용기마저 잃어버릴 수 있게 된다. 가정에서 인정받지 못하고 사랑 받지 못하는 소녀나, 우등생에서 고등학교에 진학에 적응하지 못하게 된 소녀는 남자와 성관계를 가짐으로써 인정받고자 하게 된다는 것이다. 즉 딸에 대한 엄마의 지나친 욕망은 자칫 딸의 욕망을 억누르게 되고, 왜곡된 성경험으로 이루어질 수 있다.

(1) '내 자녀는 무조건 착하다.'고 믿는 부모의 문제점

청소년기에 비밀스런 만남은 아이에게 어떤 영향을 미칠까? 이성교제를 통해 좋은 교우관계 형성 및 좋아한다는 감정을 배우기도 한다. 미래에 사랑을 위한 과정으로 좋은 마음을 좋은 행동으로 표현하는 방법을 배울 수 있는 자연스러운 사람 간의 감정인데, 이를 인정하지 못하고 부정적으로 보는 부모의 밑에 자란 자녀는 이성 간의 사랑을 두려워하거나 집착할 수도 있다. 부모가 자식의 이성 간의 교제를 자연스러운 일로 인정하지 않고 반대만 한다면 자식은 부모에게 솔직해질 수 없다.

부모의 자식에 대한 무조건적으로 긍정적인 착각과 그 착각에서 이어지는 자식에 대한 기대가 자식을 오히려 망칠 수 있다. 그러한 부모의 착각 속의 기대에 따른 결과로 오히려 자식이 원하는 꿈을 이루거나 행복해지거나 잘되기보다 방황하고 어린 나이 때부터 잘못된 성문화에 빠져들어 결국엔 부모에게 자식에 대한 착각이 자식에 대한 실망, 충격, 배신감으로 부메랑처럼 날아올 수 있음을 경고하고 있다.

무조건적으로 긍정적인 착각의 예시를 들어보자면, 자신의 자식만큼은 담배를 피울 줄도 모르고 술을 마실 줄도 모르며 이성친구도 없고 사귈지도 모른다고 생각하는 것, 더욱이 이성의 손을 잡아 본 적도 없으며 섹스는 당연히 해보지 않은 것으로 착각한다. 즉 그러한 자식들은 부모의 기대만큼 자신이 부응하지 못함을, 부모에게 인정받지 못함에 따라 개인적인 욕구를 충족시키지 못하여 그러한 욕구를 잘못된 이성과의 성관계를 통해 성욕으로 해소하려고 하는 경향이 짙다는 것이다.

(2) 자녀 · 부모의 역할 및 대안점

자녀는 부모의 걱정을 귀찮아하기보다는 부모의 마음을 이해해야 한다. 부모와 자식 간의 솔직한 대화로 서로의 염려와 걱정을 줄이거나 약속을 통해 허락된 범위 안에서 이성 간의 건전한 교제를 하도록 노력한다. 청소년기에 자녀는 자신이 다 성장했다고 생각한다. 그래서 부모님의 간섭이 싫고 왜 간섭을 하는지 이해할 수 없다. 나는 나인데 왜 부모의 지시에 따라 학교생활을 해야 하고, 누구를 만나는 것에도 참견을 받아야 하는지 이해할 수 없다. 대학생이 되면서도 부모의 그늘 아래에서 벗어날 수 없다. 그러나 점차 성장하면서 부모님의 간섭이 싫기보다는 애정으로 느끼게 된다.

부모와 자식 간의 갈등이 있는 것은 당연하다. 다만 그 갈등을 어떻게 풀고 해결할 것인가가 중요하다. 갈등을 좁히거나 풀기 위해 건설적인 대화를 하는 가정은 그런 대화를 할 수 있다는 것만으로도 큰 성과가 있다. 자신의 감정을 알고 다른 사람에게 자신의 의견을 분명히 전달할 수 있는 사람이기 때문이다. 대화를 통해 해결하려는 의지는 문제에 직면하였을 때 회피하거나 무력으로 해결하려는 것이 아닌 평화적이고 서로를 배려하는 차원에서의 해결 방법이다. 그런 점에서 어떠한 부모와 자식 간의 문제이든 간에 대화가 가장 중요하다고 생각하며 대화를 잘 하는 방법, 이끄는 방법을 배우고 익힐 필요가 있다.

부모는 자신의 어렸을 때를 생각하며 당시 또래의 생각과 행동을 회상하고 자식의 마음을 이해할 필요가 있으며, 자식 또한 부모를 생각하는 마음이 있어야 한다. 나는 너 때 그렇지 않았어! 너는 누구를 닮아서 그 모양이니? 다른 집 자식은 ~하더라, 등과 같은 비교와 폭언은 서로의 갈등을 심화시키고 상처를 주기 마련이다. 자신이 상처받았다고 해서, 기분 나쁘다고 해서 그 마음 그대로 감정을 내뱉기보다 차분히 생각하고 정리할 수 있는 힘도 필요하다. 시중에 화를 잘 다스리는 방법이나 화를 잘 내는 방법 등과 같은 도서가 괜히 나온 것이 아니다. 좋은 부모, 좋은 자식이 되기 위해서는 자신의 심신을 먼저 다스리고 문제를 해결하기 위해 노력해야 한다.

부모는 자식의 연애를 너그럽게 봐 줄 필요가 있다. 연애를 한다고 해서 공부에 방해되거나 자식의 미래가 망가지지 않는다. 이성 간의 교제가 걱정은 될 수 있지만, 어른으로 성장하는 한 과정이라고 이해할 필요가 있다. 올바른 성(性)교육과 건전한 이성교제 교육을 통해 자녀가 자신의 일도 잘 하면서 사랑도 잘 할 수 있도록 도와줄 필요가 있다.

무엇보다 해결 방안으로 대화가 강조된다. 대화에 앞서 각 자의 심신을 다스리는 것이다. 요즈음 긍정을 많이 강조하는데 그 이유가 긍정적인 사고가 긍정적인 행동으로 이어지고, 긍정적인 영향을 미친다는 것이다. 심신을 다스리는 것이 문제에 직면했을 때, 감정에 휘둘리는 것을 극복할 수 있다. 감정은 감정을 낳는다. 그래서 화는 화를 불러오기 마련이다. 부모와 자식 간은 가장 가깝기도 하고 서로를 쉽게 대하기도 쉽다. 그래서 서로를 주체적인 객체로 인정하면서 서로의 감정을 이해하고 한 사람으로 대하기 위해서는 자신의 마음을 먼저 다스릴 필요가 있다. 부모에게 있어 자식은 투자의 대상이 아니다. 어려서 혼자 살기 힘드니, 혼자 살 수 있을 때까지 보살피는 것이다.

2) 내 자식은 성(性)에 대해 모른다. – 부모의 지나친 기대는 오히려 성(性)관계로 욕구충족될 수 있다.

오늘날은 원하는 정보를 바로 충족할 수 있는 시대이다. 정보는 연령을 가리지 않는다. 아이들은 성에 대한 정보를 인터넷, 매스컴에서 쉽게 접할 수 있게 되었고, 성에 눈뜨는 시기도 빨라졌다. 그 정보가 성에 대한 올바른 정보이든 아니든, 아이들의 의식에 영향을 끼치게 된다. 아이들은 성에 점점 다가가고 있지만, 부모와 교사, 학교는 점점 멀어지기를 원한다.

부모의 가장 흔한 자녀에 대한 착각은, 부모 없이는 자녀가 아무것도 할 수 없고, 언제든지 보호하고 주시해야 할 대상이라고 생각하는 것이다. 인간은 지구상의 동물 중 가장 나약하게 태어난다고 한다. 생후 몇 년 동안은 스스로 먹을 것을 구할 수도, 스스로의 체온도 유지할 수 없다. 그런 점으로 미루어 본다면 당연히 아기는 부모가 지켜야 할 대상이 맞다. 하지만 아기가 아이가 되고, 학생이 되고, 성인이 되어가는 와중에도 자녀 스스로의 의사결정을 유도하지 않고 해답을 제공하고 무조건 따르도록 하는 식의 양육방식은 여전하다.

실제 한국 청소년의 성인식과 성문화에 있어서도 부모의 생각과는 많이 다름을 살펴볼 수 있다. 한국 청소년 성문화에 대한 연구에 의하면, '음란물에 접촉한 적 있다(79.4%)', '성경험 있다(7.3%)', '성매매 경험 있다(3.6%)'로 나타났다.

부모는 대중매체를 통해서 보는 청소년이 낙태를 하고, 영아를 살해하고, 남자친구와 성관계를 맺는 이야기를 들으면 혀를 차면서, 내 자식은 올바른 성(性)인식을 가졌으면 좋겠다는 마음과 함께 아직 아무것도 모를 것이라고 생각한다. 아니, 아무것도 모르길 원한다. 자신의 세대가 그러했듯이 이렇게 하면 성문제가 아무 일 없이 지나갈 것이라고 믿는다. 그러다 딸아이가 이성과 교제를 한다는 것을 알게 되면, 큰일이 난 줄 안다. 딸뿐만 아니라 아들 또한 그렇다. 성적이 낮아지는 이유도, 요즘 들어 부모에게 짜증을 많이 내는 이유도, 집에 늦게 들어오기 시작한 이유도 모두 이성교제를 문제 삼아, 안전한 자신의 울타리 안에 영원히 구속시켜 버리려 한다. 자신이 불안한 이유를 사춘기 자녀에게 설명하지 않고, '무조건 하지 마', '대학 가면 얼마든지 할 수 있어'라는 강압적인 태도로 막아버린다.

부모님과 소통이 되지 않는다고 생각한 자녀들은 부모에게 점점 거짓말을 하게 되고, 숨기며 부모들이 원하는 대로 아무것도 모르는 척 연기한다. 그러니 정작 중요한 순간, 어떻게 대처해야 할지 모르는 순간이 찾아오면 의지하고, 믿고, 이끌어줄 사람을 찾지 못해 사회적 문제를 일으키게 된다.

부모가 자녀의 생활이나 성적 등에 지나친 기대와 관심을 가질수록 오히려 자녀는 극심한 부담감을 가지고 그러한 기대를 충족하지 못할 시에 부모님께 인정받지 못해 생기는 욕구를 이른 나이, 책임을 질 수 없는 나이, 사리분별을 할 수 있는 나이가 아님에도 불구하고 이성과의 잘못된 성접촉, 성관계를 통해 욕구를 충족하려고 하는 사례가 많다.

부모는 자식이 어릴 때부터 자식의 명문고 진학, 명문대 진학 및 대기업 취업 등 자녀가 교육과정을 시작하기 전부터 그런 구체적인 관심과 기대를 갖기보다는 유년기 때부터 사랑과 애정을 갖고 소박한 마음으로 스스로 학습하는 능력 혹은 스스로 자제할 수 있는 능력을 가르치는 것이 옳다.

'내 자식은 흡연을 할 줄도 모를 것이며, 이성친구와 성적 접촉을 하지 않을 것이다.'라는 무조건적인 낙관으로 바라보는 것 또한 옳지 않다. 통계에 따르면 남녀가 처음으로 성관계를 갖는 나이는 해가 가면 갈수록 어려지고 있다. 흡연도 마찬가지로 사리분별을 하지 못할 나이인 청소년기에 또래 친구들의 영향을 받아 첫 흡연 연령 또한 점점 어려지고 있는 추세이다.

이젠 무조건적으로 흡연이나 성관계를 무조건 나쁜 행동이라고 가르치는 것은 전통적 가정의 교육방식이다. 부모가 수시로 성교육을 통해 자녀가 혹여나 책임질 수 없는 나이에 잘못된 성관계로 임신 및 미혼모가 되지 않도록 직접적으로 자세하게 일러두고 '피임방법' 등을 자세히 일러두는 것이 중요하다. 흡연은 무조건적으로 나쁜 행동이라고 다그치기보다 어린 나이에 시작된 흡연이 야기할 수 있는 결과들을 일러둠으로써 자식을 통제하려고 하기보다 설득하고 소통하는 것이 중요하다.

이렇듯 부모는 깨어 있는 의식을 가지고 있어야 한다. 자녀들이 성(性)에 관한 것을 물으면 당황스러워 하며 부정적으로 대하지 말고, 당연한 질문을 한 듯, 흔쾌히 받아들이며, 긍정적으로 답해줄 수 있어야 한다. 유아기 때의 성에 대한 의식은 복잡한 성에 대한 지식이 아니라, 성(性)에 대한 느낌이라고 한다. 성(性)을 대하는 자세와 태도에 따라 건강한 성의식의 소유자가 될 수도, 그렇지 않을 수도 있다. 성(性)에 대해 은밀하게 대하는지, 장난스럽게 대하는지, 더럽다고 느끼는지, 밝고 건강하게 느끼는지가 유아기 때 형성된다.

그렇기 때문에 아이들의 돌발적인 질문에 대답할 때, 성적인 놀이에 대응할 때, 아이가 자위행위를 할 때, 갑작스럽게 성폭행을 당했을 때 부모의 자세와 태도가 대단히 중요하다. 성(性)인식의 토대를 결정하는 유아기의 올바른 성(性)교육을 위해서는 먼저 부모로부터 건강한 성에 대한 개념과 진지하고 자연스러운 태도를 갖추어야 한다.

(1) 자녀의 성(性)인식에 대한 문제점

성에 눈뜬 청소년들은 몸에 대해 궁금해한다. 자기 몸의 변화와 함께 이성의 몸이 궁금해지고 성적 욕구를 해소하기를 원한다. 그러나 방법도 잘 모르고 용기도 없으며, 경험도 없다. 학교에서 배우는 성교육은 일부분이며, 의논 상대 없는 청소년들은 인터넷과 친구에 의존한다. 이것이 올바른 것이든, 올바르지 않은 것이든 자기 나름대로의 성의식을 몰래 성립해 간다. 청소년이 낙태를 하고, 집단폭행을 당하는 경우에도 함께 상담하고 의논할 상대가 없어 충동적으로 사건을 한 후에도 비난과 공포 때문에 또 다른 범죄를 저지르는 경우가 많다.

(2) 성(性)인식에 대한 자녀 · 부모의 대안점

자녀들이 자신들의 성(性)이야기를 숨기는 것은, 부모들의 믿음이 없기 때문이다. 청소년을 한 명의 인격체로 존중한다면, 당연히 성적인 존재로서도 인정해야 한다. 성(性)이라는 것, 그 자체로 끝나지 않고 청소년의 자아 존중감과 자아 정체성 형성에 기여한다. 성적 욕구, 성적 충동, 성적 호기심을 자아를 형성해 나가는 한 과정으로서 인정해야 한다. 자기의 몸의 주인이 '나'라는 것을 깨달으면 청소년은 앞으로 받아들여질 성에 대한 문제에 주도적이고 적극적으로 대응할 수 있다. 이때 부모와 교사는 이런 자녀를 자랑스럽게 바라보며 상호적으로 성에 관한 진실된 이야기를 적극적으로 나누어야 한다. 청소년 또한 부모를 믿고 의지하며, 자신의 문제를 솔직히 털어 놓고, 성(性)문제의 주체로서 책임감 있게 행동해나가야 한다.

모든 매스컴이 성문제에 대한 답으로 부모의 '열린 마음'과 '긍정적 수용'을 든다. 사회적으로 심각한 수준의 문제를 일으키는 청소년은 점점 많아지고 있긴 하지만 일부이다. 그렇다면 나머지 청소년들은 아직 청소년들의 성과 구세대의 성인식의 괴리감 속에서 고민하고 있다는 말인데, 이 때, 성의 주체로서 나를 깨닫고, 부모님과의 문제를 적극적으로 해결해 나가는 것이 중요하다.

부모님들이 대학생이 되면 모든 것을 자유롭게 놓아줄 것처럼 말하지만, 주위를 보면 여전히 전화를 걸어 주변에서 남자 목소리가 들리는지 감시하고, 연애를 많이 해보고 결혼하라 하시지만, 남자얘기를 꺼내는 순간 얼굴이 어두워지는 장면을 볼 수 있다. 항상 불안에 떨며 감시하지만, 자녀들은 몰래 연애도 하고 있으며, 사회적 문제를 일으키지도 않으며 올바른 가치관을 가지고 살고 있기도 하다. 만약 부모님이 연애에 대해 긍정적이라면 의논도 해보는 청소년기가 되지 않았을까라는 생각이 든다. 자녀를 이해하려는 부모님이 늘고 있지만, 여전히 소극적이라면 자녀가 먼저 적극적으로 대화를 이끌어가는 것도 필요하다.

3) 자녀의 과체중 · 저체중에 대한 착각 – 내 자식은 비만이 아니다.

자녀의 현실에 대해 정확하게 판단하지 못하고, 자신의 자녀가 저체중인지 과체중인지조차 제대로 알지 못하며 정상으로만 인지하고 있다. 부모는 자신의 자녀가 비만인 상태이며 살을 빼야 한다는 것을 인지 못해 비만상태를 유지하거나 고도비만 상태가 되어 고혈압·당뇨·관상동맥질환과 같은 위험한 질병을 야기할 수 있다. 그리고 저체중의 자녀는 그냥 이 상태로 놔두어도 되겠거니 하고 생각하지만, 면역력 저하로 인해 난청·안질환·관절염·치매·피부질환·골다공증 등 노화에 따른 질병을 쉽게 동반할 수 있게 되며, 감기나 폐렴 같은 호흡기 질환에도 쉽게 노출될 수 있기 때문에 위험하다. 대체적으로 부모의 40%는 자녀의 과체중, 저체중을 '정상'이라 착각하며, 많이 먹어야 체력이 좋아서 공부도 잘 하며, 성장하는 시기의 몸무게는 키로 성장할 것이라 착각한다.

또 남자는 좀 뚱뚱해도 괜찮지만 여자는 말라야 한다는 선입견 때문에 자녀가 여자인 경우 살을 빼라고 강요한다면, 스트레스로 인해 폭식·우울증·불면증·가출 등의 좋지 않은 결과를 유발할 수 있다.

Box 4-1 부모의 결핍착각이 부르는 소아비만의 위험성

최근 들어 소아비만이 급증하는데, 이는 아이들에게 집중하지 못하는 무관심한 가정환경의 증가도 원인이지만, 통제할 줄 모르는 부모들이 대거 늘어난 것도 이유가 된다.

아이들의 숨은 의도에 속으면 안 된다. 아이들은 지속적으로 부모들을 관찰하고 조종하려 한다. 모든 인간들의 행위에는 이차이득이 숨어있기 마련인데, 이미 식탐에 중독되어 버린 아이들은 자신이 의도하든, 의도치 않든 먹는 것을 얻기 위해 끊임없이 핑계를 만들어내고 협상거리를 만들어낸다. 그런데 적지 않은 소아비만 아동의 부모들이 아이들이 벌이는 음식을 얻기 위한 다양한 전술적 기획에 말려들어간다.

아이들의 잘못된 식습관을 방치하는 이유 중 하나는 아이에 대한 애정 표현을 먹는 것으로 대신하는 것이다. 아이에게 결핍된 사랑을 주고 있다고 느끼는 부모일수록 아이들의 먹기 요구에 약한데, 이런 모습은 맞벌이 부부들에서 많이 나타난다. 대부분의 맞벌이 엄마들은 아이가 안쓰러워 아이의 요구를 대부분 수용한다. 그러나 결핍된 사랑을 주고 있다고 부모들이 느끼는 것은 대개 결핍착각이다. 하루 종일 같이 있어도 결핍이 구조화되어 있는 부모자녀관계도 적지 않다. 왜냐하면 부모자녀관계는 양으로 환산할 수 없는 질적인 차원의 유대가 숨어 있기 때문이다.

부모가 갖고 있는 결핍착각은 점차 변화를 겪을 수 있다. 만약 아이가 식탐 앞에서 무너지고 통제력을 상실한다면 비만의 공포에 대해서 정확하게 이야기해 주고 아이들에게서 음식을 통제해야 한다. 부모의 결핍착각을 어떻게 해결하느냐에 따라 아이의 20년 후 인생은 하늘과 땅만큼 갈라진다는 것을 명심하자.

또 과거에는 나라가 잘 살지 못하여 먹을 것이 귀한 시절이어서 청소년 비만문제가 심각하지 않았지만 경제, 시대가 발전하면서 맞벌이 부부증가, 핵가족화 등으로 자녀에 대한 관심과 이해가 부족해져서 청소년 비만이 증가하는 것 같다. 개인적인 경험으로는 어렸을 때 조부모님도 같이 지냈었는데, 과거의 어려움을 겪으셔서 그런지 밥을 먹을 때마다 '더 줄까, 더 먹어라'라고 하셨는데(나쁜 건 아니지만) 본인은 식탐이 없어서 비만이 되지 않았지만 만약 식탐이 많은 아이의 경우, 쉽게 살이 찔 가능성이 있다고 생각된다.

급격한 경제발전과 사회변화로 인해, 청소년 소아비만이 대두되고 있지만, 문제에 대한 인식과 해결 방안을 부모와 자식이 노력한다면 머지않아 청소년 소아비만 문제는 사라질 것이라고 생각한다.

출처: ND케어클리닉 박민수 원장, 2013. 1. 23.

(1) 저체중 · 과체중에 대한 자녀의 문제점

아직 성숙하지 못한 아이들은 잘못된 식습관과 절제하지 못하는 식탐으로 인해 점점 비만이 된다. 부모의 결핍 착각, 잘못된 사랑, 아이의 잘못된 식습관, 아이의 식탐 조절 실패 등 그 원인도 다양하다. 또 부모는 부모 나름대로 사랑을 주는 것처럼 느끼지만, 비만이 되는 자녀를 보며 스트레스를 받는다. 자녀는 스스로 비만에 대한 위험성을 인지하고, 부모의 조절을 잘 받아들여야 한다. 자녀는 자신 스스로의 체중과 비만 정도를 인지하며, 스트레스를 받지 않도록 해야 한다. 부모가 운동을 하자고 하면 참여하고 올바른 식습관을 가질 수 있도록 학습한다. 부모는 올바른 자식 사랑을 알고, 자녀가 원한다고 원하는 대로 먹게 놔두지 말고 적절하게 조절하도록 유도한다. 또 자녀보다 자신의 만족을 위한 사랑은 지양한다.

(2) 자녀 · 부모의 역할 및 대안점

부모는 자녀에게 스트레스를 주지 않고, 자녀에 대해 관심을 가진다. 자녀의 체중의 기준을 알고, 비만일 경우 자녀와 함께 운동 및 올바른 식습관을 형성해주고, 좋지 않은 생활습관을 고쳐 주어야 한다. 비만이 되지 않게 하며 비만을 막기 위한 노력이 저체중을 늘리는 역효과를 가져와서는 안 된다.

대부분의 부모는 자녀의 몸무게를 정확하게 파악하지 못한다. 자신의 자녀가 정상체중인데도 적게 나간다고 생각하거나, 많이 나간다고 생각할 수 있다. 우리는 선입견을 가지고 있어 여자는 몸무게가 적게 나가야 하고, 정상인 상태인데도 불구하고 더 빼야 된다는 생각을 가지고 있다. 주변 여성들은 항상 다이어트라는 단어를 입에 달고 살을 빼야 된다고 말한다.

여학생은 자신이 날씬하다고 생각하고 있지 않으며, 다들 자기는 뚱뚱하다고 생각하는 것이 대부분이다. 이는 부모가 식습관과 생활태도, 음식 칼로리 조절 등을 조금씩만 고쳐준다면 자녀들의 비만은 막을 수 있을 것이다. 또 저체중의 아동은 전혀 문제될 것이 없다고 생각하는데 질병에 대한 저항력이 감소와 쉽게 피로감, 불면증을 유발하므로 저체중의 아동 또한 관리를 해주어야 한다.

4) 부모의 과잉보호 – '결핍의 경험'으로 자란 자녀가 행복하다.

충분히 나이가 들고 결혼까지 한 자녀들이 경제 캥거루족으로 살아가는 것은 무엇을 말하는가? 결국 부모의 지나친 친절이 귀한 자녀를 경제 캥거루족으로 만든다. '세 살 때 버릇이 여든 살까지 간다.'는 속담은 무엇을 뜻하는가? 어릴적 부모를 통해 형성된 습관이 성인되어서도 계속 이어진다는 것이다.

즉 습관은 개인의 성공 혹은 실패를 결정하는 데 중요한 역할을 한다.

(1) 부모의 과잉으로 인한 문제점

어느 책에서 "우리 자녀들에게 가장 필요한 것이 무엇인 줄 아십니까? 그것은 다름 아닌 '결핍의 경험'입니다." 가난을 경험한 적이 없는 요즘 아이들은 물이 조금만 쏟아져도 걸레 대신 티슈 10장을 뽑아든다고 한다. 기성세대의 거울인 아이만 탓할 일도 아니다. 기성세대는 결핍을 경험했지만, 그것을 기억하려 하지 않는다. 편함과 여유로움이 나태로 이어져서는 안 된다.

(2) 자녀 · 부모의 대안점

오늘날은 부모들이 자녀들에게 아부하는 시대에 살고 있다. 어떤 사람은 그 이유로서 부모는 두 사람인데 아이가 하나밖에 없기 때문이라고 말한다. 아이들의 요구가 떨어지기가 무섭게 부모들이 즉각 "순종"한다. 연로하신 부모님의 말은 잘 안 들어도, 자녀들에게는 꼼짝 못하는 게 요즘 젊은 부모들의 모습이다. 가정이 최고의 학교이며, 부모가 최고의 교사이다. 집안의 바른 가훈에서 벗어난 행동을 할 때, 부모는 자녀의 잘못을 분명히 알 수 있도록 얘기해주어야 한다.

5) 자신의 아이가 영재라고 생각한다? – 부모의 지원이 모자라, 노력을 안 해서 공부 못하는 줄 안다.

자신의 아이가 특별하다는 착각, 이것은 아이를 둔 부모 누구나에게 조금씩은 있다. 자신의 아이를 객관적으로 보는 눈을 가지는 것은 생각보다 힘든 일이다. 하지만 자녀의 미래를 위해서라면 그런 시각을 하루 빨리 객관적으로 볼 필요가 있다.

오늘날 성행하고 있는 영재를 표방한 학원가의 상술은 이미 아는 바이다. 그리고 그에 휘둘려 자녀를 망치고 있는 부모들이 떠오른다. 흔히 어린아이를 둔 부모들은 아이가 무심코 말한 '아빠'라고 말하는 말에 많은 의미를 부여한다. 그리고는 생각한다. '우리 아이가 벌써 아빠라는 단어를 깨우치다니! 천재 아니야?' 이렇게 말이다. 그렇게 시작한 부모들의 착각은 아이가 커 가면서 더욱 심해지는 양상을 보인다. 아이의 조그마한 행동에 부모들은 거기에 의미를 부여하고 착각에 빠진다.

Box 4-2 영재교육 세 살 영재 여든까지 간다?

영재교육전문가들은 영재성은 타고나지만 환경에 의해 더 계발되거나 사장될 수 있다고 말한다. 그러나 학교나 교육청에는 영재교육 전문 인력이 부족한 실정이다.

"우리 아이가 혹시 영재는 아닐까?"

부모라면 누구나 어린 자녀의 깜찍한 행동에 한 번쯤은 이런 생각을 해본다. 나이가 들면서 기대 수준이 점점 떨어져 실망감으로 바뀌기도 하지만 자녀를 영재로 만들고 싶어 하는 부모의 욕망은 식을 줄 모른다.

그러나 국내에서 영재성은 '축복'이 아니라 '재앙'이란 극단적 표현을 쓰는 사람들도 있다. 영재교육 환경이 열악해 '영재'라는 화려한 단어 뒤에 감춰진 인생역정은 순탄하지 않기 때문이다.

• 추락하는 영재들… 영재 절반이 평범한 인생

2003년 한국교육개발원이 대학진학 결과를 추적한 적이 있다. 절반 이상이 그저 '평범한' 인생을 살거나 상식적인 기대 수준에 못 미친 경우였다.

어릴 때부터 한 번 들은 말, 글, 노래 등을 모두 기억해내 3세 무렵 영재 판정을 받은 A 씨(24)는 현재 전문대를 중퇴하고 대입 준비를 하고 있다.

A씨 어머니는 "학교에서 배우는 내용은 다 알고 있어 수업을 거의 듣지 않았다"며 "초등학교 입학 후부터 학교 공부에 흥미를 잃었지만 사는 게 바빠 이를 바로잡아 주지 못한 까닭에 학년이 올라가도 성적은 늘 하위권을 맴돌았다"고 말했다.

그는 또 "지금 우리 아이는 평균 이하가 됐다. 뛰어난 기억력이 되레 학교 공부를 소홀히 하게 만들었다"며 씁쓸해했다.

B씨(23)는 스스로 한글과 숫자를 깨치고 초등학교 입학 전 10자리 이상 되는 숫자의 덧셈 뺄셈, 한자, 바둑 두기 등을 척척 해냈다. 서울대에서 영재교육을 받기도 했지만 집안

형편 때문에 1년 만에 그만뒀다. 몸이 약했던 B씨의 어머니는 어린 아들을 업고 인천에서 서울까지 전철을 타고 교육을 받으러 다녔다. 하지만 건강이 나빠져 결국 중간에 포기했다. B씨의 아버지도 "아이가 머리만 믿고 공부를 안 했지만 잘하려니 하고 놔둔 게 문제였다"며 "제대로 영재 지도를 했으면 좋은 결과가 있었을 텐데…"라며 아쉬워했다.

• 길러진 영재가 아닌 숨은 영재 발굴해야

한국교육개발원 조석희(趙夕姬) 영재교육실장은 "영재성은 타고나지만 환경에 의해 더 계발되거나 사장될 수 있다"며 "정규수업이 아니어서 학교나 교육청에 영재교육 전담자가 없고 전문성 체계성도 부족하다"고 말했다.

서울시교육청의 한 관계자는 "영재교육 대상과 영역을 확대해야 하지만 현재 전담교사, 판별도구 등 기초 준비가 안 돼 있다"고 말했다. 같은 분야의 영재를 선발하고 가르치더라도 기관에 따라 선발방식, 과목, 교육 내용도 제각각이고 연결성도 없다.

서울대 과학영재교육원 조한혁(趙漢爀 · 수학교육) 교수는 "'정보영재'라도 대학에 따라 다루는 내용이 홈페이지 제작, 컴퓨터 프로그래밍, 논리 등으로 천차만별"이라며 "초등학교 때 선발된 영재가 중등 과정에서 어떻게 교육받는지도 알 수 없다"고 말했다.

서울대의 한 교수는 "'길러진' 영재가 아니라 '숨은 영재'를 발굴해 교육해야 한다"며 "단기시험이 아니라 수개월에 걸친 단계별 선발이나 면접을 강화해야 하지만 예산 문제와 객관성 시비로 쉽지 않은 실정"이라고 말했다.

• 선행학습이 영재교육? 착각하지 말라

공교육이 영재교육을 제대로 담당하지 못하는 현실에서 사설 영재원들이 영유아와 초등학교 저학년을 대상으로 성업 중이다. 그러나 국내 사교육 영재교육 기관 가운데 영재교육 기관으로 정식 인정받은 곳은 없다. 영재교육은 시 · 도 교육감이 승인하는 기관만 할 수 있다.

유아나 저학년 중심의 영재교육은 교육 효과는 물론 판별 논란도 있다. 영재교육 기관이 인지능력검사(IQ)로 영재 여부를 판별하지만 신뢰성이 문제다. 어릴수록 IQ검사의 신뢰성이 떨어진다는 연구결과가 있기 때문이다. 서울시교육청도 "초등 3학년 이전에는 영재 판별도구를 만들기 어렵다"고 밝히고 있다.

그러나 한양대 류지영 강사(영재교육 박사)는 "영재교육은 빠를수록 좋기 때문에 미국도 다양한 유아영재 판별법과 프로그램을 개발하고 있다"고 말했다.

학부모 이 모씨(37 · 서울 서초구 방배동)는 "영재원을 다닌다는 것 자체로 영재로 인정 받은 것이어서 기분이 좋다"며 "어려서부터 사고력 훈련 덕분인지 초등학교에서도 보고서 작성이나 발표가 논리적이라는 평가를 받는다"고 말했다.

고려대 김성일(金聖鎰 · 교육학) 교수는 "영재교육은 다양한 재능을 육성하기 위한 것인데 국내에서는 엘리트 교육과 혼동한다"고 지적했다.

출처: 동아일보, 2009. 10. 3.

후천적 노력으로 충분히 잘할 수 있는 아이임에도 불구하고, 부모의 욕심으로 아이가 학습에 흥미를 잃어 자신의 최대치 능력치를 발휘하지 못하고, 부모의 기대와 달리 평범하거나 그 이하의 인생을 사는 결과를 초래하기도 한다. 한편 영재성을 보였지만, 충분한 능력을 발휘하는 기회를 잃어 세상을 빛낼 기회가 있음에도 불구하고 그렇지 못하고 평범하게 살아가게 되기도 한다.

영재는 분명 있다. 그런 아이의 부모는 축복받았다고 생각하고, 너무 기대하기보다 아이의 집중교육을 위해 아이의 능력에 적합한 교육을 해서 능력을 최대치로 길러주는 것, 이것이 부모가 해야 할 최선의 역할이다. 자녀를 교육시키는 대부분 부모가 그렇듯 착각에 빠질지도 모르지만, 아이에게 부모로서 그런 긍정적인 기대를 하되 과하지는 않게 하여 아이의 적성과 능력에 맞는 길을 열어주어야 한다.

(1) 무조건 영재라 생각하는 부모의 문제점

영재에 관한 부모의 착각은 두 가지 부류가 있다. 하나는 자녀가 영재가 아닌데도 영재로 착각해 자녀를 어릴 적부터 영재원에 보내 아이를 힘들게 하는 부류이다. 다른 한 부류로는 아이가 어릴 때부터 영재의 기질을 보임에도 불구하고, 부모는 그에 따른 조치를 취하지 않고 그저 아이의 영재성만 믿고 잘하겠거니 하고 방목하는 부류이다. 이 두 부류는 모두 아이의 교육과 미래에 있어 위험성이 존재하며, 전적으로 부모의 잘못이라고 본다.

이 두 가지 부모의 착각이 아이의 미래에 위험한 이유는 각각 다르다. 첫 번째 부류는 자녀가 영재가 아닌데도 영재로 착각에 따른 위험성은 평범한 아이를 영재로 착각해 다른 진짜 영재들과 훈련을 받게 함으로써 아이가 상대적으로 뒤떨어지는 것에 따른 좌절감을 불러일으켜, 아이의 자신감과 자존감을 무너뜨린다는 것이다. 보통 영재교육은 어릴 때, 그때는 한창 아이가 자신의 자존감과 자신감을 정립할 시기이다. 만약 그런 상황이 되어버린다면 청소년기나 성인이 되는 시기에 자신의 능력을 최대한 발휘하지 못하고 도태될 가능성이 많다. 이 평범한 아이는 어릴 때 부모의 착각으로 인한 혹독한 영재교육만 없었다면, 충분히 후천적으로 스스로 자신의 능력을 발휘해 훌륭하게 성장할 수 있었을 것이다. 하지만 불필요한 영재교육은 그러한 기회마저 망가뜨린 것이다.

두 번째, 아이가 영재의 기질과 시너지 효과를 충분히 낼 수 있는 경우임에도 불구하고, 부모의 안일한 생각으로 방목하여 영재성을 사장시키는 결과는 아이가 훗날 전 세계적으로 빛날 수 있는 영광을 놓치는 것이다. 영재성을 보이는 아이는 그것이 충분히 발현되도록 길러주고 훈련시켜야 함에도 불구하고, 영재성을 보이므로 스스로 잘 하겠거니 하고 방치해 결국 평범하거나 그 이하의 인생을 살게 되는 비운의 결과를 초래하기도 한다. 또한 선행학습을 하는 것이 영재교육이라고 착각해 비싼 교육비를 지불하고도 큰 성과를 보이지 못하거나, 오히려 학습에 대한 흥미를 잃는 결과를 초래함을 미연에 방지해야 한다.

(2) 자녀 · 부모의 역할 및 대안점

부모는 암기력이나 학습 능력에만 국한되어 영재성을 판단하는 경우가 많은데, 영재라는 의미를 다시 생각해야 한다. 우리 교육의 최대 문제는 최소한으로 줄여야 할 지식을 최대한으로 늘여서 아이들을 하나의 틀로 묶어놓고 시간 · 노력 · 경비를 크게 낭비하는 데 있다. 엄청난 과제 · 시험 · 과외, 입시가 고정화 · 상품화되어 학생과 학교의 창의적 발전의 가능성을 질식시키고 있다(김춘일, 1999).

영재교육 기관으로 정식 인정받은 곳은 별로 없으며, 영재성 계발을 위한 학원이라고 표방하더라도 실상은 선행학습 등 인지적 능력이나 단순한 학습에만 치중하여 교육시키는 곳이 많은데 부모들은 이러한 실상을 잘 파악하여야 한다. 즉, 흔히 알려져 있는 단순히 언어나 수리 학습, 암기력에만 치중된 영재의 의미에서 벗어나 여러 분야에 대해 염두를 하고 영재의 의미를 보아야 한다고 생각한다. 학습능력이 떨어지더라도 운동능력이 뛰어난 것도 영재이며, 남을 이해하는 능력, 감수성이 뛰어난 것도 영재라고 보는 것이 요즘 영재에 대한 시각이다. 결론적으로 부모는 자녀를 판단할 때 영재에 얽매여서 생각할 것도 아니고, 너무 간과해서 생각할 일도 아니며 자녀와의 충분한 경험과 관찰, 그리고 자녀를 고려한 입장에서 판단하고 교육하는 것이 바람직한 부모의 역할이라고 본다.

자녀는 어릴 적 부모의 억압적인 영재교육에 대해서는 어떻게 조치를 취할 수는 없겠지만, 어느 정도 커서도 부모가 강압적인 교육방식을 고집한다면 그때는 자신의 능력이나 적성, 흥미에 대해 부모에게 정확히 피력하는 것이 중요하다고 생각한다. 그래야 하루빨리 자신의 능력이나 적성을 부모가 파악하고, 그에 맞는 교육을 받는 기회가 생길 수 있기 때문이다.

부모는 자녀의 선천적인 능력과 잠재 능력을 충분히 정확히 파악하고 그에 따른 교육을 시키는 것을 권장한다. 자녀의 작은 행동에도 과대망상으로 자녀를 판단하지 말고, 객관적으로 아이를 보는 눈을 가지도록 하는 것이 현명하다고 본다. 또한 주변의 권유나 자신의 섣부른 판단으로 자녀를 판단하는 것은 금물이다. 그리고 부모들은 영재에 국한되어서 자녀를 판단하거나 다그치지 말고, 자녀로 하여금 다양한 경험의 기회를 부여하는 것이 중요하다.

6) 자녀는 부모의 분신이다. – 자아존중감이 부족한 아이는 자기를 포기하고 부모에 맞춘다.(하는 척만 하는 사회의 구성원이 되어간다.)

부모는 아이와 자신을 구분하지 못하는 듯하다. 물론 아이와 부모는 다른 몸이자 한 몸이다. 아이가 맛있게 잘 먹으면 부모는 안

먹어도 배가 부르고, 집안의 가구 배치와 밥상 위의 반찬으로부터 여행 계획에 이르기까지 모든 사안을 아이들 중심으로 하게 된다는 것을 모르는 바가 아니다. 하지만 부모는 부모이지 아이가 아니다. 뱃속의 아이가 열 달 뒤에는 별개의 개체가 되고, 점차 정신적으로도 독립하여 성인이 되어간다. 부모가 아이와 한 몸이면서 다른 몸임을 인정해야 하는 것이다. 그러나 이러한 인정이 말처럼 쉬운 것이 아니다. 부모 자신에게 좋은 것과 아이에게 좋은 것을 구분하지 못하고, 아이가 하는 것은 곧 자신이 하는 것이라고 착각한다.

특히 행사나 축제에서 빼놓을 수 없는 '체험 프로그램'에서는 이런 모습을 흔히 볼 수 있다. 아이들과 어른이 함께 참여할 수 있는 프로그램인데도 부모들은 함께 참여하는 것도 아니고, 그렇다고 아예 아이만 참여시키는 것도 아닌 어정쩡한 모습을 보여주는 경우가 많다. 즉 아이만 체험 프로그램에 참여시키고도 그 옆에서 아이가 하는 것을 간섭하거나 그 아이가 제대로 못한다고 판단되면 대신 해주는 것이다. 아이만 참여시킬 양이면 그저 멀찌감치 떨어져서 지켜보거나, 부모 자신도 해보겠으면 아이와 똑같이 해보거나 하는 것이 옳은데, 이도 저도 아닌 것이다. 이를 부모의 분리불안이라고 해야 할까. 이렇게 되면 아이는 아이대로, 어른은 어른대로 제대로 된 체험을 못 해보게 된다.

〈○○ 음악회〉 같은 TV 프로그램에서 부모와 함께 관람온 아이들의 표정을 보면, 부모의 이런 착각이 얼마나 아이들을 괴롭게 하는지를 확인할 수 있다. 〈○○ 음악회〉는 세대의 벽을 허물고 클래식 음악과 대중음악의 벽을 허무는 등 '열린' 태도를 지향하는 프로그램으로 되어 있지만, 사실 세심하게 따지고 보면 중·장년 중산층의 취향으로 고정되어 있다. 카메라는 '열린' 분위기를 보여주기 위해 종종 30~40대 부모와 초·중등생 자녀를 함께 비추어준다. 그런데 부모들은 입이 함박만해져서 노래를 따라 부르며 즐거워하는데, 그 옆에 앉은 아이는 지루하기 이를 데 없다는 표정이다. 부모는 '아이들과 함께 오면 참 좋을 것 같다'고 생각하고 아이들도 자신처럼 재미있어 했다고 생각했는지 모르지만, 정작 아이들은 부모가 원하니까 봐주는 셈치고 따라나선 것이 분명하다(이영미, 2013).

(1) 자녀를 분신으로 만들려는 부모의 문제점

부모가 자신 위주로만 생각해 즉, 아이들도 자신과 마찬가지로 즐긴다고 착각해 공연이나 행사장에 자녀들을 데리고 간다면 돈과 시간 모두를 낭비하게 되는 결과를 초래할 것이다. 부모 자신은 즐기겠지만, 자녀들은 오히려 괴로운 시간이 되어 자녀를 생각해 같이 행사장에 온 것이 오히려 역효과를 불러일으킬 수 있다. 그렇게 되면 자녀들은 부모와 함께 체험하는 것을 싫어하는 마음을 가지게 되어 나중에 정작 도움이 되는 경험을 할 때 부모와 함께 가지 않으려 할 수도 있다. 또한 체험학습에 대한 부모의 관여에 대한 부작용이 생길 수도 있다. 체험학습 같은 것을 할 때도 부모가 어중간하게 관여를 하게 되면 아이는 제대로 된 체험을 하지 못할 뿐 아니라, 부모도 마찬가지 상황이 될 것이므로 체험학습의 의미가 사라질 것이다.

아이들은 점점 부모와 함께 밖에 다니는 것을 싫어하는 경향이 생길 것이다. 부모들이 자신과 자신의 아이를 동일시하는 착각을 하여 자녀를 대한다면 오히려 자녀는 거기에 반발심을 가지는 가능성이 높아진다. 그리하여 자녀는 점점 부모를 멀리하게 되어 부모와 친밀감을 형성하기보다 저항심을 형성하게 될 수도 있다. 이러한 경향은 훗날에 자녀의 인격 형성에나 학습에 부정적인 영향을 줄 수 있다.

(2) 자녀 · 부모의 역할 및 대안점

부모는 자녀와 자신을 동일시하는 경향을 버려야 한다. 많은 부모들이 자녀들과의 분리 불안을 겪고 있는데, 이는 자녀들에게 스트레스로 작용할 수 있다. 부모들이 자녀들에게는 별 감흥이 없는 행사장이나 공연장을 데려가 자녀들을 괴롭게 하는 경우가 많은데, 이런 것도 부모들의 분리 불안이 낳은 행동이 아닐까 한다. 그러므로 부모들은 자신 위주로 자녀들의 행동을 유도하는 마음가짐을 버려야 한다. 공연장이나 체험 학습장을 갈 때는 부모 자신만 즐길 수 있는 것이라고 판단되면 자녀를 억지로 데려가지 말아야 한다. 그리고 자녀만 오롯이 즐길 만한 장소라고 판단되면 부모는 자녀의 행동에 개입하는 것을 자제해야 한다고 본다. 아이는 아이 나름대로 즐길 수 있는 것이 있다는 것을 깨닫고 또 독립적으로 행동할 수 있는 존재라는 것을 깨달았으면 한다. 부모의 틀 속에서 아이가 성장하는 것보다 아이가 자유롭게 경험할 수 있는 것이 아이에게 바람직한 영향을 준다는 것을 깨닫고, 체험장이나 공연장을 가는 것이 바람직한 부모의 역할이다.

우리는 생존하기 위해, 그리고 환경을 성공적으로 관리하기 위해 우리의 의식을 적절하게 활용해야 한다. 우리의 삶과 안녕은 우리의 사고 능력에 달려 있고, 그 곳에는 선택이라는 중요한 요소가 있기 마련인데 이에는 반드시 개인적 책임이 수반된다. 과거보다 더 많은 선택을 해야 하는 세계에서는 무한한 가능성이 우리에게 다가와 있기 때문에 우리는 더 높은 수준의 개인적 자율이 필요하다.

개인적 자율은 독립적인 판단을 행사하기 위해서 더 필요하며, 우리 자신의 자원을 계발하기 위하여, 그리고 우리의 삶을 이끌어 나가기 위한 실천과 가치와 선택에 대하여 책임을 갖기 위하여 더욱 더 요청된다는 점을 뜻한다. 즉, 더 높은 수준의 자율은 자기 신뢰를 위해 더 필요하며, 우리 스스로를 사실에 기초하여 믿기 위하여 더 많이 필요하다는 것을 뜻한다. 선택이나 결정을 많이 하려고 하면 할수록, 자기 존중감에 대한 필요가 더욱 절실해진다. 우리는 어려움이나 복잡한 도전에 직면했을 때, 자신이 믿고 있는 만큼 자신을 이겨내게 된다. 우리의 능력을 확신하고 강화한다면 우리는 실패한 것보다 더 많이 성공하게 된다.

큰 사회로 나가 자신의 삶을 개척해 나가야 할 아이들에게 학습 능력의 향상보다 더 필요한 것은 긍정적인 자아존중감을 갖도록 하는 일과 자아정체성을 찾도록 하는 일이다. 요즘 아이들 중에는 자존심은 높지만 자아정체성을 찾지 못해 방황하거나 혼란스러워 하는 아이가 많다고 한다. 자아존중감이란 자기 자신이 타인에게 어떤 가치가 있는가를 스스로 평가하는 정도를 뜻한다. 자기를 존경할 줄 아는 능력은 건전한 자기 사랑의 능력이며, 자신에 대한 확고한 믿음이라고 할 수 있다. 자아존중감이 성장하며 자아실현을 위해 노력하는 사람이 되게 하고, 원만한 인격을 가진 사람이 된다. 자아존중감은 아동 발달에 많은 영향을 미치게 되므로 자라나는 아동들에게 긍정적인 자아존중감을 형성하도록 하는 것은 매우 중요하다.

자아존중감이 높은 아이는 자신을 있는 그대로 수용하여 자신의 인간적인 약점을 알고 잘 극복할 수 있다. 주위 환경이나 사회적 관계에서 어떤 일을 이루었을 때 성취감이 높으며 자기 행동에 책임을 질 줄 안다. 목적 의식이 분명하고 그 목적을 이루기 위하여 주위 자원들을 잘 이용할 줄 안다. 자신의 능력을 신뢰하기 때문에 스스로 결정할 뿐만 아니라 결정한 것에 최선을 다하며, 타인도 또한 존중할 줄 안다. 개인적인 삶이나 직업세계의 역경을 이겨나갈 준비 태세를 더욱 잘 갖추게 되며, 실패한 후에도 자신을 빨리 일으켜 세울 수 있고, 새롭게 시작할 에너지를 더 많이 갖게 된다. 어떤 일의 수행 결과를 자신의 능력과 좋은 자질에 더 관련시키는 경향이 있어서 이것은 다시 자신의 유능감을 강화시키는 요인으로 작용하게 된다.

자아존중감이 낮은 아이는 자신을 쓸모없고 무가치하며 약하다고 생각하여 스스로 학대하고 열등감을 갖는다. 스스로 자신의 가치를 확신하지 못하기 때문에 주변 사람들의 사소한 거부나 비난의 태도에 쉽게 압도당하여 과도하게 분노를 표출하거나, 반대로 우울과 불안을 경험하게 되어서 스스로를 위축시키고 대인관계를 회피하게 된다. 자신의 노력 여하에 따라 원하는 것을 얻을 수 있는 능력이 있다는 것을 믿지 못하는 경우, 성취동기가 낮기 때문에 학업이나 직업교육 등을 통해 자신의 미래에 대한 준비를 하려고 하지 않는다. 흡연이나 음주, 폭력행동 등 신체적 · 심리적으로 자신을 파괴할 수밖에 없는 행동에 스스로를 방치하게 된다. 궁극적으로 자신의 행복을 위해 준비한다거나 자신을 돌보는 일을 하지 않는다.

아동이 자신의 잠재 능력을 최대한 발휘하고 높은 자아존중감을 갖게 하기 위해서는 부모와의 애착 경험이 중요하다. 아이가 스스로 결정하고 무엇인가를 직접 할 수 있는 기회를 자주 주어야 한다. 설령 아이가 실패를 했더라도 그 경험을 통해 교훈을 얻도록 하며, 다른 사람을 위한 꿈을 키워갈 수 있도록 지원하는 것이 필요하다. 타인에 대한 배려는 자신을 존중하고 사랑하는 데서부터 발생하기 때문이다. 부모가 창피나 벌로써 아이를 통제하려고 하거나, 아이를 과잉보호하여 의존하는 습관을 갖게 되었거나 아이를 일관성 있게 대할 일정한 규범이 없는 경우에는 아이들이 건전한 자아존중감을 형성하는 데 방해가 된다(전우천, 2011).

7) 내 아이는 학교폭력의 주범이 아니다 – 내 아이도 가해자일 수 있다.

사회가 변화하면서 학교교육과 제도교육이 지나치게 과열화되고 있다. 무엇보다 가정교육이 중요한데, 가정과 부모의 역할이 점점 축소되고, 다른 측면에서는 과도한 교육이 이루어져 사회적인 문제가 많이 발생하고 있다. 왕따 · 자살 · 학교폭력 · 가출은 흔히 볼 수 있는 현상이 되어 버렸고, 내부적인 원인을 찾다보면 가정과 관련이 있음을 발견할 수 있다.

점점 치열해지고 바빠지는 사회로 인해 부모와 자식 사이에 대화가 없어져 사회가 더욱 막막해지는 것이 아닐까 한다. 내면의 부족함이 없는 아이들로 구성된 사회를 만들기 위해 부모들이 노력해야 한다.

Box 4-3 당신의 가정은 안녕하십니까?

특목고를 거쳐 이른바 'SKY'진학을 바라는 부모의 과욕이 영혼 없는 공부벌레를 키운다. 세상을 알기도 전에 내몰린 생존 경쟁에서 도태되고, '남과 다른 나'를 인정받지 못한 아이는 비뚤어진 길로 빠지기 십상이다.

초등학교 5학년 여학생이 또래 친구 머리에 락스를 붓고, 8시간 동안이나 폭행한 사건도 있었다. 무서운 중딩은 늘어만 가는데, 이젠 '초딩' 일진까지 뉴스 메이커로 가세하는 형국이다. 하라는 공부는 뒷전인 채 보기에도 민망한 스키니에 귀걸이 타령이나 하고, 모바일 게임이나 카카오톡에 빠져 있는 중딩 아들을 볼 때면 소위 '꼭지가 돈다'는 아빠들이 많다. 그러나 요즘 돌아가는 형국을 보면, '왕따 · 자살 · 학폭(學暴) · 가출' 정도가 아닌 것만으로도 감사하며 살 일이다.

따지고 보면, 어린이날 놀이동산에서 뛰놀던 천사들을 이

지경으로 만든 것은 어른들 책임이다. 한창 뛰놀며, 미래의 꿈을 키워야 할 나이에 자기 덩치보다 큰 가방을 메고 학교에서 학원을 오가며 입시 전쟁에 내몰린다. 특목고를 거쳐 이른바 'SKY' 진학을 바라는 부모의 과욕이 영혼 없는 공부벌레를 키운다. '삼강오륜'보다는 'A · B · C'를, 창의성을 키우기보다는 획일적 · 주입식 위주의 교육이 덩치만 큰 괴물을 만든다. 세상을 알기도 전에 내몰린 생존 경쟁에서 도태되고, '남과 다른 나'를 인정받지 못한 아이는 비뚤어진 길로 빠지기 십상이다. 사회가 손가락질하는 무서운 중딩은 이렇게 만들어진다.

뛰는 전셋값에 아이들 학원비 마련하느라 맞벌이 전선에 내몰린 부모들은 돈만 벌면 가정의 행복을 지킬 수 있다는 착각에 사로잡힌 듯하다. 열심히 벌어, 비싼 과외 학원 보내면, 자녀의 미래가 보장될 수 있다고 믿는다. 하지만 정작 천금같이 소중한 자녀의 '행복하게 자랄 권리'에는 무신경하다. 자녀들은 '행복보다는 성적'에만 집착하는 부모에게 마음을 닫아버린다.

참교육을 부르짖던 학교도 무서워진 제자를 포기한 지 오래다. 대신, 노년을 보장할 연금을 위해 '오늘도 무사히'를 신봉한다. 위협이 될 만한 '문제아'들은 학교가 앞장서 제거한다. '대를 위한 희생'이란 명분아래, 피해 학생 부모들을 부추겨 제자를 헌신짝 버리듯 '강제 전학'시키는 일도 서슴지 않는다. '길 잃은 한 마리 양'의 앞날은 이미 스승들의 관심사가 아닌 듯하다. 대부분의 학교 폭력 피해자 부모들은 내 자식 괴롭힌 남 자식만 탓한다. 하지만 진정 용서받지 못할 죄인은 도와달란 자식의 'SOS 신호'를 미리 알아채지 못한 부모 자신이다. 더 늦기 전에, 오늘부터 당장 작지만 소중한 일부터 시작하자. 적어도 일주일에 두세 번은 온 가족이 밥상머리에 둘러앉아 서로의 눈을 맞추고, 마음을 터놓고 사랑을 나누자.

출처: 헤럴드경제, 2013. 5. 7.

학교폭력에 있어서 부모들의 '내 아이는 착한데, 다른 아이들 때문에 물들어서….' 와 같은 비뚤어진 신뢰는 무조건적으로 자신의 아이를 감싸려 드는 태도로 자녀들이 잘못을 뉘우치고 행동을 변화시킬 기회를 박탈시키는 것이 된다. 부모가 자신의 자녀를 '잠재적 청소년 범죄'로 이끌고 있다고 해도 과언이 아니다. 청소년 범죄가 빈번하게 발생하는 이 사회에서 자신의 자녀와 현상에 대해 이야기하고, 서로의 의견을 주고받으며 소통하는 방법으로 자녀를 교육시키는 것이 바로 부모의 역할이다.

부모가 자식을 잘 키우는 방법은 옆집 아이에게 뒤처지지 않게 사교육으로 뒷받침을 해주고, 또래들에게 기죽지 않게 좋은 스마트폰과 비싼 옷을 사주는 것이 되어버렸다. 자녀들은 갈수록 필요 이상의 사교육을 받으며, 좋은 물건을 사용하며 생활하고 부모들은 조금이라도 더 아끼고 허리띠를 졸라매며 살아간다. 부유하지 않아도 사정은 똑같다. 본인이 덜 먹고, 덜 입더라도 자식은 학원에 보내고 좋은 대학에 보낼 수 있도록 뒷바라지하는 것이 내 자식을 위한 길이며, 바람직한 부모상이라고 생각한다.

하지만 아직 걸음마도 못 뗀 아이의 향후를 물질적으로 보상으로만 하는 것이 과연 바람직한 양육일까? 애착이 형성되는 아이의 성격과 잠재력을 결정하는 가장 중요한 시기에 부모의 체온과 관심을 받지 못한 아이들이 자라서 물질적 뒷받침을 받는다고 해서 과연 행복한 삶을 살아갈까? 부모라면 양육방식에 대해 고민해봐야 한다. 안아달라고 웃고 있는 아이를 뒤로 한 채 물질적 욕망만 충족시켜준다면, 과연 이 아이에게 도움이 될 것인가?

(1) 자녀의 폭력성을 믿지 못하는 부모의 문제점

부모세대가 어릴 때 받지 못했던 교육이나 가지지 못한 지위들을 자식들을 통해 얻고자하는 욕심이 지나쳐 아이에게 부정적인 영향을 미친다. 진정 자식을 위한 교육이 아닌 부모 체면을 위해 자식을 이용한다.

부모의 과한 기대로 아이가 부담감을 느끼고 자신의 의사를 표현하기보다 부모의 기분을 맞추기 위한 행동을 할 것이다. 그로 인해 심리적인 문제가 발생하기 쉽고, 의사표출에 어려움이 생겨 마음속 병이 생기고, 작은 자극에도 쉽게 흔들리기 쉽다.

부모의 자식에 대한 과다한 기대로 자식은 자신만의 삶을 형성하지 못하고, 기대에 부응하지 못했을 때는 부모의 반응에 민감해져 상실감과 두려움을 느끼게 될 것이다. 또한 이렇게 부모가 자식에 대한 기대가 높을 경우, 자식의 입장에서 생각하는 경우는 드물기 때문에 자식의 입장을 이해해주기보다 좀 더 강력하게 이끄는 경우가 많다. 이러면 부모와 자식사이에 긍정적인 관계가 형성되기 어렵다.

(2) 자녀 · 부모의 역할 및 대안점

자녀는 부모와 많은 이야기를 나누어 보고, 부모의 틀에 맞춰 짜여져 있는 수동적인 삶을 살아가기보다는 나 자신이 중심이 된 삶을 설계하도록 노력한다. 또한 자신의 의사를 부모에게 정확하게 전달하는 것이 필요하다. 부모는 첫째, 자식을 있는 그대로 보고 자신의 삶도 제대로 살아가는 부모가 된다. 둘째, 교육은 주로 학교나 학원에서만 이루어지지 않는다는 생각을 가진다. 자녀교육은 주로 학교에서 이루어진다는 많은 사람들의 통념과는 다르게 자녀교육의 일차적인 장은 가정이고 학교나 학원은 보조기관일 뿐임을 알 수 있다. 학교에서는 주로 지적인 훈련이 이루어지지만 가정은 지적인 훈련을 포함하여 정서적·신체적 훈련이 이루어지는 곳이다.

셋째, 가장 중요한 교육자는 학교나 학원의 교사들이며, 가장 좋은 교과서는 책이라고 생각하는 착각의 변화, 자녀들의 가장 중요한 교사는 부모, 교사는 부모에 이어 이차적인 교육자일 뿐이다. 넷째, 부모와 아이가 함께 공유할 수 있는 시간을 많이 만든다. 아무리 바쁘다고 해도 아이가 소통하는 시간을 내는 것은 우선 순위의 문제이지 실제로 시간이 없어서가 아니다. 다섯째, 부모는 자식을 사랑하는 법, 올바르게 교육하는 법을 배워야 할 필요가 있고, 자식과의 수평적인 대화를 많이 나누어야 한다.

8) 내가 하는 기대는 지나친 기대가 아니다. – 기대치는 기대일 뿐이다. 결과물은 정직하다.

우리나라의 경우 대부분의 부모님들이 자식을 위해 본인의 삶을 희생하거나 포기하는 것을 당연히 여기며, 특별한 문제가 된다고 생각하지 않는다. 하지만 어머니가 자식을 위해 자신의 인생을 포기했다고 스스로 생각하는 데에서 문제가 발생한다. 즉, 피해자인 어머니는 자식을 하나의 독립된 인격체로 여기지 못하고, 자신의 소유물로 착각함으로써 자식이 성공하여 사회로부터 인정받는 것과 자신이 인정받는 것이 동일하다고 생각한 것이 문제가 된다. 어머니는 결혼 전 가족들을 열심히 부양하였으나, 가족들로부터 인정받지 못하자, 결혼 후 자신의 자식을 잘 키움으로써 다른 사람들에게 인정을 받고 싶어한다. 그러다 보니, 어려운 가정형편에도 불구하고 생활비를 아껴서 단기간 자녀를 조기유학을 보내기도 하는 등 자신의 대인관계나 사회생활도 포기하면서 자식의 교육을 위하여 노력하는 일도 있다.

2011년에는 학교 성적 때문에 자신에게 압박을 주던 어머니를 살해한 뒤, 8개월 동안 방치한 고교생이 있었다.

어머니의 생각은 의식적 · 무의식적으로 자식에게 전이된다. 자식이 남들이 보기에도 부러워할 만한 모습을 보이면 자랑스러워했을 것이고, 자신이 기대하고 바라고 있던 바에 미치지 못하는 모습을 자식이 보여주었을 때는 자식을 몰아붙이거나 다그쳤을 것이다. 그러다 결국에는 자식을 위해서라는 명목으로 포기한 것들에 대한 원망을 자식에게 쏟아낸다. 이런 부모의 모습을 보며 자식은 무슨 생각을 하게 될까? 아마도 자식은 어머니가 자신을 사랑하지 않는다고 생각할 것이 분명하다. 사랑하지 않는 것뿐만이 아니라, 자신이 자식이 아닌 도구처럼 인식될 수도 있다.

어릴 때는 이러한 어머니의 이런 모습이 사랑이라고 생각했을지도 모르나, 성장하면서 주위의 부모들이 자식을 사랑하는 것과는 조금 다르다는 것을 알게 된다. 이 고교생은 이런 생각들이 점차 쌓이고, 어머니와의 충돌하면서 결국 부모 존속살해라는 극단적인 방법을 선택하게 되었다. 보통의 경우라면 '반항'이라고 부를 수 있을만한 수준에서 그쳤을 수도 있지만, 상황에 따라서는 살해라는 아주 극단적으로 표출되는 경우가 있다.

(1) 자녀 · 부모의 역할 및 대안점

가부장적인 가치관을 가지고 있는 가족을 보면, 대게 자식의 양육은 어머니의 몫이라 생각한다. 자녀의 양육은 어머니만으로 이루어질 수 없다. 부부간에 자녀를 양육하면서 부족한 부분들을 보완하는 협력적인 관계가 된다면, 완벽할 수는 없어도 좋은 부모는 될 수 있다.

자녀들이 겉모습은 성인처럼 다 성장한 것처럼 보이지만, 아직 그 속은 어른들의 생각을 이해할 수 없는 '아이'이다. '성인'처럼 보이기는 하나, 여전히 '아이'인 것이다. 따라서 자녀들이 무언가를 해결할 수는 없지만, 어머니로 인해서 자신의 힘든 상황들을 남들에게 표현하거나 도움을 요청할 수는 있다고 생각된다. 즉, 자신의 겪고 있는 어려움을 학교에서 친구들에게 하소연하거나 선생님들에게 상담함으로써 어느 정도는 해소할 수 있을 것이고, 그랬다면 어머니에 대한 분노가 살인으로 표현되지는 않았을 것이다.

부모의 잘못된 양육방법이 아주 큰 문제들을 만들어 낼 수 있다. 우리가 어떤 것에 대해 알기 위해서는 여러 방법들을 통해 공부를 하듯이 자녀를 옳은 방법을 통해 사랑하기 위해서는 공부를 하는 것이 필요하다. 어머니가 이미 결혼 전 가족들로부터 제대로 사랑받지 못했다면 자식에게도 올바른 사랑을 주지 못할 것이다. 그러므로 자신이 제대로 사랑받지 못함을 인정하고 자기 반성, 성찰, 치료프로그램을 통해서 바른 방법으로 자식을 사랑하는 방법을 고민해야 한다. 자녀를 잘 양육하기 위해서는, 자녀가 자신과 분리된 독립된 인격체이며, 스스로 사고하고 생각할 수 있는 존재임을 인정해야 한다. 그리고 부모의 생각과 경험이 항상 옳은 것이 아니라는 것을 깨달아 자신의 부족함을 인정할 수 있는 자세를 가져야 한다.

이제껏 '자녀'란 부모가 만들어내는 하나의 예술 작품이라고 생각했다. 어떻게 교육시키느냐에 따라 내 자녀의 습관, 버릇, 생각 등이 결정된다고 여겼기 때문이다. 부모가 내가 만들어낼 '결과물'에 초점이 맞춰져 있었다면 지금은 '어떻게' 만들 것인가에 초점이 맞추어진 것이 다르다고 볼 수 있다. 흔히 부모님들은 자식의 미래를 염려하고 걱정한다는 이유로 그 과정에서 중요할 수 있는 부분들을 간과한다.

즉, 자녀의 행복한 삶을 위한다는 명목으로 부모의 생각을 강요해서는 안 된다. 자녀들이 스스로 생각하고 판단하여 자신의 미래를 선택할 수 있도록 해야 한다. 조금 더 행복해질 수 있는 길을 선택하는 방법을 가르쳐주어야지 강요해서는 안 된다. 부모는 부모일 뿐 자녀의 인생을 대신 살 수 없다. 자녀를 자신의 틀에 가둘 수 없음을 늘 상기해야 한다.

(2) 자녀 · 부모의 역할

대부분의 부모가 자녀를 사랑하는 것은 틀림없지만, 사랑으로 포장된 욕심으로 잘못된 사랑을 좋은 사랑이라 믿고 교육하기 때문에 문제가 발생한다. 다시 말해, 부모의 사랑 자체는 문제가 아니지만, 사랑이라는 이름으로 자녀 입장보다 부모 스스로 판단하여 교육하여 생기는 문제인 것 같다. 부모의 잘못된 사랑방식은 자녀가 사랑이라는 것에 대해 잘못된 인식을 갖게 할 수 있다. 그렇게 되면 자녀 또한 잘못된 사랑방식으로 다른 사람들에게 과도한 사랑, 집착에 대한 결과를 가져 올 수 있다. 자녀를 부모가 끌고 가려고 하면 부모도 자녀도 힘들어지고, 후에 서로에게 상처가 될 수도 있다. 그러므로 부모가 자녀를 독자적인 존재로 인정하고, 그 욕구와 마음, 감정을 이해해줘야 한다.

〈표 4-2〉 자녀 · 부모의 역할

자녀	부모
• 부모와 대화를 하려고 노력한다. (부모님과 말을 하지 않기보다는 자신의 생각을 부모님과 대화를 해보도록 노력해야 한다.) • 스스로의 목표나 계획을 설립한다. • 긍정적 마음과 몸을 지닌다. • 자신이 미래에 행복한 일을 하려고 한다.	• 자녀를 부모의 분신으로 만드는 것이 아닌 자녀가 잘할 수 있는 것을 찾아주고, 도와준다. • 훈육보다는 대화를 통해 갈등을 풀어나가야 한다. • 부모와 자녀가 함께 활동적인 여가생활로 교감한다. • 좋은 부모란 자녀를 있는 그대로 보면서 자신의 삶도 제대로 살아가는 부모이다. 부모 자신의 삶에 자부심을 갖고 살아가면 아이도 독립적인 존재로 잘 자랄 수 있다. 부모 자신이 멋있고 행복한 삶은 사는 것이 중요하다. • 자녀를 믿고 기다려준다.

부모는 자녀를 믿어주고 스스로 선택하고 스스로 공부함을 강조하고, 부모 입장에서 자녀를 이끌기보다는 기다리는 것이 힘들기 때문에 끌고 가려고도 하지만 부모도 자녀를 믿고 기다려줄 노력과 사랑이 필요하다. 자녀가 공부를 잘한다고, 평판이 좋은 학교에 진학한다고 반드시 자녀가 자신의 꿈을 이루고 행복하게 살 수 있는 것은 아니다. 다만 그런 길로 가는 필요한 조건을 갖추는 것에 불과하다. 명문고나 대학에 들어갔다고 부모가 너무 우쭐댈 일도 아니다. 달리 말하자면 자녀가 명문고나, 대학에 들어가지 못했다고 해서 숨죽여 지내거나 자책할 필요도 없다.

(3) 부모의 지나친 기대의 문제점

부모의 착각으로 자녀가 고통을 받는 경우, 부모의 잘못된 기대감과 격려가 학생의 학업에 대한 부담감을 키우고, 이로 인한 심리적 문제마저 발생하게 된 것이다. 부모의 욕심으로 학생을 어떻게 만들겠다는 생각이 잘못된 것이다.

많은 부모들이 이 같은 행동을 한다. 부모 세대의 배우지 못하거나 사회적 지위를 가지지 못한 것에 대한 욕구불만을 자식을 통해 해소하려고 한다. 이렇다보니 이로 인한 자식교육이 삐뚤어지고 학생들의 부담감은 커진다. 어렸을 때부터 잘못된 욕구로 교육받은 자식들은 정서적 문제가 발생함으로써 학업에 영향을 미친다. 처음에는 남들보다 교육을 더 받음으로써 두각을 보이지만, 그것이 점점 지나면서 두각이 사라지고, 이에 따른 학생의 정서적 영향으로 잘못된 욕구해소마저 보이게 된다.

부모가 자식에 대한 무조건적 긍정적인 착각과 그 착각에서 이어지는 자식에 대한 기대가 자식을 오히려 망칠 수 있다는 것에 초점을 맞추고 있다. 그러한 부모의 착각 속에서의 따른 결과로 오히려 자식이 원하는 꿈을 이루거나 행복해지거나 잘되기보다, 방황하고 어린 나이 때부터 잘못된 성문화에 빠져들 수 있음을 결국엔 부모에게 자식에 대한 착각이 자식에 대한 실망·충격·배신감으로 부메랑처럼 날아올 수 있다고 경고하고 있다.

(4) 자녀 · 부모의 역할 및 대안점

부모는 자신들의 배우고자 하는 욕구와 열망을 자녀에게 투영시키지 말아야 한다. 어떻게 부모로서 당연한 경우라고 할 수 있지만 그들의 행동이 자녀들에게는 큰 부담감으로 다가온다. 부모는 학생에게 일방적인 교육을 실시하기보다는 자녀가 원하고자 하는 교육에 대해 찾아주어야 한다. 그리고 그 시기를 일찍 시작하여 자녀가 그 분야에서 두각을 나타낼 수 있도록 욕심이 아닌 격려와 사랑으로 보살펴야 한다.

자녀의 경우, 부모의 기대를 은연중 본인도 느낀다. 자신의 부모이기 때문에 그 기대도 자녀에게는 나름 달콤한 것이다. 하지만 이런 달콤함에 속지 말고 본인이 느끼는 부담감이나 자신의 정확한 의사를 전달해야 할 것이다. 즉, 자신이 무엇을 공부하고 싶고, 무엇이 되고 싶은지 정확히 알려주어야 한다.

부모의 잘못된 욕심과 열망의 투영은 부모 자신들뿐만 아니라, 자녀마저 불행하게 만드는 일이다. 부모의 뜻대로만 이루어진다면 부모와 자녀 둘 다 행복할 것이다. 하지만 이런 경우는 드물다. 부모는 한 발 양보하여 자녀들의 뜻을 헤아려주고, 자녀는 자신의 뜻을 정확히 밝히고 행동해야 한다. 누구나 가지는 생각이겠지만 자식에 대한 응원과 격려를 하는 부모가 되어야지, 욕심을 투영하는 부모는 되지 말아야 한다.

다시 말해 부모님의 기대에 맞춰 명문대 진학, 대기업 취업 등의 막연한 이유로 남들 다 그렇게 살아가니까 따라서 하는, 즉 공부를 '의무'라고 생각하여 스트레스와 좌절감을 갖기보다 진심으로 내가 원하는 것, 내가 원하는 행복, 내가 배우고 싶은 학문, 내가 걷고 싶은 인생 등을 부모님에게도 친구들에게도 어느 누구에게도 떳떳하게 설명할 수 있는 나만의 주관, 나만의 주체성을 갖고, 공부를 '수단'이 아닌 '나를 위한 학습'으로 느낄 수 있도록 끝없이 탐구해야 한다.

9) 아이가 자라면 부모의 역할도 달라져야 한다.

– 쓸데없는 곳에 쏟는 에너지는 단순 낭비가 아닌 자기 파괴적 에너지 낭비이다.

모든 부모에게 자신의 아이는 소중하고, 한없이 너그러워지고 싶은 존재임에는 틀림이 없다. 그것이 자연스럽고, 당연한 이치이다. 하지만 자신의 자녀가 '특별'하다고 생각하고 자신의 착각 속에서 양육하려 한다면, 아이는 사회 속에서 융화되지 못하고 '독특한' 아이가 될 것이다. 어딜 가도 '두드러지는' 아이로 키우고 싶다는 욕심이 과하면 아이는 어딜 가도 '도드라지는', 남의 눈에 미운 아이로 자라게 될 수 있다. 자신에게 아이가 소중한 만큼 '특별함'으로부터 벗어나기를 연습해야 한다.

(1) 부모의 변하지 않는 모습에 대한 문제점

자녀는 말 그대로 온실 속의 화초처럼 자라온 것이다. 흔한 비유이지만, 온실 속의 화초가 각종 세균과 거센 바람으로 가득한 바깥세상으로 나오면 어떻게 될까? 물론 평생 겪어보지 못한 시련에 흔들리다가 결국은 버티지 못할 것이다. 아이들도 마찬가지다. 불량식품을 먹거나 한 번쯤은 전혀 모르는 곳으로 여행을 떠나도 큰일 날 것은 없다. 오히려 걱정인 것은 곱게만 자란 자녀가 사회에 나가서 전혀 다른 환경과 사람들에 적응하지 못하고 도태되는 것이다.

(2) 자녀 · 부모의 역할

부모의 가장 흔한 자녀에 대한 착각은 부모 없이는 자녀가 아무것도 할 수 없고, 언제든지 보호하고 주시해야 할 대상이라고 생각하는 것이다. 인간은 지구상의 동물 중 가장 나약하게 태어난다고 한다. 생후 몇 년 동안은 스스로 먹을 것을 구할 수도, 스스로의 체온도 유지할 수 없다. 그런 점으로 미루어 본다면 당연히 아기는 부모가 지켜야 할 대상이 맞다. 하지만 아기가 아이가 되고, 학생이 되고, 성인이 되어가는 와중에도 자녀 스스로의 의사결정을 유도하지 않고 해답을 제공하고 무조건 따르도록 하는 양육방식은 여전하다. 어렸을 때 부모님이 허락하지 않아 불량식품도 사 먹어본 적이 없는 아이들이 종종 있다. 대학생이 되어서도 외박을 허락받지 못해 여행 한 번 가 본적이 없는 사람도 있다.

Chapter 5

자녀를 위한 부모 자신의 객관적 보기와 인식의 전환

부모·자녀 관계는 아이들의 성격 형성에 결정적으로 중요한 영향을 준다. 가정도 하나의 작은 사회이고, 가정생활이 작은 사회생활이라 볼 수 있다. 가정은 조부모, 양친, 형제라는 신분 관계에 의해서 각자의 위치가 정해지고, 일정한 지배·피지배관계, 지도·피지도의 관계, 교육·피교육의 관계 등이 존재한다. 맏이, 막내 관계도 있고 엄한 가정, 자유로운 가정, 편안한 가정, 복잡한 가정 등 여러 가지 형태의 가정이 있다. 부모가 자녀에게 대하는 태도나 교육방식에도 여러 가지 형태가 있고, 그 가정마다 가훈·가풍과 고유한 분위기도 있고 해서 다양하고 복잡한 사회라고 할 수 있다.

1. 부모 자신의 객관적 보기

1) 자녀의 문제행동에 대한 부모의 인식 재정립

부모들은 문제행동이 어떠한 과정에서 발생이 되었든 간에 자녀가 문제행동의 바람직한 변화를 보이지 않는다면, 미래에 대해 염려하게 된다. 집에서는 어떠한 행동을 하던 간에 외출 시에 식당에서나 유치원과 학교에서 교사의 지시에 잘 순응하고, 잘 따른다면 문제가 없는 것으로 기대한다. 하지만 문제행동 발생 시 체벌을 해서 아동의 문제행동이 개선이 된다면, 그렇게라도 해서 문제행동을 수정하려고 하는 것이 부모들의 마음이다. 하지만 대개의 아동들은 체벌이나 달래는 것으로 행동이 통제가 되지 않는다. 부모들은 자녀에 대해 편견을 버려야 한다. 첫째, 우리 자녀는 말로 가르쳐도 모른다. 둘째, 우리 자녀는 매로 다스려야 말을 듣는다. 셋째, 우리 자녀는 부모의 마음을 잘 모른다. 오히려 대부분의 자폐아동들은 가족 구성원의 심리를 잘 파악하고 있다.

2) 현실의 인지(현실인식) - 부모의 문제가 아이에게 전해진다.

어머니의 엄격한 교육태도를 아는 아동들은 집에 손님이 오면 자신이 어떠한 행동을 해도 꼼짝 못하는 어머니라는 것을 알고 있다. 또한 집에 전화가 오면 자신이 다른 행동을 취해도 전화 받는 동안 어머니는 자신을 마음대로 간섭할 수 없다는 것을 알고 있다. 할머니에게는 말을 전혀 듣지 않으면서도 아버지에게는 꼼짝하지 않고 말을 잘 듣는 경우나, 어머니의 말을 전혀 듣지 않으면서도 선생님의 말을 잘 듣는 아이들은 개개인의 심리를 잘 파악하고 있다는 것이다. 문제행동을 잘 통제할 수 있는 방법이 있다. 이러한 방법을 등가소거법이라고 한다. 즉, 행동 항목마다 심한 것과 경미한 것으로 분류하고 심한 정도를 등가를 메긴 후에 경미한 문제행동부터 소거해가는 방법을 말한다.

사회적 부적응으로 일어나는 반사회적·비사회적 행동으로 일정한 기준에서 법, 규칙, 도덕적 규범 등 질서를 지키지 못하거나, 남에게 해를 끼치지는 않지만 혼자 공상하고, 불안해하거나 등교거부 등의 행동을 하여 부모의 마음을 괴롭히는 행동 등은 자녀의 환경과 행동의 원인을 분석하여 문제행동을 소거해나가야 한다.

2. 부모교육의 방법에서 부조화를 찾다

중국과 일본의 학습은 문제해결(problem-solving) 지향적이며, 사실이나 풀이 과정의 기계적 암기가 아니다. 이 국가들의 교사들은 강의(lecture)에 많은 시간을 할애하지 않으며, 어린이들은 학습과정에 능동적으로 참여하게 한다. 교과과정은 각 교시(校時)별로 하나의 이야기처럼 서론·본론·결론으로 구성된다. 매 교시 수업이 실제 문제로 시작되며, 그 문제는 대부분의 경우 칠판에 게시된다. 학생들이 혼자서 공부하는 시간, 곧 자습시간은 길지 않다. 자습시간은 문제에 대한 집단토의와 스스로 풀어보기 사이에 짧게 주어진다. 중국과 일본의 교사들은 학생들이 틀리게 답했을 때 학급전체를 대상으로 공개적으로 토론한다. '틀림'(errors)은, 미국에서는 실패로 규정되지만, 중국과 일본에서는 '더 배워야 할 필요가 있음을 표시'(an index of what still needs to be learned)할 뿐이다. 일본 교사들은 학생들이 수고하고 심층적으로 이해할 수 있도록 시간을 충분히 할당한다. 아시아 교사들은 수업을 효율적으로 진행하기 위해서 학생들의 흥미와 배경을 고려하여 매우 다양한 방법을 사용하며 수시로 바꾼다(오욱환, 2006).

1) 부모의 행복을 자녀의 행복으로 착각 – 부모의 문제가 아이의 문제가 된다.

영국의 교육개혁자 A. S. 니일은 문제아동의 모든 심리에는 부모의 영향이 지배적이기에 부모가 먼저 교육을 통해 변해야 한다고 주장하고 있다. "결코 문제아동은 없다. 단지 문제부모가 있을 뿐이다."라고 이야기 하고 있다. 문제아동이 생기는 까닭은 대게 부모가 자기 자신을 이해하지 못하기 때문이라고 말하고 있다. 어린이가 성장하면서 원초적인 쾌락을 찾는 과정에서 그릇된 부모의 교육으로 인해 그 쾌락이 거부당하면서 어긋나는 아이들의 여러 상황을 볼 수 있고, 창조적인 활동이 금지된다고 깨달은 어린이는 열등한 측면과 수동적이고 소유적인 측면의 행위를 찾는다. 금지된 창조활동이 파괴로 나타나면, 방화, 폭행, 거짓말 등으로 창조활동을 방해 받을 결과로 생길 수 있는 것이다. 두려움과 공포 또한 억눌린 창조활동의 표현일 수 있다고 말할 수 있다.

"부모는 아이의 거울이다."라는 말이 있다. 이는 자식의 교육에 부모의 역할이 얼마나 중요한지를 잘 알려주는 구절이기도 하다.

2) 문제는 항상 부모에게 있다.

바람직한 부모 자녀 관계란, 부모의 일방적인 관계가 아니고 상호관계이므로 아이들과 원만하고 활발한 대화를 통해서 모든 문제를 해결해가는 가정이 되기를 바라는 바이다. 부모는 자녀에게 다음과 같은 마음가짐, 태도, 행동으로 대하고 관계를 가질 때 아이들이 건전하고 건강하게 자라나게 된다.

아버지나 어머니는 아버지로서, 어머니로서의 역할이 무엇인지를 분명히 인식하고, 지키도록 최대한 노력해야 한다. 아버지는 가정의 위계질서 감정적 분위기들을 결정하는 데 가장 중요한 위치에 있다. 아버지는 가족원을 하나로 묶고, 가족이 공동의 목표를 가지고 살아가게 하는 데 핵심적인 역할을 한다. 아버지는 아이들 앞에서 의사결정에서 합리적이고 단호한 면이 있어야 하고, 흔들림이 없는 신념과 가족원들이 감정적으로 의논할 때 기댈 기둥으로서의 든든함을 가지고 있어야 한다.

3) 사랑이란 이름의 억압

현대 정보화 시대는 의사소통방식의 변화로 인하여 부모와 청소년 사이의 대화가 더욱 부족한 실정이다. 우리나라 고등학생의 대다수(98.1%)가 고민이 있고, 고민상담 대상으로 여전히 친구(57.2%)가 제일 큰 비중을 차지하는 반면, 부모는 오히려 점점 고민상담 대상으로서의 역할이 축소되고 있는 실정이다. 이는 부모가 청소년 자녀에게 마음을 터놓고 대화할 만한 대상이 되지 못하는 것을 입증한다. 이러한 원인으로 N세대로 대표되는 청소년들과 부모의 공감할 수 있는 대화소재 부족을 들 수 있으며, 부모자녀 간의 심각한 대화단절은 청소년의 우울증, 충동적 행위 등과 같은 정신이상 증세의 급격한 증가와 관련이 깊다.

부모와 청소년 자녀의 관계를 측정할 수 있는 지표가 되는 의사소통은 가족의 응집성·적응력과 긴밀한 관계를 가지며, 역기능적 수준에서 기능적 수준으로의 변화를 돕는 중요한 촉매 역할을 담당한다. 개방적인 의사소통은 정서적 결속과 변화에 대한 적응 능력을 향상시키며, 이러한 가족의 기능성 향상이 청소년의 적응을 촉진시킨다. 또한 가족의 응집성과 적응력에는 아버지와의 의사소통이 어머니와의 의사소통보다 더 큰 영향력을 미치는 것으로 나타났다.

더구나 우리나라의 문화적 특성상 부모자녀 간의 갈등이 밖으로 잘 드러나지 않으며, 청소년 자녀는 부모와 갈등이 생기면 적극적인 방법보다는 수동적인 방법으로 문제를 해결하는 것으로 나타나 문제의 심각성이 더욱 커지고 있다.

4) 부모의 불안이 아이에게 잠식한다.

불안이라고 하는 것은 사실 누구에게나 있는 것이다. 모든 사람들에게 존재하는 정상적인 감정의 일종이라고 할 수 있다. 위협이 감지되면 인간은 불안과 두려움을 느끼면서 동시에 자율신경계의 교감신경이 활성화된다. 이때 혈압이 상승하고 동공은 확대되며, 호흡과 맥박이 빨라지고 근육은 긴장되고 땀이 나며 두통, 가슴이나 위장의 통증 등을 느끼게 된다. 불안을 경험하는 사람이 안절부절못하면서 가만히 앉아 있지 못하는 것은 불안과 두려움이라는 심리적인 감정뿐 아니라, 이러한 신체적 변화도 함께 겪게 되기 때문이라고 할 수 있다. 또한 위협에 대비하여 주의를 기울이고 그에 대한 대비책을 생각하는 등 긴장상태를 유지하게 된다. 다시 말하면, 불안은 위험한 일이 발생했으므로 이에 대비할 것을 알리는 경계 경보와 같다.

성인처럼 소아에서도 불안증이 있다. '소아불안'의 원인은 아동이 어떤 자극에 대해 지나치게 과민하게 반응해 그것을 남들보다 정도 이상으로 과도하게 느끼고 인식함으로써 주로 발생한다. 때때로 특별한 이유 없이 막연하게 불안을 느끼기도 하며, 다가올 일을 미리 앞서 걱정하거나 실제로는 없는 걱정을 스스로 만들어서 불안하게 인식하기도 한다. 또한 불안해 할 필요가 없는 상황에서도 불안해하거나, 정도 이상으로 지나치게 불안해하는 경우이다. 이때는 특히 성장하는 시기에 부모의 가출이나, 이혼, 맞벌이 등을 통해 상당 시간을 부모와 떨어져 지내거나 가정생활에 안정감을 유지할 수 없을 때 나타난다. 특히 부모의 양육에서의 불안정감과 부모 자신의 사회·경제적 불안감과 우울증, 조울증, 강박증 등의 환경적 요인 등이 자녀에게 미치는 영향이 크다.

5) 부모의 기대치가 크면 아이에게 무의식적으로 능력보다 크게 투영된다.

부모님의 기대, 혹은 명문대 진학, 대기업 취업 등의 막연한 이유로 남들 다 그렇게 살아가니까 따라서 하는, 즉 공부를 '의무'라고 생각하여 스트레스와 좌절감을 갖기보다 진심으로 내가 원하는 것, 내가 원하는 행복, 내가 배우고 싶은 학문, 내가 걷고 싶은 인생 등을 부모님에게 친구들에게도 어느 누구에게도 떳떳하게 설명할 수 있는 나만의 주관이 필요하다. 나만의 주체성을 갖고, 공부를 '수단'이 아닌 '그 자체의 목적'으로 느낄 수 있도록 과연 올바른 가치관은 무엇인지 끝없이 탐구하고 생각해보는 것이 바람직하다.

부모는 자녀에 대한 자신의 기대감을 낮추고, 객관적으로 자녀를 바라볼 수 있도록 노력해야 한다. 그리고 부모 자신이 못 이룬 꿈을 자녀가 이루었으면 하는 생각도 하지 말아야 한다. 자녀와 많은 대화를 하고, 자녀의 꿈이 무엇인지, 하고 싶어 하는 것은 어떤 것인지에 이야기를 하고 필요한 것을 지원해주는 역할을 하도록 한다. 자녀는 부모에게 자신의 목표에 대해 확실히 이야기하고, 부모의 기대치가 높으면 부모와 대화로 풀려고 노력을 해야 한다. 여기에서는 자신의 의사를 분명히 하는 것이 중요하다.

부모는 자신의 자녀만큼은 다른 아이들과 달리 탈선을 하지 않고, 올바르게 자랄 것이라고 기대한다. 자녀에게 무의식적으로 압박을 하게 된다면 자녀는 부모의 기대에 보답하기 위해 노력하지만, 부모가 기대한 것 이상으로 잘해 내면 계속 잘해야 한다는 부담감에 힘들어 할 것이다. 기대했던 것 이하로 하게 되면 자녀도 자기 자신에 대해 실망을 하게 되고 자책을 하게 되며, 자아존중감은 낮아질 것이다. 결국 부모와 자녀는 서로에게 실망하게 되어 부모 자녀 간의 관계도 안 좋아질 것이다.

6) 학교교육에만 의존하면 교육은 해결된다? (학교, 사교육, 학원, 유치원)

학교교육은 자아실현의 기능을 한다. 개인의 성장과 발달을 최대한으로 신장시키려는 환경을 조성하려 한다. 교육의 대상은 인간이라는 점과 인간의 가소성은 개인차가 있다는 점에서 학교는 개개인을 교육의 출발점으로 삼고 있으며, 교육의 목적 또는 개인의 전인적인 성장과 발달을 돕는 데 노력하고 있다.

하지만 오늘 사회는 학교를 형식적 학력을 수여하는 기관, 학력위주의 교육기관으로 인식되고 있는 실정이다. 획일화된 교육은 개인의 능력과 상관없이 가치관 · 사고방식 · 행동양식 등의 획일화를 가져오고 있다. 인간은 살아가는 동안 시간적 · 공간적으로 어느 곳에서든지 교육 받는 존재이며, 보다 가치있고 바람직한 삶을 살기 위해서는 교육이 반드시 필요하다.

3. 부모 인식의 전환 – 자녀의 성장에 따른 부모재교육

부모들도 아이에게 삶의 과정으로서의 교육, 즐거움으로서의 학습, 자신을 위한 공부 등을 습득시켜야 한다. 족쇄를 채우듯이, 목을 조르듯이 강압적인 방법으로 아이의 학업성적을 높일 수는 있지만, 그 성적은 일시적일 뿐이며, 이러한 방법으로는 오히려 공부에 대한 혐오감을 갖게 하거나 학습기회를 스스로 포기하게 만들 수 있다.

한국 대학에서는 외부의 강압에 의해 열심히 공부하는 학생들이 많이 있지만 스스로 공부하는 학생들은 그렇게 많지 않다. 외부의 압력에 의해 공부하는 학생들의 약점은 스스로 주제도 정해야 하고 자료도 수집해야 하며 남을 비판하듯 자신을 비판하며 글을 써야 할 때, 곧 논문을 작성할 때 어쩔 수 없이 드러난다. 인생은 끊임없이 배워야 하는 과정이므로 스스로 글쓰기 공부하는 습관과 태도 기르는 작업은 부모가 소홀히 할 수 없는 부분이다.

사회가 급변하고 일상적인 생활과 직업적 업무 수행에서 새로운 기술과 지식이 끊임없이 요구되고 있다. 학교에서의 배움만으로 사회생활과 직장생활이 가능했던 시절은 지나갔다. 미래사회는 평생 동안 진지하게 학습해야만 제대로 살아갈 수 있는 학습사회(learning society)로 전환했다. 다시 말해, 부모는 어떤 상황에서도 자녀에게 배우기를 포기하지 않도록 하는 데 정성을 쏟아야 한다. 왜냐하면 학생들이 살아갈 세상은 지속적인 학습을 요구하기 때문이다. 그리고 어떤 시기에는 학습 능력이 낮았던 학생일지라도 교사, 교과목, 학습 시기, 가정환경 등 여러 가지 요인이 변화함에 따라 높은 학습 능력을 발휘할 수 있기 때문이다(오욱환, 2006).

이와 같이 교육이라는 것은 삶으로부터 이루어지는 끊임없는 차이와 반복의 놀이이며, 나아가 자기교육을 통해 마치 사랑하는 것과도 같은 그 자체로 가치 있는 활동이 되어야 한다(이현지, 2013).

Chapter 6

올바른 자녀교육 방법

1. 자녀를 학대하는 나쁜 부모 사례 1

보건복지부와 중앙아동보호전문기관(2012)이 2005년부터 2011년까지 전국 45개소 아동보호전문기관에 신고, 접수되어 아동학대로 판정받은 38,394건을 기초로 아동학대 현황에 대해 분석 결과에 의하면, 아동학대 가해자는 80% 이상이 친부모이고, 학대장소 또한 80% 이상이 가정 내인 것으로 나타났다. 이는 영유아에게 가장 안전해야 할 가정이 오히려 영유아에게 치명적인 손상을 입히고 있음을 의미한다(정계숙 외, 2013).

Box 6-1 "오줌 못 가려" 세 살 아들 때려 숨지게… '나쁜 부모' 사회문제로

'철부지 부모'들의 자녀 폭행 · 사망 사건이 잇따르고 있다.

일산경찰서는 5일 아들을 상습적으로 때리고 학대해 숨지게 한 아버지 박모 씨(23)를 폭행치사 혐의로 구속하고 어머니 주모 양(18)을 아동복지법 위반 혐의로 불구속 입건했다.

이들은 1월 19일 고양시 덕양구 원흥동 집에서 장난감으로 아들을 때리고 바닥에 던져 숨지게 한 혐의다. 4년 전부터 사실혼 관계였던 박 씨 커플은 지난해 12월 보호시설에 맡겨뒀던 아들을 데려온 뒤 "대소변을 가리지 못한다"며 상습적으로 학대해 온 것으로 드러났다. 이들은 아들이 숨지자 119에 신고한 뒤 아들의 온몸에 난 멍자국에 대해 "다리가 약해 잘 걷지 못하고 자주 넘어졌다"고 둘러댔다. 하지만 이를 수상하게 여긴 병원 간호사가 경찰에 신고해 덜미를 잡혔다. 박 씨는 고교 졸업, 주 양은 중학교 중퇴로 별다른 직업 없이 주변의 도움을 받아 생활해온 것으로 알려졌다. 박 씨는 사기 혐의로 수배 중이기도 했다.

지난달 25일에는 경남 창원시에서 최모 씨(37 · 여)가 세 살짜리 아들을 때려 숨지게 한 뒤 시신을 가방에 담아 저수지에 버리는 사건이 발생했다. 최 씨는 경찰에서 "학대받고 살아온 나처럼 아들이 살까봐 일을 저질렀다"고 진술했다. 또 2010년 3월에는 온라인 게임에 중독된 부부가 생후 3개월 된 딸을 방치해 굶겨 죽여 징역 5년형을 선고받았다. 범행을 저지른 부부는 남편은 40대였지만 아내는 20대 중반이었다.

이들 가해 부모의 특징은 "자꾸 보챈다", "시끄럽게 한다" 등 사소한 이유로 친자식을 학대하고, 비교적 나이가 젊고 경제적 어려움을 겪고 있다는 점. 또 불우한 가정에서 자라 정상적인 부모의 역할을 제대로 배우지 못한 경우가 많다는 점이다.

일본에서는 이처럼 아이를 학대해 죽게 하고도 죄책감을 느끼지 못하는 부모들의 사례가 잇달아 보도되면서 이미 사회문제로 비화해 2010년 초 일본 국회에 아동학대가 발생할 경우 일시적으로 친권 행사를 제한하는 법안이 제출되기도 했다. 미국에서도 지난해 두 살짜리 딸을 살해한 혐의로 케이시 앤서니(25)가 기소돼 재판을 받았다. 앤서니는 나이트클럽 홍보 일을 하는 싱글맘으로 딸이 실종됐는데도 경찰에 신고하지 않았다.

이양희 성균관대 법학과 교수(전 유엔아동권리위원장)는 "학교 교육에 부모 교육, 아동 인권 관련 수업을 의무화하고 어떤 것이 아동 학대인지 알려야 한다"며 "아동학대는 재범률이 높은 만큼 성범죄자처럼 재발방지교육을 의무화해야 한다"고 말했다.

출처: 동아일보, 2012. 12. 6.

2. 자녀를 폭행하는 나쁜 부모 사례 2

아동학대 유발요인으로는 영유아기에 학대를 경험한 부모들이 그들 자신의 자녀를 더 학대하는 경향이 있으며, 부모들이 영유아기에 엄격한 훈육, 잔인성, 거부, 폭력, 가정위탁, 방임 또는 성학대를 경험한 것을 영유아 학대의 잠재성과 관련짓는다(Egeland, 1988).

최근에는 어머니의 취업 영유아 학대와 직접적인 관련성은 없지만 맞벌이 가족 아버지의 아동학대율이 높게 나타난다. 물질적·사회적 빈곤과 결핍 또한 아동학대에 부정적인 영향을 미친다. 즉 사회·경제적 지위가 낮은 가정과 사회적 고립된 가정의 아동에게 아동학대가 자주 발생한다(안혜정·김신애·고주애, 2002; Coulton, 1999).

Box 6-2 8살 아이들 사건 분노…"살인죄로 처벌", 요구 쇄도

8살 의붓딸의 머리, 가슴, 허리 등을 수차례 때려 숨지게 한 혐의로 구속 수감된 계모 박모(40 · 여) 씨가 평소에도 상습적으로 폭행 및 학대를 가해 온 사실이 경찰 조사결과 드러났다.

이양의 체벌문제로 아버지와 말다툼 한 뒤 이양의 아버지가 잠깐 외출한 틈을 타 다시 폭행을 가했다. 박 씨는 이양을 욕실로 끌고 가 샤워기로 뜨거운 물을 이양에게 뿌려 이양의 피부에 수포가 일어날 정도의 2도 화상을 입혔다. 경찰은 이양이 사계절 내내 긴 옷을 입었다는 주민들의 증언을 참고해 이때 입은 화상 탓일 것으로 추정하고 있다.

경찰 관계자는 "이양이 상처가 아물기도 전에 상습적인 구타를 당함에 따라 엉덩이 근육이 소멸하고 섬유질로 채워지는 둔부조직섬유화(둔부만성염증)에 시달려 왔다는 의사 소견을 확보했다"고 밝혔다.

경찰 관계자는 "이양의 아버지는 부동산 분양 대행업에 종사해 2주에 한 번 집에 들렀기 때문에 이양이 어머니에게 그토록 심하게 폭행당하고 있다는 사실을 알기 힘들었다"고 전했다.

출처: 국민일보, 2013. 11. 4.

3. 자식을 믿고 지지하는 부모 사례 1

각 시대에 따라 자녀에 대한 부모의 신념은 다르며, 이에 따른 자녀의 훈련 방식은 다르다(Kagan, Powell, Weissbourd, & Zigler, 1987). 그러나 변하지 않는 사실은 부모는 자녀교육의 첫 번째 교사로서 자녀의 교육문제를 주관하는 관리자이다. 부모는 자신의 능력에 자신감을 가지고, 효과적으로 부모역할을 수행해야 한다. 다음은 게임중독이 빠진 자녀를 자식을 믿고 지지하여, 명문대에 입학시킨 아버지의 사례이다.

Box 6-3 대단한 어머니 둔 원조 엄친아는 게임 중독 아들을 어떻게 고대 법대에 보냈나

[인터뷰] 검사 출신 김회선 서초갑 국회의원

한국에서 전형적인 엘리트 코스를 밟은 서초갑 김회선 의원(새누리당) 얘기다. 그는 경기고, 서울대 법대 출신으로 25세에 사법연수원을 수석 졸업했다. 검사 생활 25년 중 2년을 제외하고는 줄곧 서울에서 근무할 만큼 승승장구했다. 그리고 국가정보원 제2차장을 거쳐 지난해 총선에서 국회의원이 됐다. 대단한 배경이라도 있는 게 아닌가 싶지만 그는 실은 가난한 말단 공무원의 아들이었을 뿐이다. 김 의원은 그의 성공 비결을 학업에서 찾았다. 그리고 그를 학업으로 이끈 원동력은 부모라고 했다. 다음은 일문일답이다.

• 탄탄대로를 걸었다.

"어머니의 교육열 덕분이다. 어릴 때 대문 없이 미닫이문 열면 바로 마루로 연결되는 안암동 산비탈 작은 집에 살 정도로 집이 가난했다. 세무서 말단 공무원이었던 아버지 봉급으론 4남매 키우기도 빠듯했을 텐데 나 경기중 보내겠다고 초등학교 5학년 때부터 과외를 시켰다."

• **아들은 고대 법대를 나왔다. 서울대 나온 부모는 자녀가 서울대 못 가면 더 서운할 것 같다.**

"전혀. 고3 올라가서도 과연 아무 대학이라도 갈 수 있을까 걱정했다. 중2병이라는 말이 있지 않나. 우리 아들도 중2 때 심하게 앓았다. 매일 온라인 게임 스타크래프트에 빠져 살았다. 하루는 학원에서 애가 안 왔다는 전화가 왔다. PC방을 뒤져서 찾아냈는데, 눈이 완전히 풀려 있는 걸 보고 큰 충격을 받았다. 안 되겠다 싶어 학원을 그만두게 하고는 내가 직접 가르쳤다. 돌이켜보니 난 천재가 아니었다. 한 번 1등을 해보니 거기서 내려오기가 싫어 죽자살자 공부했던 거다. 아들도 일단 그걸 한 번 맛보면 달라질 거라고 확신했다."

• **한창 검사로 바빴을 땐데 어떻게 가능했나.**

"서울지검 형사 제6부 부장검사 할 때다. 바빴지만 아들이 우선이었다. 가능한 한 저녁 약속은 잡지 않았다. 가르치려고 봤더니 수학을 다 까먹어서 내가 먼저 공부해야겠더라. 아들 방에 들어가 아들은 게임하라고 하고 나는 중1 수학 문제집을 풀었다. 애가 게임을 하면서도 얼마나 부담스러웠겠나. 하지만 시치미 뚝 떼고 '치매 방지용으로 하는 거니 신경 쓰지 마라'고 했다. 요즘 참고서 정말 좋더라. 1주일 푸니 중1 과정을 끝냈다. 이어서 중2 수학을 공부했다. 나도 모르게 빠져들었다. 어려운 난이도 문제를 풀면 너무 신나서 혼자 환호성을 지른 적도 있다. 이렇게 다 풀고 나서 아들을 설득했다. '너는 나랑 같이 공부해야 한다'고. 또 '학원이나 과외 선생은 워낙 잘하는 사람이라 네가 왜 못 푸는지를 이해 못하지만 나는 어디서 뭐가 막히는지 알겠다'고. 나랑 하자고 설득했다."

• **그래서 그때부터 공부를 가르쳤나.**

"숙제 안 내고 잘 가르치겠다니까 응하더라. 수학뿐 아니라 이런 식으로 6개월 동안 전 과목을 다 가르쳤다."

• 결과는 어땠나.

"실패였다. 가르칠 때는 잘 알아듣는데 정작 시험을 보면 부담감 때문인지 성적이 안 나왔다. 하지만 우리 내외는 애한테 공부 이야기를 전혀 안 꺼냈다. 학원이나 과외도 안 시켰다. 정말 힘들었다. 주위 검사들이 '우리 애가 외고 갔네' '경시대회 수상을 했네'라는 말을 하면 속에서 열불이 나더라. 아들이 하나밖에 없는데, 라며 한숨지은 적도 많다."

• 그런 아들이 어떻게 고대 법대를 갔나.

"내가 직접 공부를 가르친 건 두 가지 목적이 있었다. 하나는 실력 향상, 다른 하나는 부모가 최선을 다한다는 걸 보여주기 위해서다. 내 어머니가 그랬던 것처럼. 어머니가 도서관 한 귀퉁이에 숨어 있었다는 게 늘 머릿속에 각인돼 있다. 나도 아들을 위해 최선을 다한다면, 그걸 아들이 알아준다면, 내가 인생에서 후회하지 않을 것 같더라. 아내한테도 고맙다. 공부하라는 말 대신 신문을 보다 좋은 칼럼이나 사설이 있으면 아들이 보든 안 보든 오려서 책상에 놓아뒀다. 매일 새벽 성당에 가서 아들을 위해 새벽기도를 했다. 애가 고3이 돼 정신을 차렸고 재수해서 고대에 갔다. 수능에서 2~3개 틀렸더라. 기적 같았다. 부러워하는 검사들이 많았다. 내색을 안 해서 그렇지 검사 아들 중에 공부 안 하고 속 썩이는 애들이 많더라. 내가 직접 가르친 건 검찰에서 유명한 얘기다. 그 후 상담 요청이 많이 들어왔다."

• 당신 인생에서 아들 교육이 큰 부분을 차지한 것 같다.

"지금도 스타크래프트라는 말을 들으면 치가 떨린다. 그런데 생각해보면 그놈이 날 꼭 닮은 거더라. 사법연수원 시절에 벽돌 깨기 오락이 나왔다. 내가 동기 100명 중 벽돌 깨기 최고수였다. 내가 공부하던 시절에는 지금 같은 오락거리가 많이 없었으니 공부에 집중하기에 더 좋았던 것 같다. 그런 점에서 요즘은 자식 교육시키기가 더 어려워졌다."

• 혹시 좌절해본 기억이 있나.

"경기중 떨어진 거? 아들 교육? 솔직히 진정한 의미의 좌절은 없었다. 하지만 조금 다른 시각에서 이야기를 해보고 싶다. 내가 성공가도를 달려온 건 맞다. 그런데 너무 피곤하다. 인생 내내 경쟁하며 이기기 위해 살았다. 그러다 보니 성격도 이기적이다. 그래서 내 자식은 달랐으면 좋겠다. 통 크고 마음이 따뜻하고 편안한 사람이 됐으면 좋겠다. '저 친구 만나면 기분이 좋다.' 이런 말 듣는 사람으로 커준다면 바랄 게 없을 것 같다."

출처: 중앙일보, 2013. 9. 25.

4. 자녀를 홈스쿨링 시킨 부모 사례 2

현대사회의 급속한 변화 속도로 보아 미래사회의 변화는 더욱 가속화되고 있다. 따라서 부모는 자식에게 미래사회에 대한 다양한 정보와 자녀가 미래사회에 적응할 수 있는 능력과 인성·가치·태도·기술·능력 등을 갖추도록 도와야 한다. 그러기 위해서는 부모가 먼저 새로운 지식 및 교양을 습득하고 봉사활동에 적극적으로 참여하여 자녀에게 본보기가 되도록 해야 한다. 다음 사례는 어머니가 자녀의 수준에 맞는 개별적 프로그램으로 자녀를 초등학교 때부터 수학과 영어를 직접 가르쳐 집중력을 높여준 사례이다.

Box 6-4 **대청중 3학년 전교 1등 박지상 군, "100점 비결, 학원 늦게 보낸 덕분이죠."**

엄마가 초등생 때 영어? 수학 직접 가르쳐
수학 풀 땐 스톱워치 사용, 집중력 높여
사소한 계산 실수도 꼭 다시 풀게 해

"수학학원만 3개 다닌다며?"

대청중(서울 대치동) 입학 후 1학기가 지나자마자 박지상(15 · 3학년) 군은 주변 엄마들 사이에 '수학학원 3개 다니는 애'로 소문이 났다. 전교에서 유일하게 중간 · 기말고사 모두 수학 100점을 맞았기 때문이다. 대청중은 워낙 내신 경쟁이 치열한 터라 엄마들 관심이 남달랐다. 다들 제대로 확인해 보지도 않고 사교육의 힘이라고 믿었다. 하지만 박군이 당시 다니던 수학학원은 하나였다. 사교육 도움을 전혀 안 받은 건 아니지만 사교육 1번지에서도 전교 1등 성적은 학원이 아니라 자기 방 책상에서 나온 거였다.

① 스톱워치로 시간을 맞춰놓고 수학 심화문제를 풀고 있는 박지상군. ② 책상 위 모습. 오디오와 스톱워치, 메모판과 화이트보드 등이 눈에 띈다. ③ 박군 책상 · 책장에는 학습을 방해하는 요소가 하나도 없다. 집중력을 높이기 위해 MP3 · 만화책 등은 시험 한 달 전부터 눈에 띄지 않는 곳에 치워 둔다.

"한 남자가 있어~. 널 너무 사랑한. 한 남자가 있어. 사랑해 말도 못하는."

박군 방에 들어서자 귀에 익숙한 가요가 흘러나왔다. 잠깐 쉬는 중인가 싶었는데, 책상에 앉아 수학 문제를 풀고 있었다. 산만해진다고 많은 부모가 노래를 들으며 공부하는 걸 말린다. 하지만 박군은 생각이 달랐다. 그는 "수학을 담당하는 좌뇌와 음악을 담당하는 우뇌를 동시에 자극해 그런지 집중력이 올라가 이해가 잘 된다"고 말했다. 여기서 중요한 점 하나. 이미 달달 외울 정도로 익숙한 발라드 몇 곡만 집중적으로 듣는 거다. 새로운 음악을 들으면 호기심이 생겨 오히려 집중력이 떨어지기 때문이라는 설명이다.

또 한 가지. 수학 심화 문제를 풀 때는 음악을 끈다. 대신 책상 위에 명함만 한 스톱워치를 켠다. "째깍째깍." 타이머가 돌아가면 박군의 눈과 손도 분주하게 움직인다. 25분 내에 5문제 또는 40분 내에 10문제를 푸는 식으로 시간 내 문제풀이 연습을 위한 거다. 스톱워치를 사용하기 시작한 건 초등학교 3학년 때 '기적의 계산법'(일본에서 처음 만들어진 연산 연습법)을 풀면서다. 매번 시간을 재며 덧셈·뺄셈 등 연산 문제 100개를 정확히 푸는 연습을 했다. 엄마 이혜은(48·서울 대치동) 씨가 채점 후 점수를 그래프로 만들어 실력을 점검했다.

스톱워치를 사용하는 것 외에 집중력을 높이는 방법은 또 있다. 책상 주변 깨끗이 하기다. 시험 한 달 전부터 방 안에는 공부와 관련된 물건만 남겨 놓는다. 평소 책상 옆 책장에 있는 MP3나 만화책, 소설책 등은 모두 눈에 안 띄는 곳에 치워 둔다. 그는 "내가 집중력이 아무리 뛰어나다지만 만화책이 눈에 띄면 괜히 뒤적이게 된다"며 "집중력을 흐리는 요소를 사전에 차단시키는 게 중요하다"고 설명했다.

수학 교재를 풀 때도 박군만의 방법이 있다. 단원별로 상·중·하 난이도를 나누는 거다. '하'는 시험 3주 전에, '중'은 시험 2주 전, '상' 시험 일주일 전에 푼다. 또 항상 서술형으로 답을 해결한다. 머릿속으로 암산이 가능한 문제도 반드시 식을 세운 뒤 답을 구하는 식이다. 박군은 "이런 훈련 덕분에 어떤 유형의 서술형 문제가 나와도 당황하지 않을뿐더러 계산 실수도 적다"고 말했다. 수학 만점의 비결이 이렇게 곳곳에 숨어 있는 셈이다.

이렇게 되기까지 엄마 힘이 컸다. 초등학교 저학년 때는 엄마가 직접 영어·수학을 가르쳤다. 영어는 5세 때부터 매일 한 시간씩 꾸준히 함께 책을 읽으며 해석해 주고, 외워야 할 단어를 정리해 줬다. 체계적인 문법 공부의 필요성을 느껴 학원에 보낸 건 초등학교 3학년 때다. 수학은 초등학교 5학년 때까지 가르쳤다. 학년별로 2~3개 다른 교재를 풀게 했다. 하지만 중2 심화 부분 선행을 할 즈음 한계가 왔다. 수학 전공자도 아닌 엄마가 가르치기에 난도가 너무 높아져서다. 이씨는 "그때 처음 수학학원에 보냈다"며 "어렸을 때부터 사교육을 받았으면 중학교에 올라와 좋은 성적을 받기 어려웠을 것"이라고 말했다.

무슨 말일까. 박군은 사소한 계산 실수로 오답을 내는 경우가 많았다. 실수하면 아는 문제라도 다시 풀게 하는 등 반복적으로 학습시켰다. 이씨는 "학원에 다녔으면 진도 나가느라 이런 사소한 습관을 고칠 수 없었을 것"이라며 "그랬다면 고학년이 돼 힘을 발휘하기 어려웠을 것"이라고 말했다.

자기 자식 가르치기가 제일 어렵다는데 어떻게 '엄마표 학습'을 이렇게 성공적으로 할 수 있었을까. 그건 성취욕 강한 박군의 성향과 관계가 있다. 박군은 5세 때부터 엄마에게 먼저 "공부를 가르쳐 달라"고 졸랐다. 엄마 욕심이 아니라 아이가 원해서 시작한 거라 그만큼 결과도 좋았던 거다. 박군은 "어렸을 때 가장 많이 한 말이 '엄마, 나 이제 뭐해'였다"며 "하루에 학습해야 할 양을 정해 주면 엄마 예상보다 훨씬 일찍 끝낸 뒤 또 공부할 걸 달라고 엄마를 졸랐다"고 말했다. 엄마가 아들에게 공부하라고 강요한 게 아니라 아들이 엄마에게 공부를 가르쳐 달라고 압박한 셈이다. 이씨는 "심지어 3세 때 잠자리에서 동화책을 읽어 줄 때 조금이라도 내용을 줄여 대충 얘기하면 '제대로 읽어 달라'고 야단 아닌 야단을 맞았다"고 떠올렸다.

공부를 좋아하는 우등생이라 공부만 할 것 같지만 박군 역시 컴퓨터게임은 한다. 계획표에 매일 한 시간 게임하는 시간을 적어 넣을 정도다. 박군은 "아빠가 골프 치는 것처럼 내가 게임하는 건 인간관계를 유지하기 위한 필수요소"라고 너스레도 떤다.

그렇게 인간관계에 공을 들인 덕분일까. 친구관계도 좋다. 초등학교 때는 학년마다 학급 회장, 부회장을 번갈아 했다. 중학교에서도 2학년 2학기 때 학급회장을 맡았다.

박군은 변호사가 꿈이다. 벌써 3학년 2학기인데 어느 고등학교에 갈지 아직 고민 중이다. 집에서 통학할 수 있는 자율형 사립고나 일반고에서부터 특목고까지 두루 생각하고 있다. 이 씨는 "어떤 학교에 가든 공부에 집중할 수 있게 도와줄 계획"이라며 "첫째 때는 내 욕심에 사교육에 많이 의존했는데, 학원을 별로 안 다닌 지상이가 성적이 더 좋은 걸 보니 공부는 결국 자기가 하는 것 같다"고 말했다.

출처: 중앙일보, 2013. 9. 25.

5. 올바른 자녀로 키우기 위한 교육방법

1) 올바른 인성교육

부모가 자녀를 교육하는 데 초점을 둬야 할 부분은 시험 성적이 아닌 올바른 가치관 및 성품을 심어주는 것이다. 자녀는 부모의 모습을 보며 자란다. 따라서 부모는 말과 행동을 바르고 자녀의 모범이 되어야 한다. 자녀의 올바른 인성을 길러 주기 위한 예를 들면, 공중도덕 지키기, 자녀에게 바르고 고운 말 쓰기(비속어나 속어 등 사용 자제), 항상 자녀 주변 사람을 배려하기 등이 있다.

자녀의 올바른 인성을 위한 특별한 교육법은 없다고 생각하기보다 부모가 자녀 앞에서 올바르게 행동하고 말한다면, 자녀의 올바른 가치관·성품을 길러주는 지름길이 되기에 충분하다. 왜냐하면 부모는 자녀의 롤모델이며, 거울이기 때문이다.

2) 칭찬과 훈육(훈계)

칭찬을 통해 아이들과 소통하고 이해한다. 부모가 아이들을 교육하는 것은 단순히 지식 전달만이 아닌 서로를 이해하고 존중해주는 자세가 우선이다. 서로를 이해하기 위해서는 많은 대화를 필요로 한다. 대화를 하여야 서로가 원하는 것을 알 수 있고, 그에 따라 행동할 수 있으며, 서로를 갈등과 오해를 이해할 수 있게 된다. 칭찬의 장점은 첫째, 자신감과 자존감을 높일 수 있는 데 도움을 된다. 서로가 하나의 인격체로 서로의 존재와 의견이 존중되고 있다는 것을 알 수 있으며, 자신의 의견을 말할 수 있는 능력도 생긴다.

둘째, 사랑을 받고 있다는 것을 느낄 수 있다. 사랑을 받고 자란 아이가 남들에게도 사랑을 베풀 수 있기 때문에 사람들과의 대인관계나 베푸는 방법을 배울 수 있게 할 수 있다. 또 아이와 한 약속을 반드시 지킴으로써 약속의 중요성을 알고, 항상 약속을 잘 지키는 사람이 될 수 있게 한다.

셋째, 아이의 잘한 일을 칭찬해줌으로써 스스로 할 수 있는 독립심을 기르게 된다. 부모가 아이들이 원한다고 원하는 것을 전부 다 해주면 아이가 스스로 할 수 있는 것이 아무것도 없게 된다. 애정과 관심을 주는 것만큼 어느 정도의 일은 그 나이에 맞게 스스로 할 수 있도록 하여 독립심을 기를 수 있도록 해야 한다.

자녀를 교육하는 데 있어 칭찬은 필수적이다. '칭찬은 고래도 춤추게 한다'는 말이 있듯이 칭찬은 자녀의 교육성취, 인성교육 등에서 시너지 효과를 발휘할 수 있다. 예컨대 자녀가 시험성적을 잘 받아왔다거나 선행을 했을 때 부모는 자녀의 행동을 칭찬함으로써 자녀가 앞으로도 이러한 행동을 하게끔 유도할 수 있다.

그렇다고 훈육, 훈계가 필요하지 않다는 의미는 아니다. 잘한 것에 대해서는 확실히 칭찬해야 하고, 반대로 잘못된 행동에 대해서는 적절한 훈계가 필요하다. 자녀 훈계를 통해 잘못된 행동을 바로잡고 앞으로 이런 행동을 하지 않게끔 할 수 있다. 하지만 훈계 방법에 대해서는 신중할 필요가 있다. 폭력적인 방법이나 비속어 사용은 자녀의 정서에 악영향을 끼친다. 자녀를 훈계하는 데 폭력을 쓴다거나 자녀의 인격을 모독하는 발언을 한다면, 자신의 행동에 대한 반성보다는 부모에 대한 반발심과 폭력성이 내재될 수 있다. 따라서 자녀를 훈계할 때는 폭력적 방법과 폭언을 삼가야 한다.

3) 자녀의 책임감 · 독립심 길러주기

자녀들은 언젠가 부모의 품을 떠나 독립하게 되어 있다. 부모의 품에 있을 때, 독립심과 책임감을 길러주어 자녀가 부모의 품에서 벗어나서도 잘 살아갈 수 있도록 해줘야 한다. 이를 위해 부모가 해야 할 일은 부모의 일과 자녀의 일을 명확히 구분함으로써 자녀가 자신의 일에 대해서는 스스로 해결하고, 그 결과에 대해서도 스스로 책임지게끔 해야 한다. 가장 대표적으로 들 수 있는 예가 바로 자녀의 시험이다. 우리나라 부모들은 자녀의 시험성적에 대해 지나치게 예민한 반응을 한다. 그래서 자녀가 시험을 치는 데 자녀보다 부모가 더 초조해 하고 안달이 난다. 이는 잘못된 행동이다.

시험은 자녀가 치는 것이고 결과 또한 자녀의 책임이다. 이를 부모가 지속적으로 간섭하고 지나치게 신경을 쓴다면 자녀는 자신을 위해 치는 시험을 부모를 위해 친다는 생각을 할 수 있으며, 시험에 대한 동기부여가 떨어질 수 있다. 그래서 시험에 있어 부모의 지나친 관심과 간섭은 오히려 자녀의 성적이 떨어지는 요인이 될 수 있으며, 자녀의 독립심 · 책임감 형성에도 방해가 된다. 따라서 부모는 자녀에게 최대한 지원을 아끼지 않되, 자녀의 성적에 크게 집착하지 말고 자녀를 최대한 믿는 것이 바람직하다.

4) 가정의 화목 유지하기

좋은 부모가 되기 위해서는 가정의 화목이 전제되어야 한다. 가정의 화목이 유지되지 않는다면 행복한 가정, 단란한 가정을 실현할 수 없다. 자녀들은 성장기, 사춘기의 과정을 겪게 된다. 이 시기에 자녀들은 심적으로 매우 예민한 상태이며, 작은 것에도 크게 반응하는 시기이다. 이 시기에 가정이 화목해야 자녀들의 올바른 가치관과 성품이 올바르게 형성될 수 있으며, 동시에 자녀의 학업성취도 올라간다.

만약 가정이 화목하지 못하고 항상 분란에 있다면 자녀들은 부모의 모습에 환멸을 느끼며, 부정적인 사고, 폭력성 등 나쁜 가치관과 성품을 가지게 될 가능성이 커진다. 자녀에게 좋은 부모가 되기 위해서는 좋은 부부관계를 유지함으로써 가정의 안정과 화목을 도모하는 것이 중요하다.

6. 좋은 부모 되기 위한 감정 코칭 – 자녀와 소통하는 부모

현대에 와서 경제적 기능의 변화에 따른 맞벌이 부부의 증가와 핵가족 현상의 심화로 인하여 전통적 가정이 갖는 여러 교육적 기능을 수행하기 어렵게 되었다. 이로 인해 도덕적 타락, 청소년 범죄의 증가, 학교붕괴, 성문제 등과 같은 심각한 사회적 문제들이 직·간접적으로 가정의 약화와 관련되고 있다.

부모는 자녀를 어떻게 생각하느냐에 따라 교육방법은 달라진다. 자녀를 미숙하고 부족한 존재라고 생각하는 부모는 자녀교육에 최대한 개입하려 한다. 칭찬보다는 꾸중을 통해 잘못된 행동을 수정하고 부모가 원하는 방향으로 이끌려고 한다. 또 부모와 자녀를 상하관계로 인식하고 나쁜 행동을 수정하는 데 목표를 둔다. 반면 자녀의 가능성을 믿고 아이의 잠재력을 인정하는 부모는 자녀교육에 최소한으로 개입한다. 보호자로서 아이를 대하는 게 아니라 마라토너의 페이스메이커가 되어 아이와 함께 달린다. 그들은 꾸중보다는 칭찬을 통해 자녀에게 자신감을 심어주고, 스스로 문제해결력을 키울 수 있게 조언을 아끼지 않는다. 자녀의 미래 가능성과 잠재력을 믿고, 부모 스스로를 자녀 인생의 협력자라고 생각한다. 코치로서 해야 할 역할에 집중하는 것이다.

가두리양식 교육법은 평소 부모의 간섭을 느끼지 못할 만큼 자녀를 자율적으로 두다가 가두리를 벗어나거나 위험에 직면하면 자연스럽게 가두리 안으로 이끄는 교육방법이다. 그리고 이것이 바로 엄마 주도 학습의 핵심이다. 아이의 가능성에 한계를 두지 말고, 가두리를 최대한 크게 만드는 것이 중요하다. 그리고 그 안에서 아이들이 자유롭게 꿈꿀 수 있는 시간을 허락해주는 것을 잊지 말아야 한다.

Chapter 7

시대에 맞는 부모재교육 실제 적용

1. 좋은 부모 되기 교육

좋은 부모가 되고자 하는 바람은 예로부터 지금까지 변함이 없다. 그러나 좋은 부모가 되기란 그리 쉽지만은 않다. 이 세상에서 가장 어려운 역할이면서도 싫다고 팽개칠 수도 없는 게 바로 부모다. 좋은 부모의 기준점은 육상 경기장의 결승점처럼 분명하지는 않다. 좋은 부모의 기준점은 사회와 가족 구조의 변화, 자녀의 특성, 시대에 따라 변화하기기 때문에 부모 자신도 혼란에 빠지기 쉽다. 부모로서 자녀를 키우면서 여러 가지 문제나 사건에 한 번씩은 부딪히게 마련이고, 이때마다 많은 어려움을 경험하게 된다.

현대의 부모들은 과거의 부모들에 비해, 아동의 발달과 부모역할에 관한 정보를 다양하게 접하고 있지만 실제로 어떤 부모의 역할이 그들 자녀에게 적합한 것인지 잘 알지 못하고 있다. 이와 같은 상황에서도 부모들은 한결같이 그들의 자녀가 누구보다도 현실 사회에 잘 적응하는 행복한 개인으로 성장하기를 원하고 있다. 자녀들이 훌륭한 개인으로 성장하기 위한 여러 가지 요인, 즉 자녀 자신이 타고난 재능, 부모, 가족, 친구, 학교, 더 나아가 지역사회가 자녀에게 지속적으로 영향을 미치며, 이 중에서도 특히 부모의 역할은 자녀의 사회적·정서적 발달에 매우 중요한 역할을 한다고 생각된다.

민주적 양육방식이론은 부모가 자녀의 행동을 이해하고 부모-자녀 간의 평등한 인간관계를 형성하도록 하는 것이 주된 목적이다. 부모는 가정에서 생활환경을 개선하여 자녀들이 건설적인 생활목표를 설정할 수 있도록 도와주어야 하며, 부모-자녀 간의 바람직한 상호작용이 이루어지도록 해야 한다. 자녀들은 부모와 생활하는 동안에 삶의 형태를 형성시키기 때문에 부모들은 자녀들이 잘못된 목표를 형성하지 않도록 해야 하며, 혹시 자녀들의 목표가 삐뚤어졌을 때에는 바로 잡도록 도와야 하며 부모-자녀관계를 민주적 관계로 유지하도록 해야 한다.

민주적 관계는 부모와 자녀의 관계적 위치를 파악하고, 단기적으로는 심리적, 신체적 편안함, 다른 사람을 기쁘게 하기, 다른 사람을 조정하기, 다른 사람보다 우세하기, 삶의 의미 찾기이며 장기적으로는 모든 상황을 함께 적극적으로 헤쳐 나가며, 서로가 도움이 되는 사람이 되려고 하는 것이다.

1) 좋은 부모 개념의 재정립

가정은 사람이 태어나 사회에 적응하고 한 사람의 독립체로써 살아남기 위해 필요한 여러 가지 기능이나 정신을 배우고 학습하는 사회화의 가장 기본이 되는 장소이다. 한 가정의 자녀가 가정의 구성원을 이루고 사회를 이루고 나아가 한 국가의 구성원이 되기 때문에 가정의 자녀양육은 단편적인 사회 구성원의 행동양식이 아니라, 국가의 미래를 결정할 수 있는 중요한 밑거름이 된다. 우리나라는 1960년대 이후 도시화, 산업화에 물결로 현재에는 전체 국민의 80% 정도가 도시에 거주하고 있다. 이 때문에 우리의 전통적인 대가족 제도는 도시화에 밀려 대부분 붕괴되고 핵가족 제도로 변화하게 되었다.

이에 따라 가족 구조에 바탕을 두고 있던 가정교육이 크게 변한 것이 사실이다. 가정이 한 사회의 밑바탕이라는 사실은 변하지 않았지만 그 밑바탕을 이루는 구성원들의 행동과 사상이 과거의 것들과 많이 달라졌다. 물론 좋은 방향으로 바뀌어진 부분도 많이 있지만 과거에 비해 좋지 않은 부분(부모 존속살해, 폭행 등)이 많이 보이면서 이 가정의 문제가 사회적인 문제로까지 인식되게 되었다. 현대 부모들의 자녀양육의 방식에 대하서 많은 보완점을 찾아 보아야 할 것이다.

※ 부모의 역할(교육철학, 교육환경, 자녀와 감정 교류 멘토링, 지켜보는 자)

부모는 올바른 교육철학을 가지고 아이에게 정말 필요한 것들을 챙겨줄 수 있어야 한다. 내 아이에게 맞는 교육환경을 만들어 주기 위해 "내 아이를 어떻게 잘 가르칠까?' 하는 문제보다 '나와 내 아이와 어떻게 바람직한 삶을 살아가야 할까?'에 초점을 맞추어야 한다.

부모 자신의 근본적인 삶의 방식에 대해 깊이 생각해보아야 한다. 부모가 삶의 방식이 바로 서지 않고서는 아이에게 모범을 보여줄 수가 없다. 자녀들은 부모의 가르침에 의해서 배우기보다 부모가 무엇을 하는지 봄으로써 배우는 것이 훨씬 많다. 아이의 타고난 재능을 발견하고 그에 맞는 교육을 즐겁게 시키는 것이다. 아이의 교육의 목적은 따뜻한 가정 분위기와 부모의 바르고 일관된 교육철학이 묻어나야 제대로 이루어진다.

2) 좋은 아버지, 좋은 어머니

(1) 자녀의 역할

아버지와 어머니 즉, 부모도 인간사회를 꾸려나가는 한 인간에 불과하다는 것을 인정하고 그들의 실수를 이해할 수 있어야 한다. 부모가 자녀를 교육하는 모든 과정 속에 자녀는 정신적·육체적 고통이 따를 수 있지만, 다 자녀를 사랑하는 마음에서 행하는 것들이기 때문에 그 속내를 받아들여야 한다.

부모가 자녀를 어떻게 교육시킬지에 대해 재교육을 받아야 되는 상황이라면, 자녀는 대개 불합리적이고 함께 고쳐나가기 싫은 때가 있겠지만 자신도 교육을 받는 대상자임을 기억해야 한다. 부모에 대해서는 재교육을 끊임없는 인내로 기다려주는 것이 효(孝)의 첫 번째 지름길이라고 할 수 있다. 가정의 화목을 위해서는 협력하여 선을 이루어야 하며 그 과정 안에 자녀의 이해는 필수적이다.

(2) 어머니의 역할

첫 번째, 어머니의 역할 가운데 하나는 아동의 건강과 위생을 담당하는 역할이다. 아동에게 수유를 통해 성장에 필요한 영양을 공급해 주는 역할뿐만 아니라, 질병에 대한 면역체를 제공하고 신체적인 접촉 등을 통해 아동의 건강을 유지하게 하는 역할을 담당한다.

어머니가 결손된 아동은 비록 충분한 영양공급이 이루어진다 하더라도 체중미달 등 여러 가지 신체발달상의 문제점을 보이게 된다. 어머니의 역할은 출산을 하는 생물학적 과정에서부터 시작하여 자녀에 대한 통제와 책임을 다하는 것을 포함한다.

어머니의 역할이 본능적이며, 생물학적 절대성을 가진다는 주장은 최근 여러 학자들에 의해 반박을 받고 있지만, 어머니와 자녀 관계의 배타적인 특성은 여전히 존재한다. 임신과 출산이라는 생물학적 사건은 어머니의 역할을 아버지의 역할과는 대조적인 것으로 강조하고 있으며, 어머니의 역할은 여성의 사회화 과정에서 우선시되는 중요한 역할 가운데 하나로 남아 있다.

두 번째로, 정서 및 사회성 발달에 어머니는 막대한 역할을 한다. 어머니의 역할에 대한 많은 연구들은 영유아기 동안의 부모역할, 특히 그 가운데서도 애착 형성에 초점을 맞추고 있다. 출생 후 최초로 부모-자녀 간에 형성되는 애착은 이후의 타인과의 사회적 관계형성이나 정서적 안정과 밀접한 관련이 있다. 어머니의 정서적인 상태는 태내에서부터 시작하여 출생 후에도 아동의 정서적 반응에 큰 영향을 미친다. 이는 어머니가 임신의 주체라는 사실과도 관련이 있다. 이에 아동이 출생 직후 어머니와 형성하는 애착은 이후의 인간관계에 큰 영향을 미친다. 어머니와 기본적인 신뢰감을 형성한 아동은 이후의 다른 관계에서도 신뢰감을 갖게 되며 개방적인 태도를 취하게 되지만, 그렇지 못한 경우에는 타인에 대한 불신감으로 인해 그들과 원만한 관계를 형성하거나 유지하는 것이 어렵다.

(3) 아버지의 역할

첫째로 아버지는 가정의 울타리가 되어 주어야 한다. 어리고 여린 자녀들을 위해서 아버지는 물질적 · 정서적 · 정신적 울타리를 만들어 주어야 한다. 이것은 자녀들을 가두어 놓기 위함이 아니라 그들이 자립할 때까지 보호하고 미래를 위해 준비해주기 위함이다. 그리고 아버지는 울타리가 둘러진 마당과 가정 안에서 자녀들의 좋은 안내자와 친구가 되어 주어야 한다. 이제 아버지가 어머니와 자녀를 강압적으로 지배하는 시절은 지나갔으며, 자녀를 부모의 욕구 실현과 노후 보장의 수단으로 사육하는 시대도 지나갔다. 칼릴 지브란의 말대로 자녀들은 부모의 소유가 아니라, 자녀들을 쏘는 활이다. 그들이 자유롭게, 그리고 멀리 날아갈 수 있도록 시위를 힘껏 당겨주어야 한다.

둘째로 아버지는 자녀들의 정신적 기초가 되어 주어야 한다. 아버지의 가치관과 인격과 이상은 성장하는 자녀들에게 결정적인 영향을 미친다. 이런 요소는 자녀들이 앞으로 살아갈 인생의 목표와 수단의 든든한 기초가 된다. 조기교육의 중요성은 공부에 있기보다는 건전한 가치관과 인격과 이상의 함양에 있다. 공부는 조금 늦어도 향상시킬 수 있지만, 가치관과 인격과 이상의 형성은 늦을수록 점점 더 어려워진다.

셋째로 아버지는 자녀들이 인생을 슬기롭게 헤쳐 나갈 수 있도록 인도해야 하며, 자녀들의 바람직한 진로와 이를 달성하는 효과적인 방법을 제시해주도록 노력해야 한다. 가치와 인격과 이상의 형성을 위해서도 그렇지만, 기본적인 생존과 보람 있는 생활을 위해서도 아버지는 자주 자녀들과 대화하는 시간을 가져야 한다. 학교와 사회가 이런 일을 잘해 줄 것이라고 소박하게 기대하면서, 자녀들을 아무렇게 방치해서도 안 될 것이다.

그렇지만 아버지가 자녀들의 인생에 지나치게 개입하거나 그들의 인생을 일방적으로 주도해서도 안 될 것이며, 자녀들을 사랑한다는 그럴 듯한 명분으로 자녀들을 지나치게 보호하려고 해서도 안 될 것이다. 탈무드의 교훈대로 자녀들에게 고기를 잡아주기보다는 그들에게 낚싯대를 주고 직접 낚시하는 법을 가르쳐 주는 것이 더 지혜로운 일이다.

3) 외국 부모의 자녀교육법

'어떻게 사는 것이 진정 잘 사는 것인가?' 예전에는 국가의 경제적 능력이 국민의 복지와 행복을 당연히 증진시킬 것이라고 생각했다. 그래서 부모 세대들은 밤낮없이 돈을 벌기에 급급했다. 우리나라의 경우, IMF 경제위기와 금융위기를 겪으면서 가족의 해체와 더불어 가정의 소중함이 부각되기 시작하였고, 평생 직장의 개념이 약화되면서 자신의 계발에 힘쓰는 사람이 늘고 있다. 이런 가운데 주5일제가 도입되면서 주말 시간이 늘어나고 있다. 이렇듯 주위 환경이 달라지면서 삶에 대한 부모들의 가치관이 바뀌고 있다. 그에 따라 자녀의 양육태도나 자녀와의 관계도 달라져 이런 부모에 대해 직접적으로 영향을 받는 자녀들의 미래 성장구도도 많이 달라졌다.

1. 남보다 뛰어나라가 아니라, 남과는 달라야 한다고 가르친다.
2. 학습을 위해서는 잘 듣는 것보다 자신의 생각을 말하는 것이 중요하다.
3. 배운다는 것은 꿀처럼 달다는 것을 체험시킨다.
4. 무슨 일이든 최선을 다하라고 가르친다.
5. 배움은 배우는 자세를 모방하는 것으로 시작된다.
6. 타인을 배려하고, 피해를 주지 않도록 한다.
7. 자매, 형제간 서로 비교하지 않는다.
8. 부모는 지적하는 것이 아니라, 아이들 자신이 생각하도록 한다.

외국의 부모의 경우, 자녀가 남보다 뛰어나가기보다 남과는 다른 개성과 특징을 존중한다. 또한 강제적으로 지식을 주입시키기보다 아이들이 사고하여 생각하고 표현하는 것을 중시하는 경향을 보인다.

우리나라 경우, 몇 년 전 '우리 아이가 달라졌어요!'라는 TV프로그램이 인기리에 방영이 되었다. 프로그램의 시청률은 꽤 높았고, 어린 자녀를 둔 많은 부모들이 관심 있게 보았다. 이 프로그램은 어떤 특정 문제행동에 아이가 변화될 수 있도록 전문가의 도움으로 파악하고 그 문제의 근원을 찾아 해결해가면서 아이의 변화가 지속될 수 있는 과정을 지켜보게 하였다. 그 결과 놀랍게도 아이의 문제행동 근원은 모두 그 아이를 보살피는 부모에게 있었다.

젊은 시절 사회생활에 필요한 수많은 교육을 받고 자라지만, 정작 부모가 되는 것을 준비할 수 있도록 돕는 프로그램과 교육은 그에 비해 미비하다. 모든 인간에게 정규 수업처럼 부모가 되는 중요한 교육이 필요하지 않을까. 이미 부모가 되어 닥쳐진 상황을 모면하기 위한 수습용 교육이 아니라, 필수교육이 선행되어야 한다.

4) 자녀훈육 어떻게 할 것인가?

가정에서 교사는 부모이다. 부모는 가정에서 교사의 역할을 수행하게 된다. 우리나라 부모들은 자녀교육에 대한 관심이 대단하여 가정형편이야 어찌 되었든 심지어 문전옥답까지라도 팔아가며 교육에 투자를 해왔다. 그러나 결과는 씁쓸하게도 부모의 노고와 보람찬 기대와는 달리 신통한 결과를 보지 못하고 끝내버린 예도 많다. 이웃집 자녀와 경쟁을 하거나 흉내낸 '들러리 교육'을 시키다 보니 과거의 과외가 성행했었고, 현재 또한 사교육에 관한 말들과 여기에 버려진 교육투자가 많아 가계가 휘청하는 상태에 돌입했다. 자녀들의 출세를 위한 교육을 시킨다거나 시류에 따라 남들이 아우성치는 대로 따라하는 흉내내는 교육을 시킬 것이 아니라, 자녀들의 사람됨에 알맞은 교육으로 방향을 돌려야 할 것이다. 자녀의 능력이나 적성은 고려하지 않고, 교육전문가의 의견마저 외면한 채, 출세를 위한 교육에만 집착한 나머지 이것도 저것도 아닌 결과가 되어 버린 것이 우리의 자녀교육 현실이다.

훈육이란 대부분의 사람들에게 훈육이란 말은 처벌을 의미한다. 그러나 훈육의 정의는 바람직한 인격의 형성을 주목적으로 하는 교육 작용으로 볼 수 있다. 훈육은 해야 할 일과 하지 말아야 할 일을 가르쳐 주는 교육이며, 기대하는 일을 했거나 적어도 노력한 데 대해 칭찬이나 승인을 하는 보상과 고의적으로 잘못한 것에 대해서만 처벌하는 처분들로 이루어져야 한다. 사실 훈육이란 처벌을 포함하지만 처벌이 훈육의 전부는 아니다.

훈육은 첫째, 자녀에게 바른 행동을 가르치는 것이다. 둘째, 자녀에게 좋은 생활습관을 규칙적으로 훈련시키는 것이다. 셋째, 자녀를 심리적으로 안정시키고 도덕적으로 성숙시키는 것이다. 넷째, 자녀가 사람 · 공부 · 일 · 가정 · 학교 · 직장 · 지역사회에 대해서 배려심과 애정을 가진 채 생활하도록 지도하는 것이다.

훈육의 원리는 첫째, 바르게 가르치는 것이 중요하다. 무엇이 올바른 것과 좋은 행동의 기준을 분명하게 세우고, 그것이 자녀의 몸에 배어 익숙해질 때까지 꾸준하게 지도하고 칭찬이나 격려를 되풀이해 주어야 한다. 둘째, 분명히 전달하는 것이 중요하다. 받아들일 마음 자세를 가진 이후에 구체적으로 가르쳐야 한다. 셋째, 한 번에 하나씩만 가르친다. 섣부르게 자녀에게 많은 주의사항을 제시하는 것은 자녀의 마음에 부담감을 안겨주게 된다. 차근차근히 자녀가 받아들이게 하는 것이 중요하다.

훈육은 사회에서 요구하고 있는 규칙이나 질서를 배우게 하는 의미 외에도 자신의 욕구를 조절하게 하는 힘을 기르게 한다. 그러나 경우에 따라서 자신의 의지 또는 욕구대로 할 수 없다는 것을 인정하는 것은 어쩌면 아이에게 커다란 상처와 좌절을 느끼게 할 수도 있다. 그러므로 훈육은 강요하기 이전에 생활 속에서 자연스럽게 이루어져야 하고, 사랑과 이해가 바탕이 되어야 한다. 훈육에는 칭찬하는 것과 꾸짖는 것 두 가지 방법이 있다. 잘못한 행동에 대해 꾸짖는 것은 부작용을 낳는 경우가 있는데, 오히려 잘못한 행동에 대해 부모가 먼저 이해해주고 격려해 줄 때가 더욱 긍정적인 결과를 낳을 수 있다. 모든 행동에는 원인이 있기 마련이므로 무조건 꾸짖기보다는 아이의 행동을 이해할 수 있도록 해야 한다. 단지 꾸짖을 때는 조용한 어투로 분명하게 부모의 생각을 전해 주고 짧게 끝내야 한다.

인간에게는 개개인의 특징이 있어 이를 무시한 교육은 교육 효과면에서도 실패할 뿐만 아니라, 적성을 무시한 교육을 억지로 시키면 의기가 소침해지고 무력한 인간이 되어버릴 가능성이 많다. 그렇기 때문에 우리는 자녀 적성에 알맞은 교육, 가정형편, 분수에 알맞은 교육을 시켜달라고 청원을 하는 것이다. 가정에서의 부모의 위치는 가정을 잘 보살피는 책임과 의무를 지니고 있다. 건전한 가정이란 가정의 기능이 충분히 발휘되고 그 가정의 구성원들의 생활이 충실하며 신장될 수 있는 곳을 말한다.

인간형성의 기초 작업이 대부분 취학 전 가정에서 이루어진다는 것과 취학 전의 발달이 다른 시기에 비하여 가장 왕성하게 이루어지기 때문에, 자녀들은 가정환경의 영향을 크게 받는다는 사실에서 가정환경이 중요하므로 원만한 가정을 이룩해야 한다.

2. 자녀 학습지도 방법(호기심, 격려, 도구 활용, 고기 잡는 법, 본보기)

1) 엄마와 요리 – 오감 발달에 좋은 요리활동

'요리'는 엄마와 함께하기 좋은 놀이활동으로 효과적인 '오감'교육이다. 엄마와의 요리활동은 아이의 창의력과 과학적 사고력을 키워준다. 부엌에는 가스레인지, 전자레인지, 전기밥솥, 냉장고, 오븐, 저울 등 각종 전자제품들을 이용할 수 있다. 또 냉장고 안에는 과일, 채소, 육류, 유제품, 소시지 등의 먹을 것이 많다. 이렇듯 요리놀이는 가장 자연스러운 방식으로 아이의 호기심과 오감을 자극하는 놀이활동으로써 자연스레 부엌을 학습의 장으로 활용할 수 있다.

※ 엄마와 함께 하는 요리활동이 아이에게 좋은 이유

① 엄마와 아이의 애착과 정서 교감에 좋다.

엄마가 시간을 많이 보내는 부엌에서 요리를 함께 하는 아이는 엄마와 강한 애착을 보이게 된다. 부엌은 엄마에게는 가족식사를 준비하는 공간이지만, 아이에게는 엄마와 놀 수 있는 놀이터이다. 아이와 함께 밀가루 반죽을 하고, 조물조물 요리조리 마음대로 만지면서 말 못할 교감을 나눠보기 위한 좋은 장소이다. 아이는 엄마와 함께 하는 요리를 통해 자기 안에 드러나는 낯선 감정들을 이해하고, 엄마가 공감해주고 어루만져주면 안정적인 정서를 가지게 된다.

② 수학, 과학의 기본 원리를 감각적으로 익힐 수 있다.

요리놀이는 아이의 오감 발달은 물론 손끝의 신경을 자극해서 두뇌 발달을 촉진하기도 한다. 또한 엄마와 함께 대화를 통한 언어 이해력도 늘어날 뿐만 아니라, 수학·과학의 기본 원리를 감각적으로 익히면서 논리적 사고력도 길러진다. 아이는 엄마와 함께 요리활동을 하면서 엄마의 지시어를 이해하기도 하고 육류, 채소, 과일을 분류, 부드럽거나 딱딱함 정도, 색깔별 배열, 김밥이나 과일 꼬치를 만들면서 재료를 나열하는 규칙 알기, 피자를 자르면서 분수와 대칭의 개념, 1컵, 2컵 등 측량 단위와 그램(g), 밀리리터(ml) 등 기초적인 측량 단위, 재료를 썰면서 길이를 가늠하는 개념, 재료를 자르면서 수 개념이나 입체 도형에 대한 감각을 자연스럽게 배울 수 있다.

또 딱딱한 콩을 삶으면 열에 의해 팽창해서 부드러워지는 정도를, 배추김치를 소금물에 절이면 삼투압 현상으로 부피가 줄어지는 등의 과학의 원리를 쉽게 익힐 수 있다.

③ 집중력과 상상력, 창의력 활동이다.

아이들은 과일과 채소를 직접 만져보고 잘라보면서, 쌀과 곡류의 촉감을 느끼면서, 부드러운 밀가루를 반죽하면서 아이의 뇌는 집중력과 상상력, 창의력을 확장시켜나간다.

④ 값비싼 교구, 비싼 센터의 과일을 자르고 접시에 담을 때의 모양과 산, 들, 강에서 생산되는 과정을 자연스레 접할 수 있다. 수업보다 부엌에서 노는 게 더 효과적이다.

요리놀이는 아이의 머릿속에 인위적으로 넣으려는 과학, 수학, 사고력 전문 센터의 학습 프로그램이 아니다. 요리놀이를 통해 엄마와 놀면서 따뜻한 애착과 교감을 경험하고 엄마와의 정서 교류를 통해 안정적인 심리적 감정을 가질 수 있다.

2) 아버지와 함께 고기 잡기

우리나라의 전통사회는 아버지 중심의 부계사회로 아버지가 가장이 되고, 아들이 후계자가 되는 직계 가족이 주를 이루었다. 따라서 가족 관계는 아버지와 아들을 연결하는 부자 관계를 중심으로 상하 관계를 형성하였다. 또한 전통사회의 가족은 연령과 성별에 따라 위계질서와 역할을 달리 하였기 때문에 집안의 가장이 절대적인 권위를 가지는 가부장제였다.

미국의 임상심리학자인 스티븐 B. 폴터는 다년간의 상담결과를 토대로 어떤 아버지 밑에서 성장했는지에 따라 아이들의 성격형성뿐 아니라, 장래 직업 선택과 일에서 성공 여부가 결정된다는 사실을 밝혀냈다. 자신의 잠재능력 깨워 성공하는 사람과 그렇지 않은 사람들 사이에는 성장 환경에 차이가 많으며, 그중에서도 아버지는 자녀들의 장래를 좌우할 정도로 영향이 크다고 한다.

그의 연구에 따르면 아버지가 자녀를 대하는 태도에 따라 아이는 서로 다른 특성을 가지고 자란다. 아이가 성인이 된 뒤에는 아버지의 영향을 받아 형성된 기질과 성격에 적합한 직업을 선택하게 된다는 것이다. 아버지의 유형은 동기나 과정보다는 눈에 드러나는 결과를 중시하는 과잉 성취형, 화를 냄으로써 권위를 세우는 시한 폭탄형, 안정형이고 일관성이 있으며 성실하고 침착하며 말수가 적은 수동형, 아버지가 없거나 아버지가 있어도 자녀에게 무관심한 부재형, 자녀를 잘 키우기 위해 모든 노력을 아끼자 않는 다정한 멘토형으로 분류된다.

가장 이상적인 아버지 스타일은 자녀의 행동이나 의견을 존중하고, 자녀를 독자적으로 판단하도록 이끄는 자상한 멘토형이다. 이러한 환경에서 자란 자녀는 성인이 되어도 아버지와 진지하게 의견을 교환하고 고민을 상담할 수 있는 공감대가 형성된다. 어려서부터 아버지와의 대화를 통해 분별력, 유연성 등의 문제해결 능력과 타인존중 등의 윤리를 배우기 때문에 어떠한 직업을 가져도 무난하게 받아들일 수 있다.

그러므로 자신의 양육 스타일을 멘토형으로 수정하는 것이 필요하다. 과잉 성취형 아버지는 자녀를 칭찬하려고 노력하며, 시한폭탄형 아버지라면 분노와 화를 대신할 수 있는 방법을 찾고, 수동형 아버지는 다양한 방법으로 자녀와의 감정 교류를 시도하며, 부재형 아버지는 아이와 함께 시간의 질을 높여야 한다(오욱환, 2006).

3) 자녀와 눈높이 맞추기의 기대 효과

(1) 칭찬, 칭찬은 고래도 춤추게 한다. – 결과보다 과정을 칭찬한다.

'칭찬은 고래도 춤추게 한다.'라는 말이 있다. 동물원의 조련사의 말에 따르면, 오히려 고래들이 그들을 가르치며 함께 일함으로써, 조련사에게 인내심을 가르쳐주었다고 한다. 고래가 말을 듣게 하려면 먼저 조련사를 신뢰하게 해야만 한다. 또 조련사는 고래와 신뢰를 쌓기 위한 방법을 말하는데, "긍정적인 면을 강조하라."는 것이다. 이 말을 의미는 부정적인 것을 들추기보다는 그 사람의 좋은 점을 내세워 주라는 것이다. 가령 회사를 예를 들면, 상사가 어떤 일에 대해 부하직원을 불러 그의 좋지 않은 실적에 대해 다그칠 때 상사는 책임을 부하 직원에게 돌리지 않으며, 그가 어떤 부분이 잘못 됐는지에 대해서 자세히 설명해주면 부하직원은 다음부터 더 잘할 수 있게 된다는 것이다.

더 중요한 한 가지는 바로 '진심으로 칭찬하는 것'이라고 말할 수 있다. 입에 발린 말 백 마디보다 진심 어린 말 한 마디가 사람을 움직이는 것이다. 거짓 칭찬, 즉, 내키지 않는 맘으로 억지로 하는 칭찬은 칭찬을 하는 사람이 아무리 소위 '칭찬의 기술'이란 것을 숙지하고 있다고 하더라도 그 칭찬은 별 효과가 없다. 결국 단순히 사람들을 칭찬해주는 것이나 그 인간관계에서 효율성 있는 개선 효과를 얻어내자는 차원이 아니라, 정말로 사람을 진심으로 대하는 데 있다고 본다.

부모는 자녀에 대해 다분히 의례적이며 의식적으로 포장하거나, 드러내지 않고 감추려 하는 의도로 말하지 말아야 한다. 자녀는 부모의 말투나 억양 혹은 흘러나오는 진정성 등을 통해 부모가 진심으로 하는지 가식적인 말을 하고 있다는 것을 알 수 있다. 그러므로 자녀에 대해 칭찬할 때 자녀의 감정의 상태를 알고 진정성이 담긴 진심으로 칭찬해야 한다. 부모의 칭찬을 통해서 자녀는 건강한 성격의 사람으로 자기와 타인과의 따뜻한 우호적 관계를 맺고 부모와 더욱 친밀감을 가지게 된다.

3. 시대에 맞고 눈높이에 맞는 교육법

1) 좋은 부모 되려 노력하기

좋은 부모가 되기 위한 방법은 많이 있지만 실천하기가 쉽지 않다. 맞벌이 부부가 늘어나면서 아이들의 인성교육이나 학업문제들로 사회가 점점 시끄러워지고 있는 만큼 좋은 부모가 되기 위한 교육방법은 반드시 필요하다. 대부분의 맞벌이 엄마들은 퇴근 후 집에 오면 아이를 씻기고 양치질시키고 재워야 한다는 강박관념을 가지고 있다. 그렇기 때문에 아이와 감정을 충분히 소통하는 데 부족하기 쉽다.

아이의 발달에 보조를 맞추고 아이의 기질에 맞게 양육하여야 한다. 자녀가 성장해감에 따라 발달적 전환기를 맞이하게 되는데, 그 때는 각별한 관심과 인내심이 필요하다. 이 시기 부모의 역할도 변해야 하는데, 첫 번째 변화 시기에는 부모가 자녀의 삶에서 절대적인 중심이었다가 자녀가 관심을 가지는 여러 사람들 중 하나로 바뀐다. 아이의 삶에서 다른 사람들이 중요해졌다고 해서 부모가 중요하지 않게 된 것은 아니며, 이제 아이는 여러 사람과 중요한 관계를 유지할 수 있는 능력이 생긴 것이라고 받아들여야 한다.

두 번째 변화 시기에는 부모가 자녀의 생활을 통제하던 것에서 자녀 스스로 통제할 수 있도록 돕는 것으로 바뀌는 자세를 가져야 한다. 세 번째 변화 시기에는 자녀를 '이런 사람이 되도록 키워야지.' 하던 것에서 '아이 자신이 원하는 사람'이 될 수 있도록 허용하는 자세로 바뀌어야 한다.

요즈음은 부모가 알아본 학원에서 아이들은 기계적으로 학원을 다니며 부모가 짜놓은 일정에 맞추어 생활한다. 대부분의 학생들이 아무런 꿈 없이 기계적으로 학창시절을 보내는 경우가 대부분이다. 하지만 올바른 교육은 부모가 아이와 끊임없는 대화를 통하여 아이가 무엇을 하고 싶은지, 아이가 관심 있는 것인 무엇인지, '남들이 다 하니까……'가 아닌 자신의 자녀가 가진 재능을 알아보고, 아이가 원하는 것을 이끌어주는 것이 바른 교육방법이다. 아래는 자녀를 유명 연예인으로 키운 윤임자 씨의 사례이다.

또한 눈을 마주치고 자녀와 대화를 하는 것이 중요하다. 대화를 할 때도 하루 일과를 전부 이야기해 주면서 '엄마는 이러이러한 일이 있었는데 너는 학교에서 무슨 일이 있었어?' 하면서 스토리텔링을 기초로 삼아야 한다. 단지 '선생님 말씀 잘 들었어?' '밥은 잘 먹었어?' 하는 단순 질문으로는 아이와 깊은 대화를 하기 힘들다. 대화를 하면서 아이들의 행동에 칭찬과 격려도 해줄 수 있어야 한다. 칭찬을 할 때는 잘했다며 꼭 끌어안아 준다던지 뽀뽀를 해주는 스킨십을 하면 심리적으로 안정감도 줄 수 있다.

아이들과의 대화도 중요하지만 부부간의 대화도 중요하다. 부모의 행복한 모습을 보여주는 것이 자녀에게 좋은 교육이 될 수 있기 때문이다. 잠자리에 들기 전에 부부 사이에도 대화를 자주 하고,

아이들 앞에서도 부부의 자연스러운 스킨십이나 대화를 보여주면 아이들의 정서에도 좋은 영향을 미친다. 부부간의, 그리고 부모와 자식 간의 대화가 화목한 가정의 분위기를 만드는 가장 기본적인 요소이다. 이러한 기본을 바탕으로 좋은 교육, 훈육방법들이 합쳐진다면 좋은 부모가 될 수 있을 것이다.

이처럼 부모는 아이가 하고 싶은 것이 있으면 묵묵히 바라보고, 아이의 생각을 존중해 주어야 한다. 옆에서 아이의 재능을 바라봐주는 친구의 역할을 해주어야 하는 것이다. 뿐만 아니라, 항상 자녀의 편이 되어주어야 한다. 자녀가 선택한 길에 반대편이 아닌 항상 같은 편에 서서 지지자가 되어주어야 한다. 올바르지 못한 방향으로 나아갈 때는 혼을 내어야 하지만, 많은 자유를 줌으로써 스스로 선택한 길에 스스로 책임을 지고, 부모는 지지를 해줄 뿐 제제를 가해서는 안 된다. 많은 부모들이 입시에 열을 올리는 현실 속에서 이렇게 묵묵히 자녀를 바라만 보아주기란 사실 쉬운 일은 아니다. 부모의 자녀에 대한 욕심이란 끝이 없기 때문이다. 하지만 때론 과감하게 욕심을 버릴 필요도 있다. 무조건 짜여진 커리큘럼대로 자녀를 교육하기보다는 때론 친구처럼 옆에서 응원해주고, 때론 선생님처럼 훈계도 해줄 수 있는 교육이 올바른 교육일 것이다.

4. 인간관계 맺는 법

1) 가족관계

건강한 가정이란 서로 협동하고, 인내하고 그리고 타협해서 공동체로서의 유대감을 다져가는 가정으로 가족원의 인격을 서로 존중하고, 가족원의 상호작용이 잘 이루어지는 체계(공동체)로서의 균형을 잘 유지하고 있는 가정을 말한다.

건강한 가정은 태어나는 것이 아니라 만들어지는 것으로, 건강한 가정이 가족의 형성만으로 자연스럽게 이루어지는 것이 아니라 가족원들의 의식적인 노력 과정을 통해 이루어진다고 파악한다.

부모가 부모라는 지위로 누르려고 할 때, 지적과 충고만 하고 해답을 주려는 노력을 하지 않을 때, 자녀에게 일방적으로 강요할 때, 솔직하게 터놓고 이야기하지 않을 때 자녀는 말문뿐만 아니라 마음의 문도 닫는다. '말은 마음의 거울'이라는 말처럼 부정적인 어투는 부정적인 관계가 될 가능성이 크다. 부모와 자식 간의 소통은 긍정적인 대화에서 출발해야 한다.

그렇다면 마음을 닫게 하는 대화와 열게 하는 대화는 어떤 것이 있을까?

학부모역량개발센터에 따르면 '아, 그렇구나.'라는 경청형, '많이 힘들었지.'라는 수용형, 아이의 속마음을 헤아려 '그런 깊은 뜻이 있었구나.'라는 이해형, '나는 네가 늦게 와서 걱정이 많이 되었단다.'라며 '나 메시지'형, '잘 모른 채 네 탓부터 했네. 미안하구나.'라며 잘못을 솔직히 인정하는 대화는 자녀의 마음을 여는 대화 유형이다.

하지만 '너는 왜 맨날 그 모양이야.'라는 비난형, '네가 정신이 있니?'로 시작하는 경멸형, '다 너 잘되라고 그러는 거야'라는 책임회피나 방어형, '너 때문이야.'류의 죄책감과 불안감 조장형, '당장 그만둬, 빨리 해.'라는 명령형 대화는 자녀의 마음을 닫게 한다. 부모가 강요하고, 가르치려고만 하면 아이는 부모에게 의존하거나 강한 반발심 때문에 비뚤어지기 쉽다.

2) 학교 교우관계

(1) 교우관계란?

① 교우관계의 정의

교우관계의 사전적 의미는 "아동의 동반자적 인간관계를 말하는 심리학 용어"라고 정의되어 있다. 교우관계는 아동의 심리적인 부분이기 때문에 복잡하고 다양한 요소들을 포함하고 있어서 그 개념을 정확히 정의하기란 쉽지 않다.

상대편에 대한 선호를 교우관계 기본 요소로 간주하고, 교우관계를 선호로 특징지어지는 인간관계로 본다면, 친구란 도움을 요청할 때 도와주며 서로 이해하고 사적인 생각을 공유할 뿐만 아니라 감정, 비밀을 이야기하는 등 심리적 문제해결을 돕고 심리적 고통이나 불편함을 주지 않도록 하는 지속적이며 양방향적인 관계라고 하였다.

교우관계는 아동의 사회적 관계를 형성하고 지적, 정의적 발달을 결정하는 중요한 영역으로서 큰 의미를 지닌다.

서로 애정, 호감, 관심을 가지고 친밀한 관계를 유지하는 상호작용을 한다는 것이다. 교우관계는 아동의 사회적 관계를 형성하는 주요 영역으로 본다면, 한 학년의 아동 상호 간의 인간관계의 신뢰감과 존중감을 총칭하는 의미로 사용할 수 있겠다.

3) 사회적 인간관계

현대사회에서 인간관계의 중요성은 더더욱 중요해졌다. 인간관계란 타인과의 상호작용의 과정이라고 말할 수 있다. 사람은 엄마의 뱃속에서 태어날 때부터 미약한 존재이다. 동물들처럼 태어나자마자 뛰어다니지 못하고 긴 시간 동안 부모님의 보살핌으로 점점 성장해나간다.

사람은 태어날 때부터 죽을 때까지 다른 사람들과의 끊임없는 상호작용을 한다. 인간관계를 통해서 타인을 알고 나를 알고 그러면서 발전하는 것이다. 사람들과의 상호작용, 의사소통이 없을 시 특히 현대사회에서는 소외감·고독감으로 괴로워하게 될 수도 있다. 이렇듯 타인과의 의사소통, 상호작용을 갖지 않는다면 스스로 불행을 겪을 수밖에 없고 고통스러울 수밖에 없다. 따라서 인간관계 형성을 위해 노력해야 하고 사람들과 좀 더 가까이해야만 고독감, 외로움 속에서 벗어날 수 있다. 사회를 구성하고 있는 것은 인간이다. 인간은 있는 모습 그대로 인정받고 사랑받고 있다고 느끼게 될 때 가장 행복할 수 있다.

좋은 부모의 기준은 사람마다 다 다르다. 어떤 사람은 자녀를 잘 입히고 잘 먹이고 좋은 곳에서 교육시키는 부모, 경제적으로 부유한 부모를 좋은 부모라 생각할 수 있으며, 또 다른 사람은 자녀의 성품을 바르게 할 수 있는 부모를 좋은 부모라고 생각할 수 있다. 이 둘 중 어느 것도 틀렸다고는 할 수 없다. 이 두 가지 조건을 모두 갖췄다면 이 세상에서 가장 완벽한 부모이기 때문이다. 물론 이것은 매우 어렵기도 한 일이다.

하지만 이것 하나만큼은 확실하게 말할 수 있다. 좋은 부모들은 가정을 화목하게 하고 그 어느 순간에도 자녀를 믿고, 자녀의 의견을 존중해 준다. 좋은 부모라는 이미지가 사람들마다 다를지 몰라도 가정을 화목하게 하며, 자녀를 믿고 자녀의 의견을 존중해주는 것이 좋은 부모의 조건이라는 것에는 이견을 제시할 사람이 거의 없으리라고 본다.

지금 현재 많은 부모들은 자녀에게 좋은 부모가 되기 위해 노력을 하고 있다. 이 방법이 어떤 것이든 틀린 것이 아니며, 어느 것이 낫다, 별로다 할 수가 없다. 하지만 가정을 화목하게 하고 항상 자녀를 믿고 자녀의 의견을 존중해주는 것이 전제가 되어야 좋은 부모가 되기 위한 다음 단계로 넘어갈 수 있을 것이다.

5. 부모재교육을 통한 지혜로운 자녀교육 방법

1) 아이와 지혜롭게 갈등하라.

• 아이가 표출하는 분노의 원인에 맞게 적절하게 대처하라.

Box 7-1 부모의 칭찬 · 격려 '큰 힘'… 가족 간 대화 중요

자녀의 언어 습관 어떻게 바로잡나?

• 부모의 언어 습관이 아이의 언어 사용 좌우해

아이가 언어를 습득하고 성격을 형성하는 과정에서 부모의 역할은 상당히 중요하다. 미국의 심리학자 버넷은 부모의 언어 습관은 아이의 자존감 형성에 상당한 영향을 미치는 것은 물론 아이가 그대로 이어받을 수 있음을 강조하고 있다. 그렇기에 좋은 언어 습관을 만들기 위해서는 부모가 아이의 롤 모델이 되어주는 것이 바람직하다.

부모는 평소 아이가 올바른 말을 사용할 수 있도록 배우자나 타인과 이야기할 때 언어를 주의해서 사용해야 한다. 또한 은연중에 사용하게 되는 비속어나 고르지 못한 말을 의식적으로 순화하고자 하는 노력이 필요하다. 기본적으로 자녀는 부모에게 존댓말을 쓰고 형제간에는 존중하는 단어를 쓰는 것을 가르쳐야 한다. 존댓말을 쓰면 상대에 대한 배려가 자연스럽게 따르기 때문이다. 아이가 고운 말을 사용하고자 할 때, 부모의 적극적인 칭찬과 격려가 아이의 올바른 언어 습관 형성에 큰 힘이 된다고 한다. 아이는 칭찬과 격려를 통해, 스스로 바른 언어에 대한 정당성을 인정하게 되며 지속적으로 고운 말을 사용하고자 하는 의지를 갖게 된다는 것이다. 집에서 쓰지 말아야 할 단어나 표현 등을 정해 사용하는 것도 하나의 방법이다.

아이의 언어 습관 형성에 가장 크게 영향을 끼치는 것은 가족 간의 대화다. 먼저 아이에게 즐겁게 대화하는 법을 알려줘야 한다. 부모와 나눈 대화의 즐거움은 친구들 사이에서도 적극적으로 대화를 이끌어 나가는 원동력이 된다. 아이가 어떤 이야기를 하면 귀 기울여 듣는 것이 중요하다. 대화에 공감하며 맞장구도 함께 쳐주면 아이가 신이 나 더 많은 이야기를 꺼낼 것이다. 혹시나 아이가 말하는 도중에 답답함을 느낄지라도 끼어들어서 대신 말하거나, 중단시켜서는 안 된다. 또한 답이 정해져 있는 질문만 하는 것이 아니라 서로 주고받을 수 있는 대화를 많이 하는 것이 좋다. 부모와 교감이 클수록 아이는 감정을 잘 조절할 수 있게 된다.

• 욕설 사용이 도덕적으로 왜 나쁜지 알려줘야

'청소년 언어 사용 실태' 보고서에 따르면 어린 시절 욕설 사용 습관은 성인이 되어도 고쳐지지 않는 것으로 나타났다. 이 때문에 어릴 때부터 욕설을 쓰지 않는 습관을 갖는 것이 필요하다.

욕설을 쓰는 아이를 바로잡으려면 욕설의 정확한 의미를 알려줘야 한다. 또래 친구들과 놀다 오더니 집에서 쓰지 않는 험한 말을 했을 때처럼, 자녀가 욕설 등을 처음 썼을 때의 언어 교육이 가장 중요하다. 대부분의 아이는 욕설에 어떤 뜻이 있는지, 욕설의 어원이 무엇인지 잘 모른다. 욕설 사용이 도덕적으로 왜 나쁜지, 욕설의 어원은 무엇인지 등을 구체적으로 충분히 이야기해야 한다. 다수의 욕설에 '성적인 것을 저속하게 비하'하는 의도가 있고, '신체적 장애 · 질병' 등을 경망스럽게 표현하며, 욕설을 통한 언어폭력이 다른 사람은 물론 자신에게도 해를 끼칠 수 있음을 일깨워줘야 한다.

아이가 비속어를 가장 쉽게 접하는 공간은 인터넷이다. 인터넷을 많이 쓰는 아이들은 가상공간과 현실을 명확하게 구분하지 못해 가상공간에서 쓰던 어휘를 현실 공간으로 끌고 올 때가 잦다. 그런 만큼 가정과 학교라는 주요 현실 공간에서 '나쁜 말을 하면 안 된다'는 규정을 좀 더 명확하게 정해, 유해 언어 사용을 차단할 필요가 있다.

자녀가 정확하게 어떤 게임을 하는지, 게임이 자녀의 연령에 맞는지, 자녀의 ID가 무엇인지 파악하는 것도 필수다. 온라인 게임 등을 통해 비속어나 욕설을 쉽게 접할 수 있기 때문이다. 일주일 단위로 자녀가 게임을 하는 시간을 점검하는 노력도 필요하다.

출처: 조선일보, 2013. 11. 7.

부모와 아이들 간의 대화가 점점 줄고 있다. 더군다나 엄마보다 아빠와의 대화는 더 줄어들고 있다. 부모님은 일하고 돌아와서 피곤하다고 집에 와서 자기 할 일만 하고 쉬고, 아이들은 학교와 학원을 갔다 와서 또 공부하거나 쉬거나 서로 각자 자기 할 일만 하며, 가족이 대화를 잘 하지 않는 가정이 늘고 있다. 이렇게 대화가 점점 줄어들게 되면 서로가 서로를 이해하는 데에 점점 더 어려워지고, 문제가 생긴다. 서로가 원하는 것을 알지 못하는데 그것을 상대방이 충족시켜주지 못한다고 불평·불만·반항을 하게 되면 부모들의 입장에서는 아무 이유 없이 아이가 어긋나는 행동을 하게 되는 것을 보게 되고, 아이는 또 부모가 몰라줘서 그러한 행동을 하게 되는 것이다. 이러한 문제를 막기 위해서 저녁은 꼭 같이 먹는다거나, 자기 전 밤에 가족이 다 같이 앉아서 이야기할 수 있는 시간을 짧게라도 정해두는 것이 좋은 것 같다.

2) 자녀교육 성공하려면 기준과 원칙 세워라.

자녀교육에 성공하려면, 부모로써 기준과 원칙, 즉 교육철학이 있어야 한다. 학교에는 교훈, 학급에는 급훈, 가정에는 가훈이 있듯이 부모는 자녀가 하고 싶은 일에 집중력을 불어넣어주기 위해 교육의 결과보다는 고정에 더 충실해야 함을 강조해야 한다. 그 교육과정 속에는 반드시 인성교육이 바탕이 되어야 하며, 상황에 따라서는 자녀가 지켜야 할 규칙을 스스로 만들어 지켜가는 과정에서 자신감을 가질 수 있도록 하는 것도 한 방법일 것이다.

3) 자녀와 소통하기

좋은 부모가 되기 위해서는 우선 자녀와 원만한 의사소통이 되어야 한다. 의사소통의 기본은 타인에 대한 존중에서 비롯된다. 긍정적인 대화를 나눔으로써 자녀의 감정을 파악하고 이해하며, 공감할 수 있다. 아이가 문제에 직면했을 때에는 감정을 표현하도록 하고 스스로 문제를 해결할 수 있도록 유도하여야 한다. 아이 스스로 결정할 수 있고 자신의 감정을 다스리며 문제를 해결할 수 있는 능력이 있음을 믿어주고, 그 능력을 키워주는 것이 부모의 역할이다.

우선 자녀교육에 부모만의 기준과 원칙을 세워 실천해야 한다. 자녀가 잘못을 하더라도 잔소리를 하거나 몰아세우거나 화를 내는 대신, 자녀를 믿고 격려와 칭찬으로 대해야 한다. 아이가 내 뜻대로 되지 않을 때 아이에게 문제가 있다며 고치려고 하기 이전에 부모 스스로가 자신의 감정 조절에 어려움이 있는 것은 아닌지 고민하고, 문제가 나의 문제인지 자녀의 문제인지를 판단해야 한다. 성취보다는 성품을 칭찬해야 하고, 그렇게 하기 위해선 부모부터 자신의 행동을 뒤돌아보고 올바른 성품을 기르도록 노력해야 한다.

또한 자녀와 원만한 의사소통이 되어야 한다. 의사소통의 기본은 타인에 대한 존중에서 비롯되기 때문이다. 긍정적인 대화를 나눔으로써 자녀의 감정을 파악하고 이해하며, 공감할 수 있다. 아이가 문제에 직면했을 때에는 감정을 표현하도록 하고 스스로 문제를 해결할 수 있도록 유도해야 한다. 아이 스스로 결정할 수 있고 자신의 감정을 다스리며 문제를 해결할 수 있는 능력이 있음을 믿어주고 그 능력을 키워주는 것이 부모의 역할이다.

좋은 부모가 되기 위해 필요한 자질은 일맥상통하는 부분이 있다. 언행에 있어서 모범을 보이고 일관성을 유지해야 하며, 사랑으로 자녀를 보살펴야 한다. 자녀의 행동에 참견을 하는 대신 조언을 해주어야 하고, 자녀의 눈높이에 맞춘 교육을 행해야 하며, 스스로 해낼 수 있는 환경을 만들어주어야 한다. 또한 지켜야 할 규칙을 정할 때에는 충분한 설명을 해야 하고, 규칙을 어겼을 때에는 신체적 처벌과 언어적 학대 대신, 올바른 방법으로 처벌을 해야 하며 칭찬으로 자신감을 북돋아 주어야 한다. 무엇보다도 자녀를 하나의 인격체로 대하려는 자세가 중요하다.

4) 아이의 능력을 믿어라.

자식을 낳고 기른다는 것은 막중한 책임이 따르는 일이다. 좋은 태교를 하는 것 못지않게 자식을 낳아 그들이 올바르게 자라도록 방향을 제시하는 것도 중요하다. 예전에 '우리 아이가 달라졌어요'라는 제대로 인격지도가 되지 않은 아이들이 어떻게 긍정적으로 변화해 가는가를 담은 TV 프로그램이 있었다. 언뜻 보기에 아이들의 여러 문제들이 그들의 성격적인 결함에서 비롯된 것 같지만, 문제들 중 대다수는 아이들을 가르치는 부모의 잘못된 지도방법에서 비롯된 것이었다. 자녀를 지도하다가 '욱' 하는 마음에 분노를 참지 못하고 아이에게 화를 푸는 부모도 있는가 하면, 아이를 구박하고 형제자매와 비교, 차별하는 부모도 있었다. 이를 통해 잘못된 교육관으로 인해 자녀가 얼마나 엇나가고 비뚤어질 수 있는지 그 위험성을 볼 수 있었다.

학교교육에 있어서도 마찬가지이다. 강도치사죄로 무기형을 선고 받고 탈옥했던 죄수 신창원은 이렇게 말했다. "지금 나를 잡으려고 군대까지 동원하고 엄청난 돈을 쓰는데 나 같은 놈이 태어나지 않는 방법이 있다. 내가 초등학교 때 선생님이 "너 착한 놈이다" 하고 머리 한 번만 쓸어주었으면 여기까지 안 왔을 거다. 5학년 때 선생님이 "새끼야, 돈 안 가져왔는데 뭣하러 학교 와. 빨리 꺼져." 하고 소리쳤는데 그때부터 마음속에 악마가 생겼다." 이 일화에서도 알 수 있듯이 학생에게 관심을 가지고 학생에 대한 믿음을 보인다면 그들은 충분히 바른 길로 갈 수 있다.

좋은 부모가 되기 위해 필요한 자질은 언행에 있어서 모범을 보이고 일관성을 유지해야 하며, 사랑으로 보살펴야 한다. 아이가 행동에 참견을 하는 대신 조언을 해주어야 하고, 자녀의 개개인의 눈높이에 맞춘 교육을 행해야 하며, 스스로 해낼 수 있는 환경을 만들어주어야 한다. 또한 지켜야 할 규칙을 정할 때에는 충분한 설명을 하여야 하고, 규칙을 어겼을 때에는 신체적 처벌과 언어적 학대대신 올바른 방법으로 처벌을 하여야 하며, 칭찬으로 자신감을 북돋아주어야 한다. 무엇보다도 자녀를 하나의 인격체로 대하려는 자세가 중요하다.

5) 눈높이 맞춰 공감하기

'최고의 선물은 관심이다'라는 말이 있다. 부모-자녀 간에 가장 필요한 것은 눈을 맞춰 공감하고 들어주는 관심이다.

눈높이를 맞춰 지적보다는 칭찬을 하고, 자녀의 생각과 감정을 수용해야 부모의 눈높이에서 자녀를 바라보면 자녀는 늘 부족하여 부모가 물리적·정신적으로 지원해야 한다고 생각하지만, 한 걸음 물러나서 객관적으로 자녀를 보면, 아이들은 이미 스스로 혼자서도 잘 하고 있음을 알 수 있다. 그러므로 부모는 자녀와의 대화를 통해 '무엇이 필요한지', '무슨 도움이 필요한지'를 파악하고, 현재 자녀의 생각과 감정을 이해하려고 노력해야 한다.

6) 감정 코치 – 부모가 아니라 코치가 되라.

아이의 성공과 행복을 좌우하는 것은 '지능지수'보다 감정을 잘 조절하는 '감정지수'라고 한다. 감정 코칭이라는 것은 부모가 자녀의 기분을 이해하고 공감해 바른 길로 이끄는 능력을 말한다.

좋은 부모가 되기 위한 감정 코칭의 첫 단계는 바로 '아이의 감정을 빨리 인식하라'는 것이다. 적절한 관찰을 통해 자녀의 감정을 조기에 포착하고, 격해지기 전에 자녀의 감정을 이해하고 공감하는 단계다. 아이가 문을 '쾅' 닫고 방에 들어간다거나 갑자기 말이 없어지는 등의 행동에 숨은 의미를 읽어낼 수 있어야 한다. 아이의 불안, 분노, 미움 등의 감정을 놓치게 되면 큰 상처가 될 수 있기 때문이다.

두 번째는 감정적 순간을 친밀감 조성과 교육의 기회로 삼는 단계다. 두려움 등 부정적인 경험이나 실패 등 좌절을 경험한 경우에 활용한다. 동생과 싸웠는데 엄마가 동생 편만 든다는 소외감을 느끼고 있을 때, 부모가 그런 아이의 감정을 수용하고 공감해주면 단단한 애착을 형성할 수 있다. 위기를 기회로 활용하는 것인데 자녀의 감정에 공감과 위로를 통해 감정적 유대감을 형성하는 것이다.

세 번째는 아이의 감정이 타당함을 인정하고 공감하며 경청하는 단계다. 아이의 입장에서 상황을 이해하고 또한 그 감정을 경청하는 것이다. 예를 들어, 아이가 '학교 가기 싫어.'라고 말하면 대부분은 '왜? 안 돼!'라는 반응을 보인다. 하지만 이런 부정적인 대화보다는 '네가 학교에 가고 싶지 않구나.'라며 아이의 마음을 받아줘야 한다는 것이다. 또 아이가 스스로 해결책을 내놓을 때까지 기다린 후 부모가 제시한 해결책을 받아들일 수 있을 때까지 기다리는 자세도 필요하다. 반면 부모의 성급한 해결책은 아이가 무시당했다고 느끼게 하는 역효과를 낼 수 있다.

네 번째는 아이의 감정을 표현하도록 도와주는 단계다. 아이가 친한 친구를 미워하고 있다고 치자. 아이에게 친구에 대한 미움이 질투심에 의한 것인지, 아니면 다른 친구와 더 친하게 지내는 것에 대한 서운함인지에 대해 스스로 이름을 붙이게 하고 정의를 내리도록 해야 한다. 아이가 만약 자기가 느끼는 감정이 어떤 감정인지 정확히 잘 모른다면 이에 대한 대처도 현명하게 할 수 없기 때문이다.

다섯 번째 단계는 아이가 문제를 스스로 해결하도록 이끌면서 행동에 한계를 정해주는 것이다. 감정에 대한 이해가 폭력에 대한 용납은 아님을 주지시키거나 문제해결과 관련해 목표를 확인시키는 것, 또한 해결책 모색과 평가, 아이 스스로 해결책 선택하기도 이 단계에서 해야 할 일이다.

학부모역량개발센터 관계자는 "아이의 감정을 이해하고 받아줘야 하지만 행동까지 모두 용납해서는 안 된다."면서 "동생이 책을 찢어 화가 나 있는 아이의 감정은 수용하더라도 이를 해결하기 위해 때리는 행동은 허용하지 않는 것과 같은 맥락"이라고 말했다.

다양한 곳에서 좋은 부모 되기에 대한 논의와 프로그램들을 만들고 많은 부모들의 참여를 유도하고 있다. 이런 사회의 변화된 모습에서도 알 수 있듯이, 좋은 부모에 대한 관심이 커지고 있는 추세이다. 그렇다면 좀 더 구체적인 좋은 부모 되기 교육법은 어떠한 것들이 있는지 알아보자.

어떤 부부는 결혼하자마자 바로 아이를 가지기도 했지만, 어떤 부부는 5년 동안 그렇게 노력하고 겨우겨우 가진 아이도 있다. 처음에는 간절했던 기간이 달랐던 만큼 양육태도 역시 차이가 있겠다고 생각되지만, 부성애, 모성애는 그 차이를 느낄 수 없을 만큼 두 경우의 모성애는 동일하게 클 것이다.

그 연장선상에서 부모는 육아, 양육에 큰 관심을 보이게 된다. 뜨겁고 간절하기에 더욱 해답을 요구하고 기대하게 되겠지만, 기사들의 결론은 좋은 부모는 이러이러 해야 한다는 방법론적인 접근이 아니라, 자녀와 부모 사이의 본질적인 접근에 초점을 맞추고 있다는 것을 알게 되었다. 자녀를 잘 양육하면 흔히 '자식 농사에 성공했다.' 고 말하는데, 그만큼 어렵고 가치 있고 신중한 일이다.

7) 자녀를 신뢰하라.

자녀의 학습에 부모의 신뢰는 긍정적 영향을 미친다. 자녀는 부모가 자신을 믿어준다는 생각을 갖게 되면, 그 믿음에 보답하고 싶은 마음에 열심히 공부를 하게 된다. 시험의 결과가 나쁘게 나와서 부모가 뭐라고 한다면 자녀는 실망하게 될지도 모른다. 그렇기 때문에 시험의 결과가 어떻든 부모는 격려를 해주고 응원해주어야 하며, 공부하라고 잔소리하기보다 항상 알아서 잘하기를 믿어야 한다. 자녀 스스로 알아서 공부하는 방법을 터득하여, 후에는 스트레스를 받지 않고 주도적으로 공부할 수 있도록 신뢰해야 한다. 만약 부모님이 나를 믿어주신다는 생각이 들지 않고 잔소리를 많이 듣는다면 공부하기를 싫어하게 될지 모른다.

Box 7-2 "믿어주니 오르더라"…부모신뢰가 성적에 좋은 영향

'부모의 신뢰'가 공부 잘하는 아이를 만드는 것으로 나타났다. 이 같은 경향은 남학생보다 여학생에게서 더욱 두드러졌다. 경쟁의식 및 비평준화 지역의 학교 분위기도 성적향상에 큰 영향을 미치는 것으로 조사됐다. 8일 서울대 교육학과 신종호 교수는 최근 서울대 재학생 120명을 대상으로 '공부를 잘하게 된 원인'에 대해 심층 조사한 결과 이같이 나타났다고 밝혔다.

논문에 따르면 조사 대상 학생들이 좋은 성적을 받을 수 있었던 데는 △가족 요인(부모의 신뢰, 형제관계) △학교 요인(교사, 친구, 학교 분위기) △목표의식 및 경쟁의식 △노력, 계획 및 실천의지 등이 작용했다.(중복응답 허용)

▽가족요인=특히 조사 대상의 절반이 넘는 70명(58%)이 '부모의 신뢰'를 꼽아 부모의 긍정적인 기대가 자녀의 학습에 절대적인 영향을 미친 것으로 나타났다.

학생들은 부모가 자신을 믿고 격려해 준다는 것을 느꼈던 구체적 사례로 △주위 사람들에게 자신에 대해 자랑스럽게 이야기하고 △자녀를 이해하려 노력하고, 강요하기보다는 스스로 판단해 행동하도록 했으며 △수십 권의 책 목록을 내밀었을 때 집안형편이 어려운 상황에서도 모두 구입해 줬던 점 등을 꼽았다.

특히 여학생의 경우 '부모의 신뢰'를 꼽은 응답자가 48명으로 전체 여학생의 70.6%를 차지했다. 남학생은 42%인 21명이 부모의 영향을 받았다고 답해 여학생이 부모의 기대에 더욱 민감하게 반응하는 것으로 나타났다. 이와 함께 '장손 혹은 외아들로 주변의 관심을 많이 받는 가족 분위기 덕분'(19명)이라거나 '공부 잘하는 형과 언니를 따라 학업에 흥미를 느꼈다'(19명)는 답변도 많았다.

▽경쟁, 목표의식 등='비평준화 지역 특유의 열정적인 학교 분위기가 도움이 됐다'는 답변도 27명(23%)이나 됐다. 이들은 학교 간 경쟁이나 학교에 대한 자부심 등이 학습효과를 높이는 데 영향을 미쳤다고 밝혔다. '강한 경쟁의식이 공부에 영향을 미쳤다'고 답한 학생이 40명으로 전체의 33%를 차지했다. '원하는 삶이나 자신의 즐거움을 위해 공부했다'는 답변(27명 · 23%)보다 훨씬 큰 수치. 신 교수는 "선의의 경쟁을 위한 자극이 주어지면 학습효과가 높아진다는 사실을 확인할 수 있다"며 "비평준화 지역에서 학교 분위기가 도움이 됐다는 학생이 많은 것은 동질적인 집단에서 학습 효율이 더 높다는 것을 보여 준다"고 분석했다.

이 밖에 '나는 무엇이든 할 수 있고, 다른 사람이 생각하는 것보다 능력 있는 사람'이라고 믿는 자아효능의식(35명 · 29%)도 중요한 요인이 됐다. 신 교수는 "부모가 자녀의 생각을 이해해 주고 자녀의 능력을 바탕으로 현실적이고 합리적으로 기대할 경우 학습에 긍정적 영향을 미친다는 것을 알 수 있다"며 "부모는 자녀가 학습의 의미를 인식하도록 하고 공부하는 과정에서 스스로 결정하고 노력하는 분위기를 만들어 주는 것이 중요하다"고 말했다.

출처: 동아일보, 2004. 7. 8.

자녀는 부모의 거울이라는 말처럼 자녀의 밥 먹는 모습이나 평소 예의범절만 봐도 자녀가 집에서 어떻게 교육받았는지, 부모님이 집에서 평소 어떤 행동을 취하는지 알 수 있다. 아이가 가령 양말을 갈아 신어야 할 일이 생겼을 때 양말을 벗어 바닥에 그냥 던져놓고 "선생님 여기 양말이요" 하는 행동들은 집에서 부모 중 누군가가 양말을 바닥에 던져놓고는 "여기 내 양말도 빨아" 하고 말하고 행동한다는 것을 추측할 수 있다.

자녀는 사소한 것도 부모를 통해 습득한다. 부모가 먼저 집에서 자녀에게 바라는 모습을 실천하고 자녀가 자연스럽게 이를 따라하는 형식의 교육방식은 강압적이지 않으면서 자연스럽게 습득될 수 있는 좋은 방법이다. 부모가 아이의 거울이라는 말처럼 나도 아이를 낳고나서 나태해지지 않고 꾸준하게 내면을 가꾸고 아이에게 반짝반짝한 광이 나는 거울이 되고 싶고, 내 아이를 보면 "정말 자식교육 잘 시켰네."라는 소리를 들을 수 있도록 노력하고 좋은 부모가 되는 방법들을 실천해나가야 할 것이다.

8) 자녀와 여행 떠나기

자녀와 놀이공원이나 엑스포에 갓난아기들을 데려오는 부모들을 보고 저렇게 갓난아기를 왜 데려올까?라는 생각을 많이 한다. 이는 아이들이 어리더라도 되도록이면 아이들과 많은 곳을 다니는 것이 좋다는 것을 알게 된다. 보고, 듣고, 느끼기 때문에 기억하지 못하더라도 정서적으로 좋기 때문이다. 아이와 함께 함으로써 아이가 애정과 관심을 받고 있다는 느낌을 들게 하고, 같이 여행을 다님으로써 부모와 자녀 간의 관계가 더욱 친밀해질 수 있다. 주기적으로 가족여행을 자주 간다면, 자연스럽게 여행을 가서도, 여행을 다녀와서도 할 이야기가 많기 때문에 대화가 많아지게 될 것이고, 직장이나 학교에서 받은 스트레스도 풀 수 있는 좋은 시간이 된다.

9) 자녀를 쳐다보지 말고 바라봐라.

하루 종일 아이만 생각하고, 공부, 취업, 미래에만 집착하다보면, 자녀 가까이에서 집착하게 된다. 집착으로 자녀를 바라보기보다는 '아름다운 거리'를 두고 서로 바라봐야 할 것이다.

또한 부모능력 계발을 위한 수업에 참여하라. 문화센터나 사설기관에서 자녀교육에 관한 다양한 세미나를 접할 수 있다. 이런 세미나에 적극 참여하자. 분명 번거롭고 불편한 과정이지만 아이의 교육에 큰 도움이 될 것이다.

10) 좋은 부모가 되기 위해 노력하라.

급속한 가족체계의 변화로 부모들이 주변 어른들에게 자녀양육의 도움을 받을 수 없게 되면서 부모 스스로 책임을 수행해야 할 상황에 부딪치게 되었다. 따라서 자녀양육 관련 지식과 기술을 부모교육을 통해 배우면서 부모들이 자신감을 가질 수 있을 뿐 아니라, 어려운 상황에 효과적으로 대체할 수 있는 유연성을 가지게 된다.

여성의 사회참여가 늘면서 일과 가정이라는 양립의 사회 환경 속에 남성에게 공동양육의 중요성을 강조하고, 아버지로서의 자녀양육에 적극 참여하고 가사를 분담하도록 하여 적극적으로 아버지 역할을 수행하도록 해야 한다. 어머니는 실제로 자녀를 낳고 어머니 역할 수행할 때 자신이 기대했던 것과 일치하지 않아 혼란과 좌절을 겪게 되면서 열등감을 가질 수 있다. 부모가 된다는 것이 어떤 것이며, 자녀에게 어떤 의미이고 부모의 역할을 어떤 희생과 준비가 있어야 하는지에 대한 정보와 교육을 통해 좋은 부모가 되도록 노력해야 한다.

11) 이래라 저래라 하면 오히려 역효과 난다. - 부모는 아이가 스스로 할 수 있도록 도움만 준다.

짜증이나 신경질이 많은 아이, 화가 나면 주먹부터 나가는 아이, 무조건 떼부터 쓰는 아이, 그리고 감정표현이 없는 아이 등은 모두 감정조절 능력이 발휘되지 못한 아이들의 모습이다. 이런 아이들은 감정을 조절하고 감정을 이야기하는 법을 배우지 못해 서투르고, 떼를 쓰면 부모가 원하는 것을 들어주는 식의 잘못된 훈육으로 만들어진다. 지금부터라도 우리 아이들에게 인생을 탄탄하게 지탱할 수 있는 마음의 힘인 감정조절 능력을 키워주는 방법을 알아야 한다.

시간이 지날수록 부모님이 아이들을 교육하기에는 힘들어지고 있는 세상이 되어가고 있다. 공동체주의보다는 개인주의가 되어가는 지금 가족조차 개인주의가 되어가고 있다. 부모님은 부모님대로 직장에서 힘이 들기에 집에서만큼은 편하게 쉬고 싶고, 또 아이들은 아이들대로 학원에서 벗어나 집에서는 쉬고 싶어한다. 하지만 사람은 붙어있으면 개인 견해차가 생기기 마련이고, 그에 대한 문제가 생기는데 그 충돌을 집에서만은 가족 모두 피하고 싶어 자연스레 대화가 줄어들고 무관심으로 일이 커지는 사태가 오는 것 같다.

좋은 부모에 대한 기사를 찾아보면, '아버지 학교'라는 프로그램이 있는데, 일반적으로 맞벌이 경우 자세히 보면, 벌이는 함께 하지만 자녀양육이나 집안일은 모두 엄마의 몫이고, 대부분의 아버지도 그렇게 생각한다. 그런데 부모님의 가치관이 자녀에게 큰 영향을 미친다고 생각했던 부분이 아버지가 집안일을 당연히 모두 엄마의 일이라고 여긴다면 자녀 또한 당연히 그렇게 생각한다는 것이다.

그래서 좋은 부모가 되는 방법 중 하나는 내 가치관이 과연 맞는 것인가 판단해보는 것이다. 또 다른 예로, 여자인 경우 성별이 같은 이유도 있겠지만 방황 시기에 조언한 사람이 어머니라면 특히 어머니와는 친한 경우가 있다. 여자아이의 경우 어떤 얘기든 편하게 말하는 편인데도 아버지와는 그렇지 못하는 경우가 있다. 물론 아버지가 자녀를 방치하는 것은 아니지만, 어린 자녀가 진심으로 조언을 필요로 할 때 그 문제에 대한 대화를 하며 충돌도 하면서 서로를 이해하는 연습이 되었다면 어머니만큼이나 아버지와도 좀 더 친밀감이 상승될 것이다. 자녀에게 아버지는 무조건 근엄하시고 무서운 분은 아니시지만, 한 번씩 말 걸기가 힘들 때가 있다.

6. 부모재교육 관련 국가정책

부모 개인의 노력도 중요하지만 국가가 이를 뒷받침하기 위해 지원하는 방안도 다양하다. 좋은 부모에 대해서 국가가 부모재교육을 지원해주고 있다는 관련 사례는 있다. 그러나 우리 주변에서 이런 프로그램이 활발하게 일어나고 있다는 느낌은 받지 못했고, 최근 청소년들의 탈선과 낮은 인성교육 실태를 보면 실질적으로 이런 프로그램들이 도움이 되고 있는지가 의문이다. 단지 언론에서 보여주기 식으로만 하는 것은 아닌지 하는 생각이 들기도 한다. 그래서 홍보 방안을 다양하게 늘리고 실질적인 도움을 어떻게 주어야 할지 논의되어야 할 필요성이 있다. 먼저 홍보하기 가장 유리한 곳은 자녀를 보내 놓은 학교라고 생각한다. 학교에서 부모재교육에 관련된 정보를 담은 가정통신문을 수시로 보내서 많은 학부모들을 강의장으로 이끌어내는 데 도움을 주어야 한다.

대부분의 부모들이 아이들의 교육에 모두 초보인 것은 당연하다. 사회는 빠르게 변화하고 그에 따라 아이들이 자라나는데 새로운 문제들이 계속 생기고 있고, 부모 자신들이 자라온 환경과도 많이 다르기 때문이다. 아이들이 자라는 것을 보면 많은 공통점이 있지만 정작 똑같은 아이는 이 세상에 하나도 없다. 어쩌면 부모는 이 세상에서 가장 어려운 역할이면서도 싫다고 팽개칠 수도 없는 게 바로 부모일 것이다.

부모들에게 도움이 될 수 있는 방법을 제공해주는 '성품대학'은 아이를 생각하는 부모의 마음을 잘 대변해주는 예인 것 같다. 좋은 부모가 되기 위해서는 우리가 어떤 기술을 배우는 것과 마찬가지로 좋은 부모 노릇 역시 익히고 배워야 한다. 부모들은 좋은 부모가 되기 위해 방법을 모색할 뿐만 아니라, 관심과 애정으로 노력해야 한다.

덧붙여서 좋은 부모는 거울 같은 존재이다. 부모 스스로 바르지 못하면서 자식들이 바르게 되기를 바라는 것은 욕심이 될 것이다. 좋은 부모가 되기 위해서 내 아이에게 자랑스럽게 비치기를 노력하고, 좋은 사람으로 생각하게 노력하는 것, 모두 좋은 모습을 보이고자 지금 이 순간에도 노력하고 있는 부모가 좋은 부모가 아닐까 한다.

부모의 다정한 목소리, 신체접촉, 모든 표현들은 자녀들에게 스며들게 된다. 부모의 모든 말과 행동은 어린이의 자아 형성에 지대한 영향을 미친다. 따라서 아무리 사소한 것에 대하여도 칭찬을 해주면 아이는 자랑스러운 마음을 가지게 되며, 자기 스스로 하게 허용해 줌으로써 자신감을 갖게 하고 독립심을 심어주게 될 것이다. 반대로 다른 아이와 비교하거나 자식의 행동을 좋지 않게 생각하면 아이들도 열등감을 가지게 될 것이다. "바보같이 그런 짓을 하다니…", "동생보다 못하는…" 등등의 부담을 주는 이야기는 하지 말아야 한다. 이러한 이야기는 아이의 마음속에 상처를 입히기 때문에 항상 말을 조심해야 한다. 누구나 실수를 할 수 있다는 점을 아이들도 알도록 해주며, 나쁜 행동은 미워도 아이는 변함없이 사랑한다는 점도 알려 주어야 한다.

Chapter 8

좋은 부모 되기 10가지

좋은 부모 되기 교육을 시행하기 위해서는 부모 자신의 모습을 객관적으로 볼 수 있고, 깨닫고 개선하는 교육이 필수적이다. TV 프로그램인 '우리 아이가 달라졌어요'에서 아이의 버릇을 고치기 위해서는 부모 개선을 먼저 한다. 그러나 대부분의 부모는 자신의 양육방법이 어떻게 잘못되었는지를 쉽게 알지 못한다. 그래서 녹화된 영상을 통해 직접적으로 자신의 모습을 보며 잘못을 깨닫게 된다. 이렇듯 부모재교육에 있어서는 자신을 반성하고 스스로 자신을 평가하는 자아성찰이 우선이다. 더불어 전문가의 도움으로 자녀와의 관계 개선을 위해 좋은 부모 되기 프로그램과 교육방법을 검토한다.

지금까지 정리한 것을 바탕으로 좋은 부모의 10가지 조건을 제시하고자 한다.

- 아버지, 어머니 모두가 참여하는 일관성 있는 교육
- 부부관계 개선으로 가정의 화목을 유지하는 부모
- 폭력 · 폭언을 하지 않는 부모
- 자녀에게 존경받는 부모
- 자녀의 책임성 · 독립심을 길러주는 성품 좋은 부모
- 자녀와 제대로 대화하는 부모
- 자녀의 성취 결과보다 그 과정에 관심을 가지는 부모
- 자녀와의 약속은 반드시 지키는 부모
- 자녀의 의견을 존중해주는 부모
- 어느 순간에도 자녀를 믿어주는 부모

좋은 부모가 되기 위해서는 많은 조건이 있겠지만, 먼저 부모 자신이 곰곰이 생각해보아야 한다. 자신이 어렸을 때, 부모의 모습을 생각해보면서 나는 이러지 말아야지 등으로 생각해 볼 수 있다. 요즘에는 좋은 부모가 되는 것도 공부해야 하며 부모강좌와 상담, 부모교육 프로그램들이 있다. 이런 기회를 찾아서 교육 받으면서 좋은 부모가 되도록 노력하는 것이 방법이다.

1. 자녀에게 일관성 있는 교육관으로 함께 참여하는 부모

아이들은 부모로부터 모든 것을 배우고 흉내 내며 자라게 된다. 자녀 앞에서 폭력을 사용하는 것을 보이면 아이들도 똑같이 배운다. 항상 아이들이 곁에 보고 있다는 것을 의식하고 모든 행동에 조심을 해야 한다. 아이들에게 심어주고 싶은 자세를 아버지와 어머니가 함께

노력하여 상대방에 대한 존중·예의·우정·정직·친절 등을 부모가 몸소 보여주어야 한다.

부모가 아이들에게 어떻게 하라고 이야기할 때는 아버지와 어머니의 일관된 교육관으로 반드시 그 이유를 설명해주어야 한다. 아이들은 무슨 일이든 해야 할 이유를 알고 싶어 하며, 또 알아야 할 권리가 있다. 그렇지 않으면 아이들은 부모의 존재 가치를 의심하며, 그들 자신의 가치도 의심하게 된다. 부모들이 원하는 것을 아이들에게 선명하게 이해시켜 주어야 한다. 무슨 문제가 있으면 자녀들과 같이 대화하며 해결해 나가도록 노력하며, 아이들의 의견도 최대한 반영해 타협해야 한다.

2. 부부관계 개선으로 가정의 화목을 유지하는 부모

아이들은 모를 것이라고 생각하는 것에 더 크게 느끼고 생각하는 것이 많다. 가령 부모님이 다투시는 것을 본 적이 있다면, 어릴 적이라 기억이 분명하지는 않지만 마음에서 잊혀지지 않는다. 안 좋은 기억은 오래도록 남는 경우가 많고, 부부싸움을 하며 폭행이나 욕설이 오간다면 그것을 보고 배울 수 있기 때문에 아이들 앞에서 부부싸움을 하지 말아야 한다. 혹여 그렇다면 부부가 자신의 관계를 먼저 개선하여, 다정한 모습으로 가정의 화목을 도모해야 한다.

3. 폭력 · 폭언을 하지 않는 부모

부모의 다정한 목소리, 신체접촉 등의 모든 표현들은 자녀에게 스며든다. 부모의 모든 말과 행동은 자녀의 자아 형성에 엄청난 영향을 미친다. 아무리 사소한 것에도 칭찬을 해주면 아이는 자랑스러운 마음을 가지게 된다. 자녀 스스로 하게 허용해 줌으로써, 자신감을 갖게 하고 독립심을 심어주게 된다. 반대로 다른 아이와 비교하거나 자식의 행동을 좋지 않게 생각하면 아이들도 열등감을 가지게 된다. "바보같이 그런 짓을 하다니...", "동생보다 못하는..." 등의 부담을 주는 이야기는 하면 안 된다. 누구나 실수를 할 수 있다는 점을 아이들도 알도록 해주며 나쁜 행동은 미워서 야단치는 것이 아니며, 변함없이 사랑한다는 점도 알려주어야 한다.

또한 자녀가 해서는 안 될 일은 정해두고 엄격하게 가르쳐야 한다. 가정 내에서는 반드시 규율이 필요하다. 규율은 자녀가 부모들이 받아들일 수 있는 행동을 스스로 선택할 수 있게 하고, 절제력을 기르고 책임감 있는 성인으로 성장하는 데 도움을 준다. 부모들이 흔히 실패하는 이유는 일관성을 가지고 아이를 엄하게 다루지 못하는 데 있다. 어제와 오늘 아이들에 대한 규율이 다르면, 아이들에게 규율을 가르치기가 힘들기 때문에 부모가 원하는 것을 확고히 해주고 일관성 있게 가르치는 것이 중요하다.

4. 자녀에게 존경받는 부모

부모는 자녀들이 부모를 존경하지 않는다고 불평한다. 그런 부모는 존경이란 스스로의 행동에 의해 얻어지는 것이라는 사실, 즉 부모 자신이 다른 사람을 존경할 때 자녀들이 배운다는 사실을 미처 깨닫지 못한다. 잔소리하고 소리 지르며, 때리고, 엄포를 놓고, 혼자 할 수 있는 일도 부모가 해주고 일관성 없는 자녀교육 방침으로 대하는 등은 사실 자녀를 존중할 줄 모르는 증거인 것이다. 부모는 자녀들이 부모의 침실에 들어올 때 반드시 노크하라고 시키면서 자녀들의 방은 당연한 것처럼 마음대로 드나들곤 한다. 서로 존중하기 위해서는 부모가 먼저 자녀를 존중하는 태도를 보여야 한다.

어리다고 부모의 말을 무조건 들어야 한다는 권위적이고, 위선적인 태도가 아니라, 아이들에게서도 배울 수 있는 점이 많음을 인식해야 한다. 자녀를 하나의 인격체로써 존중해 준다면, 부모는 자녀에게 존경받게 될 것이다. 이것은 자녀의 자신감과 자존감을 기를 수 있는 데에 중요하다. 부모가 자녀를 지지하고, 위험 또는 문제 상황에서는 분별력 있게 의견을 조율하고, 상호 협력하는 모습을 보인다면 존경받을 수 있을 것이다.

5. 자녀의 책임성 · 독립심을 길러주는 성품 좋은 부모

자녀교육에 대한 부모만의 기준과 원칙을 세워 실천해야 한다. 자녀가 잘못을 하더라도 잔소리를 하거나 몰아세우거나 화내는 대신 자녀를 믿고 격려와 칭찬으로 대해야 한다. 자녀가 부모 뜻대로 되지 않을 때, 아이에게 문제가 있다며 일방적으로 고치려 하기 전에 부모 스스로가 감정 조절에 어려움이 있는 것은 아닌가 고민하고, 문제가 나의 문제인지 자녀의 문제인지를 판단해야 한다. 성취보다는 성품을 칭찬해야 하고, 그렇게 하기 위해선 부모부터 자신의 행동을 뒤돌아보고, 올바른 성품을 기르도록 노력해야 한다.

6. 자녀와 제대로 대화하는 부모

부모와 자녀 간의 대화가 점점 줄고 있다. 특히 엄마보다 아빠와의 대화는 더 줄어들고 있다. 부모는 직장에서 돌아와 피곤하다고, 집에 와서 자기 할 일만 하고 쉬고, 아이들은 학교와 학원 갔다 와서 또 공부하거나 쉬거나, 서로 각자 자기 할 일만 하며 가족이 대화를 잘 하지 않는 가정이 늘고 있다. 이렇게 대화가 점점 줄어들게 되면, 서로가 서로를 이해하는 데에 점점 더 어려워지고 문제가 생긴다.

좋은 부모가 되기 위해서는 자녀와 원만한 의사소통이 되어야 한다. 의사소통의 기본은 타인에 대한 존중에서 비롯된다. 긍정적인 대화를 나눔으로써 자녀의 감정을 파악하고 이해하며 공감할 수 있다. 아이가 문제에 직면했을 때 감정을 표현하도록 하고, 스스로 문제를 해결할 수 있도록 유도해야 한다. 자녀 스스로 결정할 수 있고, 자신의 감정을 다스리며, 문제를 해결할 수 있는 능력이 있음을 믿어주고 그 능력을 키워주는 것이 부모의 역할이다.

7. 자녀의 성취 결과보다 과정에 관심을 가지는 부모

사랑을 받고 성장한 아이가 성인이 되어서도 남에게 사랑을 줄 수 있는 사람이 된다. 부모의 사랑을 받고 자란 아이와 그렇지 않은 아이는 부모가 되어서도 다른 양상을 보인다. 부모가 자신의 자녀에게 사랑을 주는 방법을 가르쳐주고, 남들에게 베푸는 사람이 되는 모습을 보인다면 자녀도 자연스레 배우게 된다.

만일 아이가 부모를 자주 실망시키는 행동을 한다면 부모는 아이에 대한 기대가 너무 비현실적인 것이 아닌지 의심해보아야 한다. 아이의 행동은 주위의 환경에 많은 영향을 받게 되는데 부모가 아이에게 "안 돼"라고 말하는 일이 너무 많았다면 제한하는 행위를 좀 완화해주는 방법도 고려해보아야 한다. 아이들이 변화함에 따라 부모도 아이 돌보는 방식도 점차 변화를 가해야 한다.

8. 자녀와의 약속은 반드시 지키는 부모

아이들이 갖고 싶은 것이나 원하는 것이 생겼을 때 부모들이 해 주기를 원하며 떼쓰는 경우, 부모들은 아무 생각 없이 '이번 시험 잘 치면 사 줄게', '이거 하면 해 줄게', '말 잘 들으면 해 줄게' 등 농담이나 진심이 아닌 말로 지키지 않는 약속을 자주 하곤 한다. 하지만 아이들은 농담도 진심으로 받아들이는 경우가 많은데, 어린 자녀일 경우 더 그런 경향이 있다.

이렇듯 흘러가는 말에 아이는 진짜로 열심히 해서 시험을 잘 쳐 오거나 부모님이 시키는 것을 다 해서 보상받길 기대하고 있는데, 돌아오는 것이 아무것도 없으면 부모에 대한 신뢰도 떨어지게 된다. '다음번에 잘해도 똑같을 텐데' 등 동기나 의욕이 사라지게 된다. 뿐만 아니라, 아이와 한 약속을 지키는 것은 아이에게 '약속'의 개념과 중요성에 대한 것을 알려줄 수 있다. 이는 사회생활에서도 꼭 필요하고 중요한 일이기 때문에 어릴 때부터 가정에서 교육하는 것이 중요하다.

9. 자녀의 의견을 존중해주는 부모

자녀들의 생각과 행동은 어른들의 입장에서는 도저히 이해하지 못하는 부분이 많이 있다. 어린 자녀들이 하는 이상 행동들이 그 또래의 입장에서는 이상한 행동이 아닐 수 있다. 아이들을 자꾸 어른들의 시선에서만 바라보려고 하기 때문에 아이의 행동이 이상하다고 느끼는 것이다. 아이들의 눈높이에 맞춰서 아이들을 바라보고, 그 행동을 이해하려 노력한다면 자녀와 더 가까워질 수 있을 것이다.

민주적인 가정은 부모와 자녀가 서로 존중하고, 자녀들이 스스로 결정할 수 있는 기회를 충분히 제공하며, 제한된 경계 내에서 책임을 부여할 뿐만 아니라, 자연적·논리적 귀결이 얻어지도록 해야 한다. 민주적 부모는 자녀들과 의사소통하는 것을 배우며, 자녀를 용기와 격려로써 대할 것을 중시한다. 의사소통과 용기를 준다는 것은 자녀에게 한 개체로서 사랑과 존중심을 가지고 살아가는 인간의 가치를 깨우치게 하는 것이다.

10. 어느 순간에도 자녀를 믿어주는 부모

아이에게는 사랑과 애정을 주어야 한다. 무조건 내 아이를 '오냐 오냐' 키워서 마마보이로 자라게 하는 것은 잘못된 행동이다. 아이에게 관심을 가지면서 아이들이 그 나이에 맞게 행동할 수 있도록 해주는 것이 부모의 역할이다. 스스로 할 수 있는 일은 스스로 할 수 있도록 하고, 나이가 점점 들수록 그 나이에 맞는 독립성을 키워줄 수 있게 부모가 도와주어야 사회 구성원이 될 수 있다.

어린 자녀들은 부모와 같이 지내는 것만큼 좋아하는 것이 없다. 바쁜 일과 중에도 아이들과 지내는 시간을 많이 가지도록 노력해야 한다. 아이들이 부모에게 받고 싶은 관심을 받지 못한다고 생각되면 삐뚤어진 행동으로 나타나게 된다. 나이가 많아질수록 부모의 관심을 덜 받게 되겠지만, 어릴 적에는 항상 자녀와 같이 지내는 시간을 갖도록 해야 한다. 야외활동을 같이 하며, 대화함으로써 그들의 세계를 이해하게 되고, 바르게 성장하는 조력자가 되어 주어야 할 것이다.

Chapter 9

삶의 과정으로서의 교육

부모는 아이들이 공부하도록 독려한다. 이러한 과정을 오랫동안 거치면서 공부는 놀이와 절대로 공존할 수 없는 상극관계(相剋關係)로 굳어졌고, 공부와 놀이는 각각 고통과 재미로 양분되었다. 대학 신입생을 만나보면, 이러한 상황이 현실임을 쉽게 확인할 수 있다. 12년 이상을 '족쇄에 채워지고 목이 졸려 있었던' 때문인지 신입생들에게서 생기를 찾아보기 어렵다. 대학의 첫 학기 첫 수업 때 신입생들로부터 "아니 대학도 똑같잖아."라고 말하는 듯한 표정과 '탈진 한 듯한 무기력함'을 쉽게 읽을 수 있다.

교육이 삶의 과정으로 이해되지 않고 대학 진학을 목표로 했기 때문에 정작 중요한 시점에서는 의미와 재미도 잃어버리게 된다. 듀이의 신조처럼 교육은 '경험의 계속적 성장'이자 교육은 삶의 과정 그 자체이다. 인간은 태어나면서부터 죽을 때까지 배우지만, 배움으로 충만하여 닥치는 대로 배우려 들며, 모든 욕구가 충족된 고대 귀족들이 가장 즐겨한 일은 배움이었다. 어린아이들의 끊임없는 질문은 출세를 위해 계산된 준비과정이 아니며, 인간 본성의 자연스러운 발로이다. 궁금한 것도 질문거리도 없을 때 인생의 의미도 사라진다(오욱환, 2006).

1. 인성교육이 중심이 되는 기본으로 돌아가자. - 올바른 부모에 대한 정답(正答)은 없지만, 정도(正道)는 있다.

인생에 있어 자신의 가치와 타인의 가치를 인정하고 존중하는 기본적인 태도는 부모와의 관계에서 형성된다. 흔히 학교에서는 또래관계 부적응, 학업문제, 공격적 행동 등 다양한 영역에서 문제가 되는 행동이 유발될 수 있다. 상황에 따라서 자녀는 부모에게 다른 형제들만큼 관심을 받지 못하고 있다고 생각하고 문제아가 되는 경우도 있다. 부모는 남의 물건을 훔치거나, 욕설을 하거나, 폭력을 쓰거나 거짓말을 하는 경우 등의 자녀의 잘못된 행동에 있어서는 바른 행동으로 이끌어줘야 한다. 구체적 지도 방법으로 자녀의 행동에 감정이나 폭력을 행사하지 않으며, 자녀의 부정적 행동 뒤에 숨어 있는 자녀의 욕구를 알아주고 필요를 채워주고 공감해 준다. 그리고 그 행동이 왜 잘못된 것인지에 대해 설명하고 반성하도록 한다.

타인과 어울려 사는 지혜를 알기 위해서는 자신의 감정과 생각을 인정하고 표현하며, 자신의 능력을 신뢰하는 것이 전제되어야 한다. 부모는 자녀의 모습을 있는 그대로 인정하고 잠재력과 그 가능성을 일깨워 주고, 자녀의 생각 · 선택 · 의견을 존중하는 성품 좋은 아이로 키워야 한다. 성품 좋은 아이로 키우기 위해 부모가 좋은 생각, 좋은 감정, 좋은 행동으로 자녀를 돌보아 기르는 것이다.

이제 사회는 개인주의, 이기주의를 버리고 서로 어울려 기쁨과 슬픔을 같이 하고 함께 나누는 인재를 필요로 한다. 자녀가 상대를 배려하고 친구, 가족, 이웃과 함께 어울려 사는 지혜를 발휘하기 위해서 부모는 자녀의 기본적인 교육인 부모에게 효도하고, 타인을 존중하고, 자신을 나라를 사랑하는 기본적 인성교육을 해야 한다. 이것은 올바른 부모에 대한 정답이자, 정도일 것이다.

2. 학부모가 아닌 '부모'가 되라 – 앞만 보는 '학부모'가 아닌 멀리 내다보는 '부모'가 되라.

부모역할(parenting)은 자녀교육의 매 순간에 걸쳐 일어나며 매우 복합적이다. 부모는 자녀의 모든 발달 영역에 부모역할을 해야 한다. 대부분의 부모는 부모역할에 대한 적절한 지식 습득과 체계적인 준비 없이 부모가 되며, 부모역할을 수행하고 있다. 예를 들면, 부모들은 시행착오를 통해 스스로 터득하거나, 주변 학부모들의 조언, 책자 매스컴을 통해 부모역할을 수행하고 있다. 특히 사회에서 일어나는 각종 청소년 범죄, 자살, 집단따돌림, 원조교제 등과 같은 일들은 과거의 부모들에 비해 부모로서 매우 다양한 역할을 수행하게 만든다.

하지만 우리나라는 '대학입시', '대학수학능력시험'이라는 테두리에 갇혀 '부모'라기보다는 '학부모'에 더 가깝다. 학부모와 교사들은 "대학에만 들어가면 너 마음대로 할 수 있으니 조금만 참아라"고 말한다. 과거의 부모들이 물질적 혜택을 누리고 못하고 살았던 시대를 회상하며 자녀들을 경쟁의 소용돌이로 몰아붙인다. 이러한 현상으로 자녀들은 부모에게 감사하는 마음을 가지기보다 당연하게 받아들이며, 자신들의 요구사항을 더 강하게 주장한다.

부모들은 자녀가 커서 어른이 되면 지금보다 더 편하고 살기 좋은 삶을 살기를 기대한다. 문명의 진보는 이루어질지 모르나, 여전히 범죄는 더 증가하고, 테러와 전쟁의 위험은 도처에 있으며, 환경오염으로 인해 지구는 병들어가고 있다.

그러므로 성공적인 자녀로 키우기 위해서는 앞만 내다보는 '학부모'가 아닌 멀리 내다보는 '부모'의 입장에서 자녀를 격려해야 한다. '빨리 가려면 혼자 가고, 멀리 가려면 함께 가라.'는 말이 있듯이 자녀들이 학교에서나 사회에서나 친구와 선의의 경쟁을 통해 사회에 진출하는 아이로 자랄 수 있도록 해야 한다.

3. '부모재교육'을 넘어선 '가족교육' 개념으로

부모는 자녀와 함께 대화를 나누고, 발언권을 허용함으로써 가족 간에 토론을 하도록 해야 한다. 가족 간의 토론 형태는 대화, 문제해결을 위한 토론, 가족회의 등이 있다. 가족모임은 협동심과 책임감, 용기와 자존감을 키워줄 수 있는 중요한 수단이다.

먼저 가족모임을 언제 시작할 것인가의 문제이다. 가족이 모일 수 있는 형편이 아니라면 참가하고자 하는 사람들로부터 시작한다. 함께 사는 사람이라면 누구나 모임의 구성원으로 참석할 수 있다. 가족 모두가 동의하는 편안한 저녁시간이나 장소를 선택하는 것이 좋다.

가족모임이나 가족회의는 가족 구성원에게 영향을 끼치는 문제를 다루고 계획을 짜기 위해서 일주일에 한 번씩 하는 것이 좋다.

시간은 20분에서 1시간 정도로 안건처리순으로 진행한다. 가족회의에서는 사회자와 서기가 있어야 한다. 첫 모임에서는 부모가 그 역할을 하지만, 차차 순서대로 다른 가족 구성원이 그 역할을 분담한다. 전반적으로 개회사, 회의록 낭독, 구 안건과 신 안건의 제안, 용돈주기, 실행 및 가족 간에 즐거운 시간 갖기의 순서로 진행된다.

무엇보다 중요한 것은 가족 화목 활동이다. 가족 구성원 간의 활동은 자기 가족만의 독특한 전통과 의식의 개발이며, 가족 문화를 형성하는 방법이다. 즉, 부모와 자녀 간에 접촉을 시작하는 방법인 것이다. 부모가 자녀와의 관계를 풍요롭게 하면 할수록 부모는 자녀의 삶에 더욱더 많은 영향을 끼칠 수 있다. 가족 화목 활동의 하나로 재미있는 시간을 갖는 것이다. 적어도 매일 10분 이상 부모가 자녀와 함께 놀아준다. 예를 들면, 공 던지기, 특별한 간식을 함께 만들기, 함께 게임하기, 간지럼 태우기, 외출 또는 산책하기, 장보기, 유머, 이야기 나누기 등이다. 가족 모임은 듣기, 서로 긍정적인 감정을 표현하며 격려하기, 가족끼리 공평하게 일 분배하기, 관심·느낌·불만 표현하기, 갈등해소와 재차 발생하는 문제 다루기, 가족 레크리에이션 계획하기 등의 기회를 제공한다(이숙·우희정·최진아·이춘아, 2011).

인간이 살아가면서 제일 힘들 때는 어린 시절 부모와 즐겁게 보냈던 기억을 회상하며 힘을 얻는다. 부모와 자녀가 함께 재미있는 시간을 보내며 가족의 화목을 유지한다는 것은 가족 사회공동체 구성원으로 자랄 수 있는 밑거름이 되는 일이다.

4. 삶으로서의 교육

1) 교육이라는 것은 수단이 아닌 그 자체의 목적이다.

학문은 하나의 도구적 수단이 아닌 향유하는 것이다. 인간에게는 생각하는 것이나 만드는 것만큼 중요한 기능은 '놀이하는 것'이다. 학습자가 의미 있는 구조를 가진 이야기를 통하여 학습에 있어 타의적·수동적 노동의 세계가 아니라, 새로운 경험적 세계를 창조해 낼 수 있도록 만들어지는 것이라 할 수 있다. 아이의 자발적·능동적 활동을 이끌어내는 놀이라는 것은 부모나 교사의 명령에 의한 놀이가 아니라, 자유가 있는 자발적 행위의 놀이이다.

그러므로 자녀의 교육 활동이 우리의 삶과 경험의 토대로 수단이 아닌 그 자체의 고유한 가치를 지닌 자율적 놀이 활동으로 바라보아야 한다. 이는 자녀의 자율적 토대 위에서 이루어지는 교육적 행위는 계속적 교육활동과 계속적 성장을 가져오므로, 공부가 하나의 즐거운 놀이가 되도록 해야 한다. 교육적 활동이 돈을 벌기 위해서, 남들보다 좋은 직업과 취업하기 위한 수단이 아닌 재미있기 때문에, 즐겁기 때문에 하는 그 자체로서의 목적을 지녀야 한다는 것이다.

2) 교육은 차이와 반복의 놀이다.

교육이라는 것이라는 것은 "차이와 반복의 경험 놀이"이다. 공부에 있어 아이들은 친구 간의 관계 맺음을 통한 '반복'과 '차이'를 형성한다. 자녀들은 교사, 부모의 가르침을 통해 가르치고 배우는 교육적 활동을 한다. 이 교육적 활동은 유아에서 초·중·고·대학생이 될 때까지 계속적으로 반복된다. 하지만 가르치고 배우는 활동인 교육적 활동은 계속적으로 '반복'되지만, 단계가 높아질수록 각 단계마다 그에 따른 '차이'를 경험하게 된다. '차이'는 새로운 관계, 새로운 무언가를 형성하는 구성적 역할을 한다. 아이들은 과거의 자신의 모습에서 탈피하여, 새로운 자신의 모습으로의 변화를 통해 자신을 바꾸게 된다. 이 과정에서 아이들은 자존감과 상대방을 배려하며 함께 나누며 성장하게 된다. 이러한 변화는 새로운 긍정적 변화를 유도하는 새로운 나를 만드는 즐거운 놀이가 된다.

3) 교육은 하나의 경험을 통한 '자기교육'이다.

모든 현상은 근본적으로 상호의존하고 있으며, 개인과 사회가 자연의 순환 과정에 깊이 관련되어 있다는 세계관, 전체는 부분을 합친 것 이상이라는 것을 알 수 있다. 학습자는 주어진 내용을 학습하는 존재가 아니라, 개개인이 처한 구체적 삶의 상황에서 자기주도력을 발휘할 수 있는 능동성을 가진다. 이것은 특권적, 배타적 입장을 견지하는 것이 아닌 이해하는 태도를 가질 수 있음을 말한다. 이해라는 것은 즉 '다름'에 대한 이해로 예를 들면, 학문 간, 나아가 다른 나라와의 정치, 경제, 문화의 이해이므로 무관심과 배타적인 것이 아닌 전문성, 정체성을 가질 수 있는 학문적 접근 방법이다. 이렇듯 세계관은 단순한 지식이나 원리, 혹은 탐구 과정을 강조하는 것도 중요하지만, 이를 통한 올바른 가치관이나 철학을 형성하는 것을 목표로 한다.

4) 교육은 '사랑하는 것'과 마찬가지로 그 자체로 경험될 때 진정한 가치가 있음을 알 수 있다.

'사랑하는 것'처럼 교육도 그 자체로 경험될 때, 우리는 그 교육의 가치를 진정한 가치라 인정하게 된다(이현지, 2013). 교육의 가치라는 것은 다른 말로 내재적 가치로 교사와 학생이 서로 상호 소통으로 교과를 재구성하고 즐거움을 느끼며, 학습공동체를 형성하는 것을 말한다. 이런 활동들은 그저 좋아서 하는, 마치 사랑하는 것과 같은 계속적 활동이다.

5. 자녀와 함께하는 '삶'이 '공부'이다.

교육은 공부하고 다시 공부하며, 인간의 경험의 질을 구성하고 재구성하는 계속적인 과정이라 할 수 있다. 부모와 자녀는 첫째, 실제 삶에서의 이야기를 만들고 대화를 자신의 경험을 확장시키며 이 교육적 과정들을 삶에 계속적으로 반복하여 성장하는 것이다. 자녀가 자신이 주도적으로 이야기를 생성하고 스스로 공부하려는 과정을 자기교육(self-educating)이라 할 수 있으며, 이 과정을 통해 자녀는 변화된 아이로 성장하게 된다. 그러므로 자기교육(self-educating)은 교육의 끝이자 종착점이라 할 수 있다. 삶에서 자녀의 의미 있는 경험의 변화, 즉 '자기교육'은 부모와의 경험의 공유를 통해 경험이 풍부해져 자기 스스로 교육하게 될 때 우리는 교육의 종착점을 맞게 된다.

첫째, 부모와 자녀는 문학이나 역사, 현실 문제와 같은 것들은 일기쓰기, 일지쓰기, 글쓰기, 신문을 통해 통합적인 교육을 함께 한다. 또한 인간의 다양한 경험을 표현하는 방식으로 음악, 미술, 작품, 문학, 시, 사진, 박물관 견학 등과 같은 시간들을 통해 자녀의 지식을 최대한 이용할 수 있는 학습 공동체를 만들어 서로 간의 경험을 나눌 수 있도록 해야 한다. 부모와 자녀가 함께 하는 경험 공유야 말로 가장 효과적인 학습도구일 것이다.

둘째, 공부에 자녀들의 관심과 흥미를 다시 불러일으켜야 할 것이다. 암기를 통한 단편적 이해 방식에서 벗어나 복합적으로 사고할 수 있는 능력을 함양하는 것이다. 예를 들어, 역사의 수많은 사람들의 삶 속에서 현재의 나의 삶과 유사하고 관심 있는 삶을 발견할 수 있을 것이다. 자신의 삶과 복합적으로 역사를 접근할 경우, 아이들은 자기 자신만의 의미 있는 역사적 사실을 만들어 낼 수 있으며, 이로써 역사는 더 이상 나와 무관한 과목이 아니며, 잃어버린 역사에 대한 관심을 가져올 수 있을 것이다.

셋째, 삶에 더 적극적인 부모의 자세와 자녀의 이상적 가치를 지니는 사고가 필요하다. 일방적 학교교육이나, 사교육을 통해 단기간의 처방을 수용하기보다는 부모 나름의 교육철학을 가지는 인식 전환이 필요하다. 자녀의 잠재력과 발달 가능성을 믿으며, 자신에 대한 확신을 갖고 끊임없이 공부하도록 격려한다. 이것은 자녀가 사회에 인정받고 제대로 평가받을 수 있는 방법임을 명심해야 한다.

지금까지 교육은 논리적이고 과학적인 정답이 있는 교육적 프로그램만이 주류를 이루어 왔다. 그러나 이제 교육에서는 자녀가 주체적인 활동 중심에 서 있어야 한다. 자녀들은 자신의 정체감을 잃지 않고, 타인과의 소통을 통해 자신의 삶의 세계를 구성하는 일이야말로 삶을 아우르는 가치 있는 일이다. 이러한 깊이 있는 활동은 자녀가 사회발전, 나아가 인류발전에 기여할 수 있는 인물로 성장하는 데 필요하다.

미래의 부모교육은 부모에게 전문가의 지식과 기술을 제공함으로써 부모들의 태도와 행동을 변화시키는 부모교육(parent education)의 의미도 필요하다. 하지만 무엇보다 부모가 자녀들의 교육에 일관성을 가지고, 서로의 역할을 지지하고, 결과보다는 과정을 중시함으로써 자녀들에게 자신감과 유능감을 부여하는 것이야말로 참된 부모교육이라 할 수 있다.

참고문헌

국제노동법 제3조.

김경란(2006). 다문화 가정 자녀의 자아정체성에 영향을 주는 요인에 관한 연구. 이화여자대학교 대학원 석사학위 논문.

김경신(2002). 한부모 가정 아동정책의 문제점과 개선 방안. 2002추계아동학회 학술대회 자료집.

김광웅・이인수(1998). 아버지의 양육 참여도와 유아의 사회・정서적 능력. 아동학회지. 19(2). 65-75. 한국아동학회.

김미옥(2003). 현대부모의 태교인식과 태교실천에 관한 연구, 경남대학교 교육대학원 석사학위논문.

김인순(2003). 한부모(편부모) 가족의 자녀양육에 대한 부모역할에 관한 연구. 단국대학교 정책경영대학원 석사학위논문.

김정・이지현(2005). 어머니가 지각한 아버지의 양육 참여도와 어머니 양육 스트레스와의 관계. 아동학회지, 26(5). 한국아동학회.

김진영・김정원・전선옥(2013). 영유아를 위한 부모교육. 서울: 창지사. p.41.

김춘일(1999). 창의성교육. 그 이론과 실제. 서울: 교육과학사.

노명숙(2013). 재혼가족을 위한 프로그램 개발의 현황과 과제. 한국산학기술학회논문지. 14(1). pp.169-175.

박성연 외(2012). 자녀와의 진정한 만남을 위한 부모교육. 경기: 교육과학사.

박성연・도현심・정승원 공역(1996). 부모자녀관계: 생태학적 접근. 서울: 학지사.

박성연・유은희・한상미(2002). 무한한 가능성을 향한 첫 출발, 부모교육총서 1. 서울: 교문사.

성영혜 · 윤석화 · 이경화(1994). 부모교육. 서울: 문음사.
안지추(저작연대 미상). 안씨 가훈 · 유동환 역. 서울: 홍익출판사. 1999. p.25.
안진희(2005), 한부모 가정 자녀양육 지원 정책에 관한 연구: 경상북도 구미시를 중심으로 영남대학교 행정대학원 석사학위논문.
안혜영 · 김신정 · 고주애(2002). 고 위험 집단의 아동학대에 관한 연구: 생활보호대상자를 중심으로. 대한간호학회지, 32(6). 7775-783.
양장애(1999). '아버지 역할 수행에 관한 탐색적 연구.' 아버지의 역할 참여와 아동의 성역할 지향. 아동학회지. 20(1).
오연경(2008). 다문화 가족 상담을 위한 초등학교 담임교사의 역할. 한양대학교 교육대학원 석사학위논문.
오영희 · 엄정애(1997). 부모와 자녀. 서울: 동현출판사.
윤정일 외(2008). 신교육학의 이해. 경기: 교육과학사.
이숙 · 우희정 · 최진아 · 이춘아(2011). 훈련중심부모교육. 서울: 학지사.
이순형 외(2012). 부모교육. 서울: 학지사. pp.39-41.
이영미(2013). 대중예술평론가 http://blog.naver.com.
이은화 외(1999). 유아기 자녀를 위한 총체적 부모교육 프로그램: 서울: 창지사.
이은화(1997). 부모교육의 목적, 한국부모교육학회편, 『부모교육학』. 서울: 교육과학사. pp.43-70.
이은화 · 김영옥(1999). 유아를 위한 부모교육. 서울: 동문사.
이재연 · 김경희(2003). 부모교육. 서울: 양서원.
이현정(2004). 이혼가정의 자녀를 위한 부모프로그램 개발. 창원대학교 대학원. 박사학위논문.
이현지(2013). Gowin이론에 근거한 내러티브 교육과정 개발(역사 수업을 중심으로). 영남대학교 박사학위 논문.
이현지 · 김재춘(2012). 예비유아교사들이 생각하는 다문화 교육의 바람직한 교사상. 다문화교육연구. 12(4).
전남련 · 김혜금(2006), 부모교육론. 서울: 형설출판사. p.25.
전우천(2011), 홈스쿨링을 이용한 영재교육. 경기: 교육과학사, p.102.
정계숙 외(2009). 부모교육. 서울: 창지사.
정옥분 · 정순화(2007). 예비부모교육. 서울: 학지사.
정용순(2003). 미혼 양육모에 대한 사회적응서비스 활성화 방안연구. 서강대학교 석사학위논문.
정은희(2002). 중학생의 흡연실태와 흡연에 따른 식습관 차이. 대한지역사회영양학회지. 7(1).
정향미(2005). 미혼모 복지제도 개선방안에 관한 연구. 단국대학교 행정법부대학원 석사학위논문.
정현희 · 최경순(1995). 아버지의 양육 참여와 아동의 성역할, 정서반응, 친사회적 행동과의 관계. 아동학회지. 16(1). 33-47. 한국아동학회.
최규련 · 서동인 · 조병은 · 신화용 · 김양희(1995). 맞벌이 가족의 실증적 연구, 맞벌이 가정의 가족 문제. 서울: 하우.
한국교육개발원(1984). 부모교육 프로그램 모형에 관한연구. 연구보고 RR 84-20.
한국여성개발원(1998). 아동보육에 관한 연구. 한국여성개발원.
한국여성정책연구원(2007). '가족정책 20대 의제' 토론회 〈자료집〉.
허미화(2004). 이혼가정 아동의 사회적 적응을 돕는 방안들에 관한 고찰, 열린 유아교육연구, 9(4). 339-356.
홍혜경(2003). 한국 미혼모 복지제도에 관한 연구. 단국대학교 행정법부대학원 석사 학위 논문.
황상민(2012). 대한민국 부모의 두 가지 착각. 부모심리특강.
Coleman, M.(1991). *Planning for parent participation in school for young children* . ERIC Digest.(EDO-PS-91-9).
Coulton, C.(1999). Neighborhoods and child maltreatment: A multi-level

study. *Child Abuse & Neglect*. 23, 1019-1040.

Egeland, B.(1988). Breaking the cycle of abuse: Implication for prediction and intervention. In K. Browne & C. Davies(Eds). *Early prediction and prevention of child abuse*(pp. 87-99). New York: Wiley.

Gray, S. N.(1971). The Child's first teacher. *childhood Education*. urbana, Ⅲ.

Gray, S. W.(1971). The Child's Frist Teacher. *Childhood Education, 48*(3).

Kagan S., Powell, D., Weissbourd, B., & Zigler, E.(1987). *America's family support programs*. New Heaven, CT: Yale University Press.

Lamb, M. E.(1975a). Fathers: Forgotten Contributors to Child Development. *Human Development, 18,* 245-266.

Lamb, M. E.(1987). *The Father role-cross Cultural Perspectives*. NJ: Lawrence Erlbaum Associate, Inc.

Peterson, G. W., & Cleminshaw, H.(1980). The strength of single parent families during the divorce crisis: An intergrative review with clinical implications. In N. Stinnet, B. Chesser, J. DeFrain, & P. Knaub(eds.). *Family strengths, positive models for family life.* Lincoln, Nebraska: University of Nebraska Press.

Thomas, A., & Chess, S.(1997). *Temperament and development*. New York: Brunner/Mazel.

〈신문기사 출처〉

국민일보, '짐승 부부'… 8세 아들 골프채 · 안마기로 상습 폭행해 '사망', 2013.10.29.

국민일보, "인간 탈을 쓴 악마" 8살 아이들 사건 분노…"살인죄로 처벌" 요구 쇄도, 2013.11.4.

뉴시스, NY타임스 "영어 때문에 아빠와 이별하는 한국의 아이들", 2009.9.24.

동아일보, "믿어주니 오르더라"… 부모신뢰가 성적에 좋은 영향, 2004.7.8.

동아일보, 영재교육 세살 영재 여든까지 간다?, 2009.10.3.

동아일보, "오줌 못 가려" 세 살 아들 때려 숨지게… '나쁜 부모' 사회문제로, 2012.12.6.

서울신문, 기러기가족 자살로 본 뉴질랜드 유학실태, 2010.5.11.

서울신문, 재혼가정, 천륜과 친권 사이 냉가슴, 2013.8.9.

서울신문, 손자 보는 할머니, 2013.1.19.

조선일보, 부모가 화날 때, 어떻게 할까요?, 2013.10.31.

조선일보, 부모의 칭찬, 격려 '큰 힘'… 가족 간 대화 중요, 2013.11.7.

조선일보, 안 되는 이유를 꼭 말로 해야 알겠나? 2013.9.10.

주간조선, 자녀교육, 아빠밥상에서 길을 찾다, 2013.9.16.

중앙일보, 대단한 어머니 둔 원조 엄친아는 게임 중독 아들을 어떻게 고대 법대에 보냈나, 2013.9.25.

중앙일보, 대청중 3학년 전교 1등 박지상군, "100점 비결, 학원 늦게 보낸 덕분이죠", 2013.9.25.

한국노인인력개발원 박용주 의사, 소리 없는 비명 황혼육아, 2013.11.20.

헤럴드경제, 당신의 가정은 안녕하십니까?, 2013.5.7.

ND케어클리닉 박민수 원장, 부모의 결핍착각이 부르는 소아비만의 위험성, 2013.1.23.

찾아보기

저자약력

이현지

- 영남대학교 교육학 박사
- 영남대학교 학교교육연구소 연구원
- 위덕대, 포항대 교육학 강사

  현) 서라벌대학 겸임교수

  영남대학교 교육학 강사

  제일에듀원격평생교육원 교수

- 박사논문: Gowin 이론에 근거한 내러티브 교육과정개발 – 역사수업을 중심으로
- 소논문: 예비유아교사들이 생각하는 다문화교육의 바람직한 교사상
- 학회 발표: 특수학교 초등학교 과정에 배치된 초임 특수교사의 교직적응에 관한 사례연구

자녀를 위한 부모재교육

2014년 7월 15일 1판 1쇄 인쇄
2014년 7월 20일 1판 1쇄 발행

저 자 : 이 현 지
발행자 : 김 동 규
발행처 : 교육과학사

경기도 파주시 문발동 광인사길 71
전화(031)955-6956～8/팩스(031)955-6037
Home-page : www.kyoyookbook.co.kr
E-mail : kyoyook@chol.com
등록 : 1970년 5월 18일 제2-73호

정가 11,000원
ISBN 978-89-254-0839-2